Erhard Doll

Herausgeber: Heinrich Greving, Dieter Niehoff

Bausteine des Rechts

Praxisorientierte Heilerziehungspflege

4. Auflage

Bestellnummer 04873

Die in diesem Produkt gemachten Angaben zu Unternehmen (Namen, Internet- und E-Mail-Adressen, Handelsregistereintragungen, Bankverbindungen, Steuer-, Telefon- und Faxnummern und alle weiteren Angaben) sind i. d. R. fiktiv, d. h., sie stehen in keinem Zusammenhang mit einem real existierenden Unternehmen in der dargestellten oder einer ähnlichen Form. Dies gilt auch für alle Kunden, Lieferanten und sonstigen Geschäftspartner der Unternehmen wie z. B. Kreditinstitute, Versicherungsunternehmen und andere Dienstleistungsunternehmen. Ausschließlich zum Zwecke der Authentizität werden die Namen real existierender Unternehmen und z. B. im Fall von Kreditinstituten auch deren IBANs und BICs verwendet.

Die in diesem Werk aufgeführten Internetadressen sind auf dem Stand zum Zeitpunkt der Drucklegung. Die ständige Aktualität der Adressen kann vonseiten des Verlages nicht gewährleistet werden. Darüber hinaus übernimmt der Verlag keine Verantwortung für die Inhalte dieser Seiten.

service@bv-1.de
www.bildungsverlag1.de

Bildungsverlag EINS GmbH
Ettore-Bugatti-Straße 6-14, 51149 Köln

ISBN 978-3-427-**04873**-2

© Copyright 2015: Bildungsverlag EINS GmbH, Köln
Das Werk und seine Teile sind urheberrechtlich geschützt. Jede Nutzung in anderen als den gesetzlich zugelassenen Fällen bedarf der vorherigen schriftlichen Einwilligung des Verlages.
Hinweis zu § 52a UrhG: Weder das Werk noch seine Teile dürfen ohne eine solche Einwilligung eingescannt und in ein Netzwerk eingestellt werden. Dies gilt auch für Intranets von Schulen und sonstigen Bildungseinrichtungen.

Inhaltsverzeichnis

Vorwort 7

A **Heilerziehungspflege aus beruflicher und grundlegender rechtlicher Sicht** 9

1 **Das Berufsbild der Heilerziehungspfleger/-innen** 10
1.1 Theoretische Grundlagen 10
1.1.1 Das Wesen der Heilerziehungspflege 10
1.1.2 Aufgaben und Tätigkeiten 11
1.2 Praktische Umsetzung 13
1.3 Anregungen und Materialien 15

2 **Grundfragen des Rechts** 15
2.1 Theoretische Grundlagen 15
2.1.1 Recht als Bestandteil unserer Demokratie 15
2.1.2 Das Grundgesetz – wichtigste Rechtsquelle unserer Rechtsordnung 17
2.1.3 Weitere Rechtsquellen 18
2.1.4 Öffentliches Recht und Zivilrecht 20
2.2 Praktische Umsetzung 21
2.2.1 Die Gerichtsbarkeiten 21
2.2.1.1 Europäische Gerichtsbarkeit 22
2.2.1.2 Das Bundesverfassungsgericht 22
2.2.1.3 Ordentliche Gerichtsbarkeit 23
2.2.1.4 Weitere wichtige Gerichtsbarkeiten 24
2.2.2 Wichtige Personen der Rechtspflege 24
2.3 Anregungen und Materialien 25

3 **Rechtspersonen** 26
3.1 Theoretische Zusammenhänge 26
3.1.1 Das BGB – wichtigstes Gesetz des Zivilrechts 26
3.1.2 Die Rechtsfähigkeit von natürlichen und juristischen Personen 27
3.2 Praktische Umsetzung 29
3.2.1 Der eingetragene Verein – möglicher Träger einer Einrichtung der Behindertenhilfe 29
3.2.2 Weitere Trägerschaften von Einrichtungen der Behindertenhilfe 30
3.2.3 Das Subsidiaritätsprinzip 31
3.3 Anregungen und Materialien 32

4 **Das Sozialgesetzbuch IX (SGB IX)** 32
4.1 Theoretische Zusammenhänge 32
4.1.1 Zur Stellung des Gesetzes in der Behindertenhilfe 32
4.1.2 Allgemeine Regelungen (Auswahl) 34
4.2 Praktische Umsetzung 36
4.2.1 Gemeinsame Servicestellen (§§ 22 bis 25 SGB IX) 36
4.2.2 Vom Antrag zur Leistung 37
4.2.3 Wunsch- und Wahlrecht, das Persönliche Budget 38
4.3 Anregungen und Materialien 41

B **Die Rechtsstellung der Adressaten heilerziehungspflegerischen Handelns** 42

5 **Die Rechtsstellung von Kindern** 43
5.1 Theoretische Zusammenhänge 43
5.2 Praktische Umsetzung 43
5.2.1 Die Geschäftsfähigkeit 43

Inhaltsverzeichnis

5.2.2	Die Deliktsfähigkeit	48
5.3	Anregungen und Materialien	52
6	**Elterliches Sorgerecht**	**53**
6.1	Theoretische Zusammenhänge	53
6.1.1	Grundrecht und Elternrecht	53
6.1.2	Inhalte der elterlichen Sorge	55
6.1.2.1	Personensorge	56
6.1.2.2	Vermögenssorge	57
6.1.3	Ausgewählte Prinzipien der Ausübung von elterlicher Sorge	58
6.2	Praktische Umsetzung	61
6.2.1	Personenkreis der Ausübenden von elterlicher Sorge	61
6.2.2	Vormundschaft und Pflegschaft	66
6.3	Anregungen und Materialien	69
7	**Betreuungs- und Aufsichtspflicht**	**70**
7.1	Theoretische Zusammenhänge	70
7.1.1	Inhalte	70
7.1.2	Rechtliche Rahmenbedingungen	71
7.2	Praktische Umsetzung	72
7.2.1	Kriterien zur Wahrnehmung von Aufsichtspflicht	72
7.2.2	Haftungsfragen	73
7.3	Anregungen und Materialien	76
8	**Das Betreuungsrecht**	**77**
8.1	Theoretische Grundlagen	77
8.2	Praktische Umsetzung	78
8.2.1	Voraussetzungen einer gesetzlichen Betreuung – Betreuungsverfahren	78
8.2.2	Mögliche Betreuungspersonen und ihre Rechtsstellung	80
8.2.3	Betreuungsrecht und medizinische Maßnahmen	83
8.2.4	Das Verhältnis von Betreuungsperson und Heilerziehungspfleger/-in	85
8.2.5	Unterbringung durch die Betreuungsperson	86
8.3	Anregungen und Materialien	89
C	**Bildungs- und Förderungseinrichtungen im Vorschulbereich**	**90**
9	**Früherkennung, Frühbehandlung, Frühförderung**	**91**
9.1	Theoretische Zusammenhänge	91
9.2	Praktische Umsetzung	92
9.3	Anregungen und Materialien	93
10	**Kindertagesbetreuung**	**93**
10.1	Theoretische Zusammenhänge	93
10.1.1	Das SGB VIII	94
10.1.2	Rechtsanspruch auf Kindertagesbetreuung	97
10.2	Praktische Umsetzung	98
10.2.1	Integrative Kindertagesstätten	98
10.2.2	Förderkindergärten	99
10.3	Anregungen und Materialien	99
D	**Schul- und Berufsausbildung für Menschen mit Behinderung**	**100**
11	**Integrationsklassen und Förderschulen**	**101**
11.1	Theoretische Zusammenhänge	101
11.2	Praktische Umsetzung	102
11.3	Anregungen und Materialien	104

12	**Berufliche Bildung**	**104**
12.1	Theoretische Zusammenhänge	104
12.2	Praktische Umsetzung	105
12.2.1	Berufsbildungswerke	105
12.2.2	Berufsförderungswerke	106
12.3	Anregungen und Materialien	106

13	**Werkstätten für Menschen mit Behinderung**	**107**
13.1	Theoretische Zusammenhänge	107
13.2	Praktische Umsetzung	108
13.3	Anregungen und Materialien	109

E	**Das Rechtsverhältnis von Betreuten zur Wohneinrichtung und deren Mitarbeitern und Mitarbeiterinnen**	**110**

14	**Das Wohn- und Betreuungsvertragsgesetz (WBVG)**	**111**
14.1	Theoretische Grundlagen	111
14.2	Praktische Umsetzung	112
14.2.1	Verträge nach dem WBVG	112
14.2.2	Mitwirkungsrechte von Bewohnerinnen und Bewohnern	113
14.2.3	Leistungen an Träger und Beschäftigte	114
14.3	Anregungen und Materialien	115

15	**Wohnformen für Menschen mit Behinderung**	**116**
15.1	Theoretische Zusammenhänge	116
15.2	Praktische Umsetzung	117
15.2.1	Betreutes Wohnen	117
15.2.2	Gruppengegliederte Wohnheime	118
15.2.3	Leben in der Gastfamilie	118
15.2.4	Menschen mit Behinderung in stationären Einrichtungen der Altenhilfe	119
15.2.5	Betreuungs- und Aufsichtspflicht in Wohneinrichtungen für Volljährige	119
15.3	Anregungen und Materialien	121

16	**Erbrecht**	**122**
16.1	Theoretische Zusammenhänge	122
16.1.1	Begriff „Erbe sein" – Erbfähigkeit	122
16.1.2	Erbfolgen (Überblick)	123
16.2	Praktische Umsetzung	123
16.2.1	Die gesetzliche Erbfolge	123
16.2.2	Die gewillkürte Erbfolge	125
16.3	Anregungen und Materialien	129

17	**Datenschutz in Einrichtungen der Behindertenhilfe**	**129**
17.1	Theoretische Grundlagen	129
17.2	Praktische Umsetzung	130
17.2.1	Die Geheimhaltungspflicht	130
17.2.2	Datenschutz	131
17.3	Anregungen und Materialien	132

F	**Strafrechtliche Aspekte in der heilerziehungspflegerischen Arbeit**	**133**

18	**Das Wesen des Strafrechts**	**134**
18.1	Theoretische Zusammenhänge	134
18.1.1	Funktionen der Strafe	134
18.1.2	Inhalte des Strafrechts	135
18.1.3	Die Straftat	136

18.2	Praktische Umsetzung	137
18.2.1	Strafrechtliche Verantwortlichkeit von Menschen mit geistiger Behinderung	138
18.2.2	Strafrechtliche Probleme im Arbeitsfeld der Heilerziehungspflege	139
18.2.2.1	Körperverletzung, Misshandlung von Schutzbefohlenen	139
18.2.2.2	Sexuelle Selbstbestimmung von Menschen mit Behinderung	140
18.2.2.3	Sterbehilfe	141
18.2.2.4	Suizid	143
18.3	Anregungen und Materialien	143
19	**Einführung in das Jugendstrafrecht**	**144**
19.1	Theoretische Zusammenhänge	144
19.2	Praktische Umsetzung	146
19.2.1	Die Schuldunfähigkeit von Kindern	146
19.2.2	Strafrechtliche Verantwortlichkeit von Jugendlichen	146
19.2.3	Strafrechtliche Verantwortlichkeit bei Heranwachsenden	147
19.2.4	Folgen einer Jugendstraftat	149
19.2.4.1	Erziehungsmaßregeln	150
19.2.4.2	Zuchtmittel	151
19.2.4.3	Jugendstrafe	154
19.2.5	Das Jugendgerichtsverfahren	155
19.2.5.1	Verfahrensgrundsätze	155
19.2.5.2	Das Vorverfahren	157
19.2.5.3	Das Hauptverfahren	158
19.3	Anregungen und Materialien	159
G	**Heilerziehungspfleger/-innen als Arbeitnehmer**	**160**
20	**Das Arbeitsrecht**	**161**
20.1	Theoretische Zusammenhänge	161
20.2	Praktische Umsetzung	163
20.2.1	Der Arbeitsvertrag	163
20.2.2	Beendigung von Arbeitsverhältnissen	166
20.2.3	Mutterschutz und Elternzeit	169
20.3	Anregungen und Materialien	171
	Bildquellenverzeichnis	172
	Literaturverzeichnis	173
	Sachwortverzeichnis	174
	Abkürzungsverzeichnis	176

Vorwort

Die 1., 2. und 3. Auflage des Buches haben eine sehr freundliche Aufnahme gefunden. Dies zeigt, dass eine Ergänzung der Reihe „Praxisorientierte Heilerziehungspflege" bezüglich rechtswissenschaftlicher und berufskundlicher Grundlagen sinnvoll war.

Seit dem Erscheinen der dritten Auflage hat es rechtliche Veränderungen gegeben, die Veränderungen im Rahmen des Lehrbuches notwendig machen. So veränderte sich im elterlichen Sorgerecht für nichtehelich geborene Kinder einiges. Zudem wurde der Schutzauftrag nach § 8a SGB VIII weiter novelliert. Im gesellschaftlichen Rahmen ist der Inklusionsgedanke in letzter Zeit zu einem Schwerpunkt der fachlichen Diskussion im Rahmen der Heilerziehungspflege geworden. Die möglichen Arbeitsfelder für Heilerziehungspfleger und Heilerziehungspflegerinnen gestalten sich in den einzelnen Bundesländern unterschiedlich. In einigen finden wir immer mehr Vertreter dieser Berufsgruppe auch in Einrichtungen der Jugendhilfe, in anderen ist die Eingliederungshilfe mit den Schwerpunkten Wohn- und Pflegeeinrichtungen das Hauptbetätigungsfeld. Das Buch bemüht sich durch neue Schwerpunktsetzungen dieser Tatsache gerecht zu werden. Dabei geht es immer um eine möglichst enge Verknüpfung von Theorie und Praxis. Dies geschieht mithilfe von Fallsituationen, welche die Anwendung der geltenden rechtlichen Regelungen ermöglichen. Zahlreiche Anwendungsaufgaben helfen, die angestrebte rechtlich fundierte Handlungskompetenz der angehenden Fachkräfte zu entwickeln. Gleichzeitig erfolgt dabei eine Orientierung an einem handlungsorientierten Unterrichtsstil im Sinne des Lernfeldkonzepts. Das zugehörige BuchPlusWeb-Material gibt zusätzlich Anregungen zur Konzipierung von Lernsituationen, die auch lernfeldübergreifend genutzt werden können. Außerdem enthält das Material ergänzende Rechtsgrundlagen, die ebenfalls in Aufgabenstellungen eingebunden wurden. Insgesamt soll das BuchPlusWeb-Material Übungsmöglichkeiten bieten, um die im Buch dargestellten Inhalte zu festigen und zu vertiefen.

In diesem Sinne soll auch die 4. Auflage als ein Lern- und Arbeitsbuch verstanden werden, welches sich an Lehrer, Schüler und auch an bereits in der Berufspraxis Tätige wendet.

Erhard Doll

A Heilerziehungspflege aus beruflicher und grundlegender rechtlicher Sicht

- *Was verstehen wir unter dem Begriff Heilerziehungspflege?*
- *Welche Zusammenhänge gibt es zwischen unserer Demokratie, der Rechtsordnung und der beruflichen Tätigkeit von Heilerziehungspflegern und -pflegerinnen?*
- *Was verstehen wir unter Rechtspersonen?*
- *Wie unterscheiden sich öffentliches Recht und Zivilrecht?*
- *Welche Bedeutung haben das BGB und das Sozialgesetzbuch IX für die Behindertenhilfe?*

1 Das Berufsbild der Heilerziehungspfleger/-innen

1.1 Theoretische Grundlagen

1.1.1 Das Wesen der Heilerziehungspflege

Menschen, deren personale und soziale Identität und Integration durch Beeinträchtigungen oder Behinderungen erschwert ist, sind die Adressaten (Klienten, Kunden) des Heilerziehungspflegers. Diese Bürgerinnen und Bürger unserer Gesellschaft erfahren durch das breit gefächerte System der Behindertenhilfe Unterstützung für die Teilhabe am Leben der staatlichen Gemeinschaft. Dieses ist durch vielschichtige Hilfeformen gekennzeichnet. Sie erstrecken sich von der Frühförderung für Kinder mit Behinderung über verschiedene schulische Bildungsangebote, Begleitung schulpflichtiger Kinder und Jugendlicher mit Behinderung im Schulalltag, die Berufsbildungswerke und Werkstätten für Menschen mit Behinderung, die Arbeitsassistenz im Berufsleben von beeinträchtigten Menschen, praktisch also über den gesamten Lebenslauf der betroffenen Bürgerinnen und Bürger. Die Lebenswelten von Menschen mit Behinderung haben sich besonders in den letzten 30 Jahren stark gewandelt. Heute leben diese Mitbürgerinnen und Mitbürger in unterschiedlichen Wohnformen. In diesen wird versucht, das Leben entsprechend der jeweiligen individuellen Bedürfnisse auszugestalten. Dies geschieht u. a. in Familien, Wohnheimen, betreuten Wohngruppen und auch in der eigenen Wohnung. Gegenwärtig wird das System der Behindertenhilfe in der Bundesrepublik Deutschland kritisch hinterfragt. Ursache dafür ist die UN-Konvention über Rechte von Menschen mit Behinderungen (UN-Behindertenrechtskonvention). Diese stellt das Konzept der Inklusion in den Mittelpunkt der Lebensweltgestaltung für die betroffenen Mitbürgerinnen und Mitbürger. Der Begriff „Inklusion" kommt aus dem Lateinischen und bedeutet soviel wie „Einschluss" oder „dazu gehören". Die UN-Behindertenrechtskonvention verpflichtet alle Staaten, Menschen mit Behinderung die gleichberechtigte und uneingeschränkte Teilhabe in allen Bereichen der Gesellschaft zu gewährleisten. Seit dem 1. Januar 2009 gehört die Bundesrepublik Deutschland zu jenen Staaten, die dieser Konvention beigetreten sind. Daraus ergeben sich weitreichende Konsequenzen für die weitere Gestaltung der Behindertenhilfe in unserem Land. Zur Zeit wird dieser Prozess von vielen Diskussionen begleitet, die oft sehr ideologisch geführt werden. Inklusionsbefürworter lehnen jede Fördereinrichtung von Förderschule bis Werkstätte ab. Inklusionskritiker beharren auf der Beibehaltung dieser. Wir wollen an dieser Stelle darauf verweisen, dass das historisch entstandene System der Behindertenhilfe in unserem Land sich trotz aller Probleme bewährt hat. Im Sinne der Inklusion geht es darum, den einzelnen Menschen in den Mittelpunkt zu stellen. Ziel muss dabei sein, dass jeder im Rahmen seiner Möglichkeiten und vor allem Wünsche am gesellschaftlichen Leben teilhaben kann. Dies kann für den einen die inklusive Beschulung sein und für den anderen die Förderschule. Für den einen Erwachsenen ist es die Werkstatt für behinderte Menschen, für den anderen der Integrationsbetrieb. Inklusion ist nicht mit der Brechstange durchsetzbar. Dabei muss sich die Politik an den Interessen aller Beteiligten orientieren, auch an denen der Nichtbehinderten. Weiterhin muss der politische Blick auch in Richtung finanzieller und humaner Ressourcen gehen.

Für das Gelingen einer immer komplexer werdenden Ausgestaltung der **Behindertenhilfe** bedarf es Fachkräfte, die sich diesen anspruchsvollen Aufgaben bewusst und verantwortungsvoll stellen. Dazu gehört die relativ junge Berufsgruppe der Heilerziehungspfleger und -pflegerinnen. Als Berufsbezeichnung tauchte der Begriff erstmals 1958 auf. In der Anstalt Stetten im Remstal wurde damals ein Ausbildungsgang mit Berufsabschluss eingerichtet. Bis dahin waren in der Betreuung und Pflege von Menschen mit Behinderung hauptsächlich medizinische Fachkräfte (Krankenschwestern, Krankenpfleger) eingesetzt. Daran wird erkennbar, dass der betroffene Personenkreis in erster Linie als „krank" eingestuft wurde.

Mit der Bezeichnung Heilerziehungspflege begann sich ein grundlegender Wandel in der Sicht auf diese Menschen zu vollziehen. Dies kommt in den Begriffen **Heilen**, **Erziehen** und **Pflegen** zum Ausdruck. **Heilen** meint nicht das „Heil" im medizinischen Sinn. Vielmehr bezieht sich der Begriff auf die Gesamtheit der Lebensumstände und somit auf ein sinnerfülltes Leben eines zu betreuenden Menschen mit Behinderung (vgl. Kobi, 1993, S. 122–127). **Erziehen** signalisiert hingegen, dass auch für Menschen mit Behinderung eine Erziehungsbedürftigkeit und ebenso Erziehungsfähigkeit existiert. Dabei geht es um die Vermittlung solcher Fähigkeiten und Fertigkeiten, die ein sich Zurechtfinden in der Welt ermöglichen. Somit wird deutlich, dass Erziehen auch im Bereich der Heilerziehungspflege stets im Kontext mit Bildung zu sehen ist. Der Begriff der **Pflege** hat das Wohl des ganzen Menschen einschließlich seines Lebens als soziales Wesen im Blick. Es geht also um mehr als nur um eine Versorgung und Behandlung „Kranker". Insgesamt zielt ein solches ganzheitliches Pflegeverständnis auf die Verbesserung der gesamten Lebensqualität ab.

Die Erläuterung des Wesens von Heilerziehungspflege lässt erkennen, dass in diesem Berufsfeld Tätige vielfältigen Ansprüchen genügen müssen. Zu einer guten Fachlichkeit sollten sich vor allen Dingen Toleranz, Einfühlungsvermögen und ein von Humanismus geprägtes Bild vom Menschen mit Behinderung gesellen.

1.1.2 Aufgaben und Tätigkeiten

Die „Rahmenvereinbarung über Fachschulen" der Kultusministerkonferenz vom 07.11.2002 formuliert für die Ausbildung von Heilerziehungspflegerinnen und Heilerziehungspflegern folgende grundsätzliche Zielstellung:

> „Ziel der Ausbildung ist die Befähigung, selbstständig und eigenverantwortlich Menschen, deren personale und soziale Identität und Integration durch Beeinträchtigungen oder Behinderungen erschwert ist, zu begleiten, zu betreuen, zu pflegen und deren Persönlichkeitsentwicklung, Bildung, Sozialisation und Rehabilitation zu fördern. Die Ausbildung soll eine berufliche Handlungskompetenz vermitteln, die Fach-, Methoden- und Sozialkompetenz verknüpft."

(Berufsverband Heilerziehungspflege in Deutschland e.V., 2001, S. 9)

In dieser Zielbestimmung für die Berufsausbildung werden bereits wichtige Aufgaben und Tätigkeiten der Heilerziehungspfleger/-innen benannt. Man kann sie als sozialpädagogische Fachkräfte bezeichnen, die auch über eine pflegerische Kompetenz verfügen. Ihr Wirken ist auf eine ganzheitliche, den individuellen Bedürfnissen entsprechende Hilfe für Menschen mit Behinderung gerichtet.

Nachfolgend sollen einige wichtige Aufgaben und Tätigkeiten im Berufsalltag kurz dargestellt werden.

Assistenz

Seit dem Inkrafttreten des SGB IX im Jahre 2001 hat der Begriff der Assistenz innerhalb der Heilpädagogik eine neue Dimension erhalten. Der in diesem Gesetz verankerte Grundgedanke der „Teilhabe" (vgl. auch Abschnitt 4) für Menschen mit Behinderung lässt die Assistenz zu einer der anspruchsvollsten Aufgaben für Heilerziehungspfleger/-innen werden. Durch ein verantwortungsvolles Assistieren sollen sie einen wirksamen Beitrag zur freien Entfaltung der Persönlichkeit des Menschen mit Behinderung leisten. Dieser soll nach Möglichkeit seine Fähigkeiten so entfalten können, wie es der allgemeinen

Selbstbestimmung eines jeden Menschen entspricht. Die heilerziehungspflegerische Fachkraft muss in der Lage sein, die jeweiligen Fähigkeiten der ihr anvertrauten Menschen zu erkennen. Darauf aufbauend sind Möglichkeiten zur

Kapitel A | Heilerziehungspflege aus beruflicher und grundlegender rechtlicher Sicht

Entfaltung dieser zu schaffen. Die Unterstützung soll aber von Zurückhaltung und auch Schutz vor Überforderung geprägt sein. Grundsätzlich gilt, dass das Assistieren in erster Linie der Verwirklichung eigener Vorstellungen und Ziele des Menschen mit Behinderung zu dienen hat.

Betreuung
Der Begriff der Betreuung wird in der Heilerziehungspflege sehr oft gebraucht. Treu bedeutet auch „zuverlässig, wahr, ehrlich, sicher und stark". Den Heilerziehungspflegern und -pflegerinnen als Betreuer/-innen ist ein anderer Mensch zu „treuen Händen" übergeben worden. Für diesen Ansprechpartner, Helfer und Vertrauter in den verschiedensten Lebenssituationen zu sein, kennzeichnet diese Tätigkeit sicher am treffendsten.

Beratung
Hier geht es darum, dass die heilerziehungspflegerische Fachkraft in der Lage ist, partnerschaftlichen Rat in allen lebenspraktischen Fragen zu geben. Dies gilt auch für Rechtsfragen und für sensible Fragen zwischenmenschlicher Beziehungen. Grundlage dafür bilden die normalen und verbrieften Rechte eines Mitbürgers mit Behinderung.

Begleitung
Lebensbegleitung stellt sich als Aufgabe dar, dem Menschen alle Hilfe anzubieten, damit er sich der Welt zuwendet, sie entdeckt, sich erschließt und aneignet. Dazu gehört die Wahrnehmung der dinglichen Welt genauso wie ein Bezug zu sich selbst, seinem Körper und seinen Mitmenschen. Eine solche Begleitung heißt nicht Bevormundung, sondern Ergänzung dort, wo sonst eine Benachteiligung zu erwarten wäre. Begleitung in diesem Sinne muss sehr sensibel erfolgen und verlangt Teilhabe am Leben und Erleben eines Menschen. Sie geht über eine reine Bedürfnisbefriedigung hinaus.

Bildung
Jeder Mensch ist einem lebenslangen Bildungsprozess unterworfen. Bildung ist auch für den Menschen mit Behinderung Grundvoraussetzung für eine durch Autonomie und Emanzipation gekennzeichnete Gestaltung des Lebensalltags. Durch gezielte Beobachtung muss die heilerziehungspflegerische Fachkraft in der Lage sein, Bildungsangebote entsprechend des zu betreuenden Personenkreises zu planen, durchzuführen und zu evaluieren. Im Mittelpunkt sollte dabei die Anregung möglichst aller Kräfte (körperliche und geistige) des zu betreuenden Menschen mit Behinderung stehen. Es kommt auf eine Bereicherung der vorhandenen Kompetenzen an. Ideenreichtum und Methodenvielfalt werden hier im Berufsalltag abverlangt.

Förderung
Der Begriff der Förderung ist sehr eng mit dem Begriff der Erziehung verbunden. Förderung von Menschen mit Behinderung bezieht sich auf die verschiedensten Lebensbereiche. Auf der Grundlage von Förderplänen führen Heilerziehungspfleger/-innen gezielt Maßnahmen beispielsweise im lebenspraktischen, musischen und sozialen Bereich durch. Sie regen in diesem Zusammenhang auch therapeutische Maßnahmen an, organisieren und unterstützen diese. Förderung meint in diesem Zusammenhang ein gezieltes, methodisch reflektiertes und evaluiertes Handeln der heilerziehungspflegerischen Fachkraft.

Lebensweltgestaltung
Der Begriff „Lebensweltgestaltung" wird in jüngster Zeit sehr häufig im Zusammenhang mit der Erziehung von Kindern und Jugendlichen gebraucht. Er spielt aber auch in der Lebensbegleitung von erwachsenen Menschen eine sehr große Rolle. Heilerziehungspfleger/-innen gestalten Lebenswelten in sehr verschiedenen Dimensionen. Nach Thesing lassen sich folgende Dimensionen von Lebenswelt unterscheiden:

„[…]
— das Körperliche/Leibliche (Gesundheit, Lebenserhaltung, Sexualität);
— das Psychische (Gefühle, Erleben, Freude, Trauer);
— das Soziale (Gemeinschaft, Freundschaft, Partnerschaft, Gesellschaft);
— das Kulturelle (Kultur, Geschichte, Traditionen, Brauchtum, Kunst);
— das Geistige (Denken, Ideen, Kommunikation, Begegnung, Wissen);
— das Musische (Spiel, Tanz, Theater, Gestalten);
— das Technische (Technik, Handwerk, Naturwissenschaften);
— das Produktive (Arbeit, Beruf, Schaffen von Neuem, Bearbeitung);
— das Politische (Macht, Mitwirkung, Freiheit, Staat);
— das Zeitliche (Zeit, Vergangenheit, Geschichte, Zukunft);
— das Religiöse (Gott, Lebenssinn, Gotteserfahrung, Ewigkeit)"

(Thesing, 2011, S.48)

Innerhalb der heilerzieherischen Tätigkeit wird die Wahrnehmung der Welt mit allen ihren Dimensionen durch einen Menschen mit Behinderung wesentlich beeinflusst. Die heilerziehungspflegerische Fachkraft hat es beispielsweise in der Hand, dass der ihr anvertraute Mensch auch Teile der Welt erfahren kann, die ihm durch seine Beeinträchtigung sonst verschlossen blieben. Dazu ist Lebensbegleitung notwendig, die durch ein gemeinsames Entdecken, Erklären und Erfahren geprägt sein muss.

Beziehungen gestalten

Alle hier aufgezählten Tätigkeiten bzw. Aufgaben von Heilerziehungspflegern und -pflegerinnen lassen erkennen, dass sie vor allem verlässliche Partner der zu betreuenden Menschen sein müssen. Partnerschaft kann sich nur dann erfolgreich gestalten, wenn positive soziale Beziehungen zwischen den Partnern hergestellt werden können. Heilerziehungspfleger/-innen müssen in der Lage sein, sich durch Einfühlungsvermögen, Akzeptanz, Konsequenz, Nähe und Distanz dem Menschen mit Behinderung zu nähern. Dazu bedarf es aber auch einer aktiven Beziehungsarbeit innerhalb des Teams und häufig auch gegenüber Familienangehörigen.

Schließlich darf auch nicht unerwähnt bleiben, dass die Gestaltung von nutzbringenden Beziehungen gegenüber gesetzlichen Betreuern und Behörden das erfolgreiche Arbeiten für den zu betreuenden Menschen von nicht zu unterschätzender Wichtigkeit ist.

Pflege

Pflege umfasst eine ganzheitliche Gesundheitspflege, die nicht auf die Versorgung und Behandlung „Kranker" reduziert wird. Im Mittelpunkt steht dabei das Wohl des ganzen Menschen mit seinem körperlichen und seelischen Befinden. Dazu gehören alle Bereiche des menschlichen Lebens wie Schlafen, Körperpflege, Nahrung, Kleidung, Bewegung, Wohnumfeld sowie die Förderung sozialer Beziehungen.

1.2 Praktische Umsetzung

Die Arbeitsbereiche und Einrichtungen, in denen Heilerziehungspfleger/-innen beruflich tätig sein können, gestalten sich sehr vielschichtig. An dieser Stelle wollen wir lediglich einen groben Überblick geben. In den weiteren Abschnitten des Buches werden wesentliche Einrichtungen dann noch genauer dargestellt.

Eine **Einteilung der Einrichtungen** lässt sich unter verschiedenen Gesichtspunkten vornehmen. Sehr häufig wird eine Unterteilung nach ambulanten Diensten und stationär-pflegerischen Bereichen vorgenommen. Bei dieser Unterscheidung wird herausgestellt, dass Hilfeformen ortsgebunden oder nicht ortsgebunden („mobil") organisiert sein können, also die interne Struktur ausschlaggebend ist für die Einteilung. Diese Sichtweise lässt die Ziel- bzw. Aufgabenstellungen und damit die Schwerpunkte der heilerzieherischen Tätigkeit jedoch außer Acht.

Die nachfolgende Übersicht nimmt nur eine Einteilung aus der Sicht der grundsätzlichen Ziele und Aufgaben von Einrichtungen vor.

Bildungs- und Förderungseinrichtungen	Wohnstätten und Wohnformen für Menschen mit Behinderung
Beispiele	Beispiele
■ Frühförderstellen	■ Wohnheime
■ Integrative Kindergärten und Sonderkindergärten	■ Gastfamilie
■ Förderschulen und Integrationsklassen	■ Betreute Wohngemeinschaften
■ Werkstätten für Menschen mit Behinderung	■ Betreutes Einzelwohnen

Familienentlastende Dienste

Diese Einrichtungen zählen zu den ambulanten Diensten. Sie bieten Hilfen für Familien in den Bereichen Erziehung, Betreuung, Pflege und Versorgung an. Ein solcher Dienst kann u. a. folgende Leistungen umfassen:
- Betreuung behinderter Menschen zu Hause bei Abwesenheit bzw. Ausfall von Angehörigen
- Entlastung von Eltern durch stundenweise Betreuung und Pflege behinderter Angehöriger
- Freizeitbetreuung von Menschen mit geistiger Behinderung
- Ferienfreizeiten für geistig behinderte Kinder und Jugendliche

Ein Grundanliegen dieses Arbeitsbereiches ist die Ermöglichung einer eigenen Freizeitgestaltung für Eltern und Angehörige, die oft unter großen persönlichen Opfern Familienangehörige mit Behinderung im eigenen Haushalt betreuen.

Diese Dienste stellen ein interessantes Arbeitsfeld für Heilerziehungspfleger/-innen dar. Die Finanzierung der Leistungsangebote kann durch die Pflegekasse (Verhinderungspflege, zusätzliche Betreuungsleistungen), das Sozialamt (Hilfe zur Pflege) und das Jugendamt erfolgen.

Die Gründung eines familienentlastenden Dienstes scheint für die Zukunft auch eine Möglichkeit zur beruflichen Selbstständigkeit von Heilerziehungspflegern/-innen zu sein. Ein solches Vorhaben bedarf natürlich professioneller Beratung und Unterstützung z. B. durch die Agentur für Arbeit. Bisher überwiegen in diesem Bereich die Träger der freien Wohlfahrtspflege (siehe auch Abschnitt 3).

Arbeitsassistenz

Seit dem Inkrafttreten des SGB IX (vgl. auch Abschnitt 4) ist diese Hilfeform für Arbeitnehmerinnen und Arbeitnehmer mit körperlicher Behinderung bzw. einer Sinnesbehinderung möglich. Unter Arbeitsassistenz versteht man die regelmäßige Unterstützung in Form von Handreichungen während der Arbeitszeit. Sie dient dem Ausgleich von behinderungsbedingten Funktionseinschränkungen. Der Arbeitsassistent hilft einem Beschäftigten bei Arbeitstätigkeiten, die von dem Beschäftigten aufgrund seiner Behinderung nicht selbstständig ausgeübt werden können. Diese Hilfstätigkeiten werden vom Arbeitnehmer mit Behinderung in Auftrag gegeben. Damit ist er selbst Arbeitgeber für den Assistenten. Finanziert wird diese Leistung durch die Integrationsämter entsprechend der Voraussetzungen nach dem SGB IX.

Grundfragen des Rechts

1.3 Anregungen und Materialien

Beispiel

Fallsituation
Die 60 Jahre alten Eltern des 25-jährigen Peter M. (Trisomie 21; gilt als antriebsarm; einziges Hobby sei Fernsehen; dominiert das Familienleben; geht gerne in die WfbM) möchten aus altersbedingten Gründen, dass ihr Sohn in ein Wohnheim zieht. Peter möchte eigentlich überhaupt nicht das Elternhaus verlassen. Nach langen Bemühungen haben die Eltern eine Einrichtung gefunden. Der Tag des Einzugs steht unmittelbar bevor.

Aufgabe

1. *Beschreiben Sie notwendige heilerziehungspflegerische Tätigkeiten für die Eingewöhnungsphase (ca. 1. bis 4. Woche) von Peter im Wohnheim.*

2. *„Heilerziehungspfleger/-innen sind Lebensbegleiter und Bezugspersonen für die ihnen anvertrauten Menschen." Weisen Sie die Richtigkeit dieser Aussage anhand des obigen Beispiels nach.*

3. *Welche rechtlichen Fragestellungen im Zusammenhang mit der Aufnahme in das Wohnheim erkennen Sie am obigen Beispiel? Formulieren Sie fünf Fragen dazu.*

2 Grundfragen des Rechts

2.1 Theoretische Grundlagen

2.1.1 Recht als Bestandteil unserer Demokratie

Im Grundgesetz heißt es:

> Art. 20 Absatz 1 GG
> „Die Bundesrepublik Deutschland ist ein demokratischer und sozialer Bundesstaat."

Mit der Kennzeichnung „demokratisch" wird zum Ausdruck gebracht, dass die Staatsgewalt vom Volk ausgeht. Der Begriff Demokratie ist aus dem griechischen Wort „demos" = „Volk" abgeleitet.

Die Bundesrepublik Deutschland ist eine repräsentative Demokratie. Diese hat zum Inhalt, dass die Staatsgewalt auf Abgeordnete übertragen wird, die durch die wahlberechtigten Bürger gewählt werden. Von ihnen geht das weitere politische Handeln aus.
Weiterhin wird im Grundgesetz bestimmt, dass die Bundesrepublik Deutschland ein Rechtsstaat ist. Dazu heißt es in Artikel 20 Abs. 3 GG:

> Art. 20 Absatz 3 GG
> „Die Gesetzgebung ist an die verfassungsmäßige Ordnung, die vollziehende Gewalt und die Rechtsprechung sind an Gesetz und Recht gebunden."

Der **Rechtsstaat** ist somit durch drei Grundsätze gekennzeichnet:
- Gewaltenteilung,
- Bindung der Gesetzgebung an die verfassungsmäßige Ordnung und
- Gesetzmäßigkeit der Verwaltung.

Der Begriff **„Gewaltenteilung"** bringt zum Ausdruck, dass drei Gewalten existieren, die voneinander zu trennen sind:
- Legislative (die gesetzgebende Gewalt),
- Exekutive (die ausführende Gewalt) und
- Judikative (die richterliche Gewalt).

In der Bindung der Gesetzgebung an die verfassungsmäßige Ordnung und die Einbindung der Verwaltung in den Rahmen von Gesetzen, wird die Bedeutung des Rechts in unserer Gesellschaft deutlich. Aber auch im Berufsalltag von Heilerziehungspflegern und -pflegerinnen werden das Wesen und die Aufgaben des Rechts deutlich. Dazu folgendes Beispiel:

> **Beispiel**
>
> *Sonja arbeitet als Heilerziehungspflegerin in einer integrativen Kindertagesstätte in einer Gruppe als Zweitkraft. Träger der Einrichtung ist der „Sonnenschein e. V.". Zu ihren Kindern gehört auch der 5-jährige Sören. Er leidet an einem frühkindlichen Hirnschaden. Dieser bewirkt bei ihm einige Einschränkungen im motorischen und sprachlichen Bereich. Zweimal pro Woche wird er in der Einrichtung logopädisch und physiotherapeutisch von anderen Fachkräften betreut. Sören lebt bei seiner alleinerziehenden Mutter. Nachmittags wird er sehr oft von einer Nachbarin der Mutter aus der Einrichtung abgeholt.*

Die obige Situation gibt ganz alltägliche Abläufe in einer Einrichtung der Kindertagesbetreuung wieder. Viele der dargestellten Vorgänge sind selbstverständlich und die Beteiligten handeln sicher und bewusst. Es existieren Normen und Festlegungen, auf die sich jeder verlassen kann. So ist z. B. Sonjas Arbeitszeit im Arbeitsvertrag klar geregelt. Sie selbst und alle ihre Kolleginnen und Kollegen können sich darauf verlassen, weil es dafür Rechtsnormen bzw. rechtliche Bestimmungen gibt (siehe Kapitel 20). Sörens Mutter kann sich darauf verlassen, dass der tägliche Aufenthalt ihres Sohnes in der Einrichtung durch die Anwesenheit der Heilerziehungspfleger gewährleistet ist. Ein entsprechender rechtlicher Hintergrund (der Betreuungsvertrag) gibt ihr Handlungssicherheit.
Sicherheit hat Sonja auch bezüglich der Herausgabe des Kindes an die Nachbarin. Sie weiß, dass nur die Mutter als sorgeberechtigte Person grundsätzlich bestimmen darf, wer Sören abholen darf und wer nicht. Weiterhin ist ihr auch bekannt, in welcher Form eine solche Bestimmung zu erfolgen hat.

Aufgrund dessen können wir den Begriff „Recht" wie folgt definieren:

> **Definition**
>
> *Recht ist ein in jeder Gesellschaft existierendes System von Verhaltensvorschriften. Diese sind mithilfe staatlicher Instanzen durchsetzbar.*

Der Begriff hat eine objektive und eine subjektive Seite. **Objektives Recht** verkörpert die Bestimmung (Vorschrift) als solche. So gibt es in jeder Gesellschaft Gesetze, über deren Einhaltung der Staat wacht bzw. wachen soll. Dieses System ist objektiv (lat.: sachlich) gegeben. **Subjektives Recht** sind Rechte bzw. Rechtsansprüche, die der einzelne Mensch auf der Grundlage des objektiven Rechts (z. B. von Gesetzen) wahrnehmen kann.
Im gegebenen Beispiel gibt es für die Herausgabebestimmung der Mutter als Grundlage das Bürgerliche Gesetzbuch (BGB). Aus diesem kann für den vorliegenden Fall eine Berechtigung der Mutter zur Bestimmung der Herausgabe des Kindes abgeleitet werden.

Das Recht erfüllt in jeder Gesellschaft ganz bestimmte **Aufgaben (Funktionen)**:

1. Schutzfunktion
Der Schutzgedanke des Rechts hat verschiedene Aspekte. So werden beispielsweise durch Gesetze (u. a. BGB, StGB) bestimmte Rechtsgüter (z. B. Eigentum, körperliche Unversehrtheit, Gesundheit) des Menschen geschützt. Dies bedeutet, dass jeder Bürger bei einer Verletzung eines seiner Rechtsgüter einen Anspruch darauf hat, mithilfe des Staates diesen Konflikt zu lösen. Die Regelungen zur gesetzlichen Betreuung für Volljährige im BGB (vgl. auch Abschnitt 8) bringen einen weiteren Schutzaspekt zum Ausdruck. Der betroffene Personenkreis hat unter bestimmten Voraussetzungen einen Anspruch auf diese Form der Hilfe. Sie dient auch dazu, Persönlichkeitsrechte dieser Menschen mit Behinderung im alltäglichen Leben vor Verletzungen zu schützen.

2. Ordnungsfunktion
Durch das Recht wird für das Zusammenleben der Menschen etwas geordnet. So ordnet u. a. das SGB IX die therapeutische Versorgung des kleinen Sören.
Als weiteres Beispiel sind die Regelungen im Grundgesetz zu nennen, die Aufgaben und Befugnisse des Bundespräsidenten ordnen (Artikel 54ff. GG).

3. Regelung des Zusammenlebens der Menschen
Das BGB regelt beispielsweise Rechte und Pflichten, die Eltern gegenüber ihren Kindern haben. Dadurch wird das familiäre Miteinander im Zusammenleben der Familienmitglieder und auch der Außenstehenden entscheidend beeinflusst.

4. Recht gibt Verhaltenssicherheit
In unserem Beispiel gibt der auf der Grundlage der allgemeinen Vorschriften im BGB abgeschlossene Betreuungsvertrag eine solche Sicherheit. Dort ist geregelt, welche Rechte und Pflichten beide Vertragsparteien haben. So kann Sörens Mutter sicher sein, dass sie während der vereinbarten Betreuungszeit z. B. ihrer Erwerbstätigkeit nachgehen kann. Der Träger kann auf der anderen Seite auf einer ordnungsgemäßen Entrichtung des vereinbarten Entgelts bestehen.

2.1.2 Das Grundgesetz – wichtigste Rechtsquelle unserer Rechtsordnung

Das Grundgesetz ist die grundlegendste Rechtsquelle der Bundesrepublik Deutschland. Sie gilt zugleich als wichtigste historische Errungenschaft auf dem Gebiet des Rechts seit Beendigung des Zweiten Weltkriegs. Das Gesetz enthält die wichtigsten Rechte und Pflichten der Bürger und des Staates. So enthalten die Artikel 1 bis 19 GG die Grundrechte der Bürger.

Kapitel A | Heilerziehungspflege aus beruflicher und grundlegender rechtlicher Sicht

Für die Arbeit der heilerziehungspflegerischen Fachkraft sind u. a. folgende Grundrechte von Bedeutung:

Art. 1 Abs.1 GG:
„(1) Die Würde des Menschen ist unantastbar. Sie zu achten und zu schützen ist Verpflichtung aller staatlichen Gewalt."

Art. 2 GG:
„(1) Jeder hat das Recht auf die freie Entfaltung seiner Persönlichkeit, soweit er nicht die Rechte anderer verletzt und nicht gegen die verfassungsmäßige Ordnung oder das Sittengesetz verstößt. (2) Jeder hat das Recht auf Leben und körperliche Unversehrtheit. Die Freiheit der Person ist unverletzlich. In diese Rechte darf nur aufgrund eines Gesetzes eingegriffen werden."

Art. 3 GG:
„(1) Alle Menschen sind vor dem Gesetz gleich.
[...]
(3) Niemand darf wegen seines Geschlechtes, seiner Abstammung, seiner Rasse, seiner Sprache, seiner Heimat und Herkunft, seines Glaubens, seiner religiösen oder politischen Anschauungen benachteiligt oder bevorzugt werden. Niemand darf wegen seiner Behinderung benachteiligt werden."

In ihrer täglichen Arbeit sind Heilerziehungspfleger und -pflegerinnen bewusst und auch unbewusst in die Gewährleistung der genannten Grundrechte für die ihnen anvertrauten Menschen eingebunden. So ist die Achtung der Menschenwürde ein grundsätzliches ethisches Arbeitsprinzip im Umgang mit Menschen mit Behinderung. Weiterhin ist die Sicherung der freien Entfaltung der Persönlichkeit besonders in Wohneinrichtungen eine ständige Herausforderung im Arbeitsalltag. Eingriffe in die Freiheit der Person sind nur in ganz engen und vom Gesetz vorgegebenen Grenzen möglich. Dazu wird im Rahmen der Betreuungs- und Aufsichtspflicht (siehe Abschnitt 15.2.5) noch mehr zu sagen sein.

Alle weiteren Rechtsquellen sind dem Grundgesetz verpflichtet. Sie dürfen den in diesem Gesetz enthaltenen Festlegungen nicht widersprechen, d. h., sie müssen verfassungskonform sein. Darüber wacht das Bundesverfassungsgericht als oberstes Gericht unseres Landes.

2.1.3   Weitere Rechtsquellen

Länderverfassungen
Sie haben auf der Ebene der Bundesländer einen ähnlichen Stellenwert wie das Grundgesetz auf Bundesebene.

Gesetze
Der Staat legt in Gesetzen für jeden Menschen verbindliche Verhaltensregeln fest. Verabschiedet (erlassen) werden können Gesetze durch die Parlamente (Bundestag, Bundesrat, Landesparlamente).

Bundesgesetze	Landesgesetze	Alte Reichs- und Landesgesetze
Erlassen vom Bundestag in Zusammenwirkung mit dem Bundesrat, z. B. Strafgesetzbuch (StGB) oder Kinder- und Jugendhilfegesetz (KJHG)	Von den Länderparlamenten erlassen, z. B. Schulgesetze oder Polizeigesetze	Erlassen vom früheren Reichstag bzw. den Landtagen, z. B. Bürgerliches Gesetzbuch (BGB, Erstbeschluss im Jahre 1896) oder Reichsversicherungsordnung

Grundfragen des Rechts

> **Aufgabe**
>
> *Informieren Sie sich im Internet über die im letzten Jahr erlassenen bzw. veränderten Gesetze in Ihrem Bundesland.*

Rechtsverordnungen

Das Recht zum Erlass von Gesetzen obliegt in unserem Lande ausschließlich den Parlamenten (Legislative). Die Bundesregierung bzw. die jeweiligen Landesregierungen (Exekutive) können jedoch für alle verbindliche Verhaltensregeln in Form von Rechtsverordnungen aufstellen. Diese enthalten meist Detailregelungen zur Durchführung von Gesetzen. So regelt beispielsweise der § 28 des Brandenburgischen Schulgesetzes (BbgSchulG) Grundlegendes zu den Bildungsgängen der Fachschule. Die „Verordnung über die Bildungsgänge für Sozialwesen in der Fachschule" ist die zugehörige Rechtsverordnung. Sie regelt u. a. die Aufnahmevoraussetzungen, Ausbildungsdauer und Form der abzulegenden Prüfungen. Sie wurde von der Regierung des Landes Brandenburg, vertreten durch das Ministerium für Bildung, Jugend und Sport, erlassen.

> **Aufgabe**
>
> *Stellen Sie alle für Sie wichtigen Regelungen der für Ihr Bundesland geltenden Ausbildungs- und Prüfungsordnung zur Abschlussprüfung an der Fachschule für Heilerziehungspflege zusammen.*

Satzungen

Satzungen sind schriftlich niedergelegte Grundordnungen von rechtlichen Zusammenschlüssen (z. B. Vereinen, siehe auch Abschnitt 3.2.1). Dort sind u. a. Rechte und Pflichten der Vereinsmitglieder sowie die Ziele des Vereins festgeschrieben. Auf dieser Grundlage arbeitet der Vorstand des Vereins.

Aber auch andere Personengruppen können für ihre Bereiche geltende Verhaltensregeln in Form von Satzungen aufstellen. Dies ist z. B. bei Krankenkassen und Berufsverbänden der Fall. Für Heilerziehungspfleger/-innen sind die Satzungen der Träger von Einrichtungen der Behindertenhilfe von Bedeutung. Körperschaften des öffentlichen Rechts (z. B. Städte und Gemeinden) können im Rahmen ihrer Zuständigkeit ebenfalls Satzungen erlassen, die für alle dort lebenden Bürgerinnen und Bürger gültig sind. So gibt es beispielsweise Satzungen, die Fragen der Müll- und Abwasserentsorgung sowie die Wasserversorgung regeln.

Verträge

Verträge spielen in unserem gesellschaftlichen Leben eine große Rolle. Sie enthalten Regelungen, die zwei oder mehrere Personen betreffen. Der Kaufvertrag ist uns allen als wohl bekannteste Form geläufig. Eltern und gesetzliche Betreuer von Volljährigen schließen mit Trägern von Behinderteneinrichtungen z. B. Betreuungsverträge ab, die u. a. die Betreuungszeit, das Betreuungsziel und natürlich auch die zu zahlende Vergütung beinhalten.

Für Arbeitgeber und Arbeitnehmer hat der Arbeitsvertrag eine herausragende Bedeutung (siehe Abschnitt G).

> **Aufgabe**
>
> *Lassen Sie sich das Formular eines Praktikumvertrages Ihrer Fachschule aushändigen. Tragen Sie daraus die für Sie wichtigsten Regelungen zusammen und erläutern Sie diese.*

Richterrecht

An dieser Stelle soll noch auf das „Richterrecht" verwiesen werden. Die obersten Gerichte legen durch ihre „ständige Rechtsprechung" u. a. fest, wie bestimmte Vorschriften auszulegen und Gesetzeslücken zu schließen sind. Von besonderer Bedeutung sind dabei die Entscheidungen des Bundesverfassungsgerichts. Sie bestimmen die Verfassungswidrigkeit von Gesetzen und Urteilen. Diese Entscheidungen sind endgültig und für alle Gerichte, Verwaltungen und Parlamente verbindlich.

2.1.4 Öffentliches Recht und Zivilrecht

Öffentliches Recht

Erinnern wir uns noch einmal an Sören in unserem Fallbeispiel von Seite 16. Er erhält regelmäßig in der integrativen Kindertagesstätte therapeutische Leistungen zur Unterstützung seiner motorischen und sprachlichen Entwicklung. Diese Maßnahmen sind Bestandteil der Frühförderung (vgl. auch Abschnitt 9). Rechtsgrundlage dafür sind besonders die §§ 26 und 30 SGB IX. Dieses Gesetz gehört zum Bereich des öffentlichen Rechts. Dieser umfasst alle Rechtsverhältnisse zwischen Staat und Bürger.

> **Definition**
>
> *Das öffentliche Recht regelt rechtliche Beziehungen zwischen Privatpersonen und Trägern hoheitlicher Gewalt (z. B. Bund, Länder, Gemeinden). Dieses Rechtsgebiet ist durch das Prinzip der Über- und Unterordnung gekennzeichnet. Träger hoheitlicher Gewalt können mithilfe von Befehl und Zwang gegenüber Privatpersonen handeln, wenn ein Gesetz dies zulässt.*

Das öffentliche Recht beinhaltet viele Rechtsgebiete. Für den Bereich der Heilerziehungspflege spielt u. a. das Sozialrecht eine wichtige Rolle. Dieses beinhaltet viele Bestimmungen, auf deren Grundlage Privatpersonen Leistungen gegenüber dem Staat geltend machen können. Für die Erbringung solcher Leistungen bedarf es jedoch ganz bestimmter Voraussetzungen, die zur Gewährung erfüllt sein müssen.

Um Sören Leistungen im Sinne der Frühförderung zu ermöglichen, musste die sorgeberechtigte Mutter diese beim entsprechenden Rehabilitationsträger (in diesem Falle der zuständigen Krankenkasse) beantragen. Nach genauer Prüfung erfolgte in diesem Falle eine Gewährung der beschriebenen Leistungen. In diesem Vorgang wird das Prinzip der Über- und Unterordnung innerhalb des öffentlichen Rechts deutlich. Erst das hoheitliche Handeln einer Behörde (Genehmigung) macht die Leistung für den Bürger möglich.

Rechtsgebiete des öffentlichen Rechts	Wichtige Gesetze
Verfassungsrecht	Grundgesetz (GG), Verfassungen der Bundesländer
Steuerrecht	Einkommenssteuergesetz
Strafrecht	Strafgesetzbuch (StGB), Jugendgerichtsgesetz (JGG)
Prozessrecht	Zivilprozessordnung (ZPO), Strafprozessordnung (StPO)
Polizeirecht	Polizeigesetze, Unterbringungsgesetze
Sozialrecht	Sozialgesetzbuch VIII (Kinder- u. Jugendhilfegesetz), Sozialgesetzbuch XII (Sozialhilfe)

Zivilrecht

In unserer Fallsituation von Seite 16 bestimmt die Mutter, dass Sören zu festgelegten Zeiten von einer Nachbarin aus der Kindertageseinrichtung abgeholt werden darf. Diese Bestimmung trifft sie im Rahmen ihres elterlichen Sorgerechts (vgl. auch Abschnitt 6). Die elterliche Sorge ist im BGB geregelt und gehört somit zum Bereich des Zivilrechts, auch Privatrecht genannt. In diesem Rechtsgebiet werden Rechtsverhältnisse zwischen Bürgern untereinander geregelt. Das Zivilrecht kennt das Prinzip der Über- und Unterordnung nicht. Alle Rechtspersonen treten sich als gleichberechtigte Partner gegenüber.

Grundfragen des Rechts

> **Definition**
>
> *Das Zivilrecht regelt Rechtsverhältnisse zwischen Bürgern untereinander (Privatpersonen). Das Prinzip von Über- und Unterordnung existiert nicht. Bürger und Bürger stehen sich gleichberechtigt gegenüber.*

Es gibt auch Rechtsbeziehungen zwischen Staat und Bürger, die zivilrechtlicher Natur sind. Dies ist z. B. der Fall, wenn ein Bürger mit einer Stadt einen Kaufvertrag über ein städtisches Grundstück abschließt. Der Kaufvertrag gehört zum Zivilrecht. In diesem Falle stehen sich beide Vertragspartner gleichberechtigt gegenüber.

Rechtsgebiete des Zivilrechts	Wichtige Gesetze
Familienrecht	Bürgerliches Gesetzbuch (BGB)
Mietrecht	Bürgerliches Gesetzbuch (BGB),
Kaufrecht	Bürgerliches Gesetzbuch (BGB)
Erbrecht	Bürgerliches Gesetzbuch (BGB)

> **Aufgabe**
>
> *Ordnen Sie folgende Sachverhalte dem öffentlichen Recht bzw. dem Zivilrecht zu. Begründen Sie Ihre Aussagen.*
> a) *Frau Müller ist mit der Mieterhöhung nicht einverstanden und will gegen den Vermieter rechtlich vorgehen.*
> b) *Herr und Frau Sommer schließen mit der Gemeinde M, Träger der Kindertagesstätte „Spielhaus", einen Betreuungsvertrag für ihre Tochter Sandra ab.*
> c) *Familie Otto klagt gegen das Sozialamt ihrer Stadt, um ihr Recht auf Sozialhilfe durchzusetzen.*
> d) *Herr Werner verursacht unter starkem Alkoholeinfluss einen schweren Verkehrsunfall. Der Unfallbeteiligte wird verletzt, sein Pkw beschädigt.*

2.2 Praktische Umsetzung

2.2.1 Die Gerichtsbarkeiten

Nachdem wir uns zunächst einen Überblick darüber verschafft haben, was Recht ist und in welche Hauptgebiete es eingeteilt ist, wollen wir uns jetzt den Gerichtsbarkeiten zuwenden. Diese sind von grundsätzlicher Bedeutung, wenn es um die Realisierung des Rechts im gesellschaftlichen Alltag geht.

> **Definition**
>
> *Gerichtsbarkeiten sind alle Organe der rechtsprechenden Gewalt. Auch die Tätigkeit dieser Organe selbst wird als Gerichtsbarkeit bezeichnet.*

Bei den Gerichtsbarkeiten muss zwischen verschiedenen Zweigen unterschieden werden.

2.2.1.1 Europäische Gerichtsbarkeit

Dieser Zweig ist der jüngste. In ihm ist zwischen dem Europäischen Gerichtshof (EuGH) für Menschenrechte (Sitz in Straßburg) und dem EuGH für Gemeinschaftsrecht der EU (in Luxemburg) zu unterscheiden. Der EuGH entscheidet über Beschwerden, in denen eine Verletzung der in der Europäischen Konvention zum Schutz der Menschenrechte und Grundfreiheiten niedergelegten Rechte gerügt wird. Diese Konvention ist ein völkerrechtlicher Vertrag, durch den sich die Vertragsstaaten des Europarats verpflichten, ihren Bürgern grundlegende zivile und politische Rechte zuzusichern. Der Gerichtshof beschäftigt sich in diesem Zusammenhang mit Individualbeschwerden einzelner Personen (gerichtet gegen einen Vertragsstaat der Konvention) oder mit Staatenbeschwerden der Vertragsstaaten gegeneinander. Eine Beschwerde wird nur dann vom Gerichtshof zugelassen, wenn der innerstaatliche Rechtsweg bereits ausgeschöpft wurde. Auf der Internetseite des EuGH findet man eine Übersicht zur aktuellen Rechtsprechung des Gerichtshofs.

Der EuGH für Gemeinschaftsrecht der EU ist die oberste rechtliche Instanz in der Europäischen Union. Er soll die einheitliche Anwendung, Auslegung und Weiterentwicklung des Gemeinschaftsrechts sichern. Zuständig ist er u. a. für Streitigkeiten zwischen Mitgliedstaaten der EU, zwischen Mitgliedstaaten und Organen der Gemeinschaft sowie für Entscheidungen über Klagen von Bürgern aus Mitgliedsländern der EU gegenüber getroffenen Festlegungen der Europäischen Union. Die Bedeutung der Europäischen Gerichtsbarkeit nimmt immer mehr zu. Landesrechtliche Regelungen auf allen Rechtsgebieten müssen sich immer mehr an bestehendem Europäischen Recht messen lassen. Dies gilt auch für den sozialen Bereich, in welchem die Heilerziehungspflege verankert ist.

2.2.1.2 Das Bundesverfassungsgericht

Artikel 92 des Grundgesetzes (GG) legt die Gerichtsorganisation für die Bundesrepublik Deutschland fest. Das Bundesverfassungsgericht wird darin als oberstes Gericht bestimmt. In Artikel 93 GG wird die Zuständigkeit des Bundesverfassungsgerichts festgelegt. So entscheidet dieses Gericht u. a. bei Meinungsverschiedenheiten oder Zweifeln über die Vereinbarkeit von Bundes- bzw. Landesrecht mit dem Grundgesetz. Des Weiteren nimmt dieses Gericht Verfassungsbeschwerden entgegen, die auch von jedem Bundesbürger erhoben werden können. Mit der Verfassungsbeschwerde wird geltend gemacht, dass eine Verletzung der Grundrechte vorliegt.  Das Bundesverfassungsgericht ist ein selbstständiger und unabhängiger oberster Gerichtshof. Seine Entscheidungen binden alle Verfassungsorgane des Bundes, der Länder, alle Gerichte und Verwaltungsbehörden sowie alle Bürger des Landes. Seinen Sitz hat das Gericht in Karlsruhe. Die Leitung obliegt seinem Präsidenten und dessen Stellvertreter. Die Richter werden je zur Hälfte vom Bundestag und vom Bundesrat gewählt. Eine Amtszeit dauert zwölf Jahre.

> **Aufgabe**
>
> *Recherchieren Sie im Internet zur Tätigkeit des Bundesverfassungsgerichts. Stellen Sie in einem Kurzvortrag zwei Beispiele für Entscheidungen des Bundesverfassungsgerichts aus den letzten drei Jahren zusammen.*

Grundfragen des Rechts

2.2.1.3 Ordentliche Gerichtsbarkeit

Die ordentliche Gerichtsbarkeit unterteilt sich in die Zivilgerichtsbarkeit und die Strafgerichtsbarkeit.

Zivilgerichtsbarkeit
Die Zivilgerichtsbarkeit ist ein sehr großer Bereich der rechtsprechenden Gewalt in unserer Gesellschaft. Sie hat auch für den sozialpädagogischen Bereich eine hohe Bedeutung. Diese Gerichtsbarkeit entscheidet u. a. über Ansprüche aus Kaufverträgen, über Schadenersatzansprüche, Mietstreitigkeiten usw. In diesen Verfahren werden Anträge gestellt, die dann durch das Gericht durchgesetzt werden sollen. Sie werden deshalb auch als **streitige Gerichtsbarkeit** im Rahmen des Zivilrechts bezeichnet.

Es gibt folgende Instanzen: 1. Instanz, Berufung (2. Instanz) und Revision (3. Instanz).

Die **1. Instanz** ist das Gericht, bei dem eine Klage erstmalig vorgebracht wird. Dies kann entweder das Amtsgericht oder das Landgericht sein. Das Amtsgericht ist laut § 23 des Gerichtsverfassungsgesetzes für Klagen zuständig, bei denen es sich um einen maximalen Streitwert von 5 000,00 EUR handelt. Liegt der Streitwert höher, dann ist das Landgericht als 1. Instanz zuständig.
Die **Berufung** innerhalb der Zivilgerichtsbarkeit ist nur möglich, wenn der Beschwerdegegenstand die Summe von sechshundert Euro nicht unterschreitet und das Gericht der 1. Instanz in seinem Urteil eine Berufung zugelassen hat (§§ 511 ff. ZPO). War in dieser Instanz das Amtsgericht zuständig, dann findet die Berufung vor dem Landgericht statt. Ist das erstinstanzliche Gericht das Landgericht, dann findet die Berufung vor dem Oberlandesgericht statt.
Die **Revision** ist in den §§ 542 bis 566 ZPO geregelt. Sie ist nur zulässig, wenn das Berufungsgericht diese im Urteil zuließ und die Rechtssache von grundsätzlicher Bedeutung ist. Zuständig für die Revision ist der Bundesgerichtshof.

Im Rahmen der **freiwilligen Gerichtsbarkeit** entscheidet das Zivilgericht u. a. in Familiensachen, Vormundschaftssachen, Nachlasssachen usw. Dazu gehört aber auch die Führung des Vereins- bzw. Güterrechtsregisters (siehe auch Abschnitt 3.2). In diesen Fällen wird durch das Gericht neues Recht geschaffen (z. B. durch Scheidung einer Ehe, Einsetzen eines Vormunds). Rechtsgrundlage für diese Gerichtsbarkeit ist seit dem Jahr 2009 das „Gesetz über das Verfahren in Familiensachen und in den Angelegenheiten der freiwilligen Gerichtsbarkeit".

Vor dem Amtsgericht kann sich jeder selbst vertreten. Anwaltszwang besteht für das Landgericht, Oberlandesgericht und den Bundesgerichtshof. Der genaue Ablauf eines Zivilprozesses ist in der Zivilprozessordnung (ZPO) geregelt.

Strafgerichtsbarkeit
Bei Straftaten, z. B. gegen das Leben, den Körper oder das Eigentum, entscheidet die Strafgerichtsbarkeit.
Bei kleinerer und mittlerer Kriminalität ist in 1. Instanz das **Amtsgericht** zuständig. Droht eine Freiheitsstrafe von nicht mehr als zwei Jahren, dann entscheidet ein Einzelrichter. Ist ein höheres Strafmaß zu erwarten, dann ist ein Schöffengericht (ein Richter und zwei Schöffen = Laienrichter) zuständig (Regelungen im Rahmen des JGG, s. Abschnitt 19).
Bei schwerer und Schwerstkriminalität, z. B. Mord, ist das **Landgericht** zuständig. Schwere Kriminalität wird vor der Großen Strafkammer (drei Richter, zwei Schöffen), Schwerstkriminalität vor dem Schwurgericht (drei Richter, zwei Schöffen) des Landgerichts verhandelt.
Berufungen gegen Urteile des Amtsgerichts verhandelt die Kleine Strafkammer (ein Richter, zwei Schöffen) des Landgerichts. Gegen das Urteil der Kleinen Strafkammer kann **Revision** beim Strafsenat des Oberlandesgerichts eingelegt werden. Revisionen gegen Urteile der Großen Strafkammer werden vom Strafsenat des Bundesgerichtshofes verhandelt.

2.2.1.4 Weitere wichtige Gerichtsbarkeiten

Verwaltungsgerichtsbarkeit
Die Verwaltungsgerichtsbarkeit ist zuständig für Rechtsstreitigkeiten auf dem Gebiet des öffentlichen Rechts (s. Abschnitt 2.1.4).

Arbeitsgerichtsbarkeit
Sie ist zuständig für Streitigkeiten aus Arbeitsverhältnissen (z. B. bei einer Klage gegen eine Kündigung).

Sozialgerichtsbarkeit
Diese Gerichtsbarkeit kümmert sich um Streitigkeiten, die sich u. a. im Zusammenhang mit den Sozialversicherungen ergeben.

Finanzgerichtsbarkeit
Die Finanzgerichtsbarkeit trifft Entscheidungen in Steuerangelegenheiten (z. B. Einspruch gegen den Steuerbescheid).

2.2.2 Wichtige Personen der Rechtspflege

Richter/-in
Richter/-innen spielen im Rahmen der Rechtspflege eine herausragende Rolle. Dies legt Artikel 92 des GG fest:

> Art. 92 GG
> „Die rechtsprechende Gewalt ist den Richtern anvertraut; [...]"

§ 1 des Deutschen Richtergesetzes besagt, dass die rechtsprechende Gewalt durch Berufsrichter/-innen und durch ehrenamtliche Richter und Richterinnen ausgeübt wird.
Berufsrichter/-innen werden in der Regel auf Lebenszeit berufen und sind hauptamtlich tätig. Der Tätigkeit geht ein entsprechend umfangreiches juristisches Studium mit dazugehörigen Prüfungen (erstes und zweites Staatsexamen) voraus.
Artikel 97 GG bestimmt die Unabhängigkeit der Richter/-innen und deren alleinige Gebundenheit an das Gesetz. Dies beinhaltet, dass Richter/-innen in ihren Entscheidungen frei von Anweisungen durch Vorgesetzte sind. Sie unterstehen dienstrechtlich den Vorgesetzten nur bezüglich einer ordnungsgemäßen Amtsführung und Erledigung ihrer Amtsgeschäfte.
Richter/-innen führen in streitigen Verfahren ein Ergebnis herbei, welches die Form eines Urteils, eines Beschlusses oder eines Vergleichs haben kann.

Ehrenamtliche Richter/-innen (in der Strafgerichtsbarkeit auch als Schöffen bezeichnet) sind Laien, die gemeinsam mit den Berufsrichtern und -richterinnen bei verschiedenen Gerichten mit vollem Stimmrecht als Vertreter des Volkes Recht sprechen. Sie werden alle vier Jahre auf der Grundlage des Gerichtsverfassungsgesetzes gewählt. Schöffen kommen aus allen Berufsgruppen. Zu diesem Ehrenamt können sich Bürgerinnen und Bürger bewerben oder von anderen vorgeschlagen werden.

Rechtspfleger/-in
Rechtspflegern und Rechtspflegerinnen sind nach dem Rechtspflegergesetz bestimmte Rechtsaufgaben zugewiesen. Zu diesen Aufgaben, die ihnen teilweise oder ganz übertragen werden, zählen u. a. Grundbuchsachen, Vormundschaftssachen, Mahnverfahren, Nachlasssachen.
Rechtspfleger/-innen sind Justizbeamte des gehobenen Dienstes. Sie haben kein juristisches Hochschulstudium abgeschlossen. Ihre Ausbildung erfolgt auf der Grundlage eines Fachhochschulstudiums, welches mit einem Vorbereitungsdienst verbunden ist.

Gerichtsvollzieher/-innen

Gerichtsvollzieher/-innen gehören zu den Beamten des mittleren Dienstes. Ihre Aufgaben sind u. a. die Durchsetzung von Herausgabeansprüchen, die Vornahme von öffentlichen Versteigerungen, die Räumungsvollstreckung (z. B. die Zwangsräumung von Wohnungen) oder die Zwangsvollstreckung in das bewegliche Vermögen eines Schuldners.

Staatsanwalt/Staatsanwältin

Ein Staatsanwalt oder eine Staatsanwältin ist Beamte/-r der staatlichen Anklagebehörde. Die Staatsanwaltschaft stellt eine selbstständige Justizbehörde dar. Sie muss von Amts wegen einschreiten, wenn beispielsweise eine strafbare Handlung geplant oder verübt worden ist. Die Staatsanwaltschaft ermittelt mithilfe der Polizei den entsprechenden Sachverhalt und entscheidet dann über die Anklageerhebung bei Gericht. In der Hauptverhandlung vor Gericht tritt der jeweilige Staatsanwalt als Anklagevertreter auf (s. dazu auch Abschnitt 18). Die Einleitung und Überwachung der Vollstreckung eines Urteils gehört ebenfalls zu den Aufgaben der Staatsanwaltschaft.

Notar/-in

Notare und Notarinnen spielen im Rechtsleben unserer Gesellschaft eine große Rolle. Sie sind Träger eines öffentlichen Amtes und sind nach der Ernennung durch den Justizminister oder die Justizministerin eines Bundeslandes selbstständig tätig, mit Ausnahme von Baden-Württemberg. Die wesentlichste Aufgabe eines Notars / einer Notarin ist die Beurkundung von Rechtsvorgängen. Solche Beurkundungen sind häufig per Gesetz vorgeschrieben. Dazu gehören u. a. der Grundstückskauf, der Ehevertrag, der Erbvertrag, die gemeinsame Sorgerechtserklärung für unverheiratete Paare mit Kindern (s. auch Abschnitt 6.2.1).

Rechtsanwalt/Rechtsanwältin

Laut Bundesrechtsanwaltsordnung ist der Rechtsanwalt bzw. die Rechtsanwältin ein unabhängiges Organ der Rechtspflege. Er übt einen freien Beruf aus, hat aber kein Gewerbe inne. Jeder Bürger hat das Recht, sich in allen Angelegenheiten gegenüber Behörden, Privatpersonen oder vor Gericht von einem Rechtsanwalt seiner Wahl vertreten zu lassen (§ 3 Bundesrechtsanwaltsordnung). Rechtsanwälte/-anwältinnen sind auch berechtigt, Rechtsauskünfte zu erteilen. Des Weiteren nehmen sie auch Aufgaben der Vermögens- und Nachlassverwaltung wahr.

2.3   Anregungen und Materialien

Aufgaben

1. Erläutern Sie alle in Punkt 2.1.1 genannten Funktionen des Rechts mit Beispielen aus dem heilerziehungspflegerischen Alltag.

2. Begründen Sie, warum das Grundgesetz die wichtigste Rechtsquelle in unserem Lande ist.

3. Welche Gerichtsbarkeiten sind in folgenden Fällen zuständig?
   a) Erzieherin Kathrin ist mit ihrer fristlosen Kündigung nicht einverstanden und will mithilfe ihrer Gewerkschaft rechtliche Schritte einleiten.
   b) Frau Frankes frisch renoviertes Bad wurde durch Wasser, das aus der Waschmaschine ihrer Nachbarin auslief, stark beschädigt. Die Nachbarin will den Schaden nicht ersetzen.
   c) Herr Ludwig wird nach einem Gaststättenbesuch von zwei Männern niedergeschlagen und seiner Brieftasche beraubt.

Kapitel A | Heilerziehungspflege aus beruflicher und grundlegender rechtlicher Sicht

Beispiel

Fallsituation
In einem Wohnheim für Jugendliche und Erwachsene mit geistiger Behinderung lebt auch Petra S. Sie ist ein 14-jähriges Mädchen mit einer mittelschweren geistigen Behinderung. Sie arbeiten seit zwei Wochen in dieser Einrichtung und sollen Bezugsbetreuer für Petra werden. Sie erhalten u.a. folgende Informationen: Petra benötigt umfassende Hilfe im Bereich der Körperpflege, da sie alle diesbezüglichen Maßnahmen ablehnt. Sie ist harninkontinent und übergewichtig. Petra kleidet sich selbst an und aus, lediglich beim Wechseln der Wäsche braucht sie Anregung. Ihre Bedürfnisse äußert Petra in einfachen Sätzen, in der Gruppe hat sie aufgrund der mangelnden Hygiene eine isolierte Position.

Aufgaben

1. Überlegen Sie, mit welchen anderen Personen eine Zusammenarbeit für Sie im obigen Fall notwendig ist. Inwiefern könnten rechtliche Regelungen dabei für Sie von Bedeutung sein? Begründen Sie Ihre Auffassung.

2. Weisen Sie nach, dass die Schutz- und Ordnungsfunktion des Rechts für Petras Leben im Wohnheim von Bedeutung ist.

3. Artikel 2 Absatz 1 des Grundgesetzes lautet: „Jeder hat das Recht auf die freie Entfaltung seiner Persönlichkeit, soweit er nicht die Rechte anderer verletzt und nicht gegen die verfassungsmäßige Ordnung oder das Sittengesetz verstößt." Erläutern Sie, inwieweit Sie als Heilerziehungspfleger/-in verantwortlich sind für die Realisierung der genannten verfassungsmäßigen Rechte von Petra.

3 Rechtspersonen

3.1 Theoretische Zusammenhänge

Beispiel

Fallsituation
In einem Wohnheim für Volljährige mit geistiger Behinderung arbeiten Sie in einer Wohngruppe. Träger der Einrichtung ist der „Sonnenschein e. V.". Sie sind auch für Herrn P. verantwortlich. Er ist 28 Jahre alt und mittelgradig geistig behindert. Seine Eltern verstarben vor einigen Tagen nach einem tragischen Verkehrsunfall. Sie machten ihren Sohn per Testament zum Alleinerben. Zur Erbmasse gehört u.a. ein Miethaus, in dem fünf Mietparteien wohnen.

Mit dieser Ausgangssituation begeben wir uns jetzt in das Gebiet des Zivilrechts. Die wichtigste Rechtsgrundlage stellt in diesem Rechtsbereich das Bürgerliche Gesetzbuch (BGB) dar. Dessen historische Herkunft und Wesen wollen wir zunächst kurz darstellen.

3.1.1 Das BGB – wichtigstes Gesetz des Zivilrechts

Wie kam es zur Schaffung des BGB? Dies lässt sich anhand der gesellschaftlichen Situation Deutschlands im 19. Jahrhundert verdeutlichen. Die Zersplitterung in viele Kleinstaaten führte dazu, dass es eine Fülle verschiedener Privatrechtsordnungen gab. Eine solche Rechtszersplitterung widersprach dem erwachenden Nationalgefühl auf der einen und der industriellen Revolution auf der anderen Seite. 1871 erfolgte schließlich die Gründung des Deutschen Reiches, dessen erster Reichskanzler Otto von Bismarck wurde. Die Einheit des Reiches machte nun auch die Rechtseinheit möglich und notwendig.

Im Jahre 1874 begann eine Vorkommission mit den ersten Arbeiten zur Schaffung des Bürgerlichen Gesetzbuches. 1887 lag ein erster Entwurf vor. Dieser erfuhr eine lebhafte Kritik, sodass er überarbeitet werden musste. Dies begann im Jahre 1890 durch eine weitere Kommission, der Juristen und Nichtjuristen angehörten. 1895 lag dann ein neuer Entwurf vor, der allgemeine Zustimmung im Reichstag fand. 1896, am 18. August, erließ Kaiser Wilhelm II. das BGB als Gesetz. Am 1. Januar 1900 trat es in Kraft.

Verfolgt man diesen langen historischen Weg, dann ergibt sich die Frage, wie dieses Gesetzeswerk einen solch langen Zeitraum bis in unsere Gegenwart hinein überdauern konnte. Ein Grund unter verschiedenen anderen ist die abstrakte Sprache des Gesetzes. Sie bereitet dem juristisch Ungeübten beim Lesen und Verstehen oft Schwierigkeiten. Sie sorgt aber dafür, dass die Anpassung an geänderte Rechtsauffassungen erleichtert wird.

Das Bürgerliche Gesetzbuch unterteilt sich in fünf verschiedene Bücher. Die nachfolgende Übersicht zeigt die Einteilung:

Erstes Buch: Allgemeiner Teil §§ 1–240	Es werden allgemeine Rechtsbegriffe geklärt. Dazu gehören u. a. Personen, Sachen, Rechtsgeschäfte, Fristen, Termine, Verjährung, Selbstverteidigung, Selbsthilfe und Sicherheitsleistung.
Zweites Buch: Recht der Schuldverhältnisse §§ 241–853	Dieser Abschnitt regelt die schuldrechtlichen Verhältnisse zwischen Schuldner und Gläubiger. Dazu gehören u. a. Inhalt von Schuldverhältnissen, Verträge, Erlöschen von Schuldverhältnissen und einzelne Schuldverhältnisse.
Drittes Buch: Sachenrecht §§ 854–1296	Im Sachenrecht geht es um Besitz und Eigentum an Sachen, Erwerb und Verlust von Sachen und Eigentum, Eigentumsbeschränkungen und Belastungen.
Viertes Buch: Familienrecht §§ 1297–1921	Das Familienrecht regelt familienrechtliche Beziehungen einer Person: Ehe, Verwandtschaft, Vormundschaft und Betreuung.
Fünftes Buch: Erbrecht §§ 1922–2385	Dieser Teil des BGB regelt den Übergang von Vermögen eines Verstorbenen auf die Erben: Erbfolge, Rechtsstellung der Erben, Testament, Erbvertrag und Pflichtteil.

Bei Betrachtung der Struktur des BGB wird ein Ablauf von der Geburt bis zum Tod erkennbar. Dieser kann folgendermaßen beschrieben werden: Mit der Geburt wird der Mensch rechtlich als Person gekennzeichnet. Mit dem Eintritt in das Leben entstehen Schuldverhältnisse, z. B. zwischen Eltern und Kindern. Im Verlaufe des weiteren Lebens erwirbt der Mensch Besitz und Eigentum in verschiedenster Form, um das Leben nach seinen Vorstellungen gestalten zu können. Durch Beziehungen zu anderen Menschen können familiäre Bindungen und damit verbundene Rechte und Pflichten entstehen. Am Ende des Lebenszyklus kann der Mensch über den Tod hinaus bestimmen, was mit seinem Vermögen geschehen soll.

3.1.2 Die Rechtsfähigkeit von natürlichen und juristischen Personen

Die Rechtsfähigkeit ist ein grundlegender Begriff des BGB. Mit diesem betrachtet das Gesetz alle Personen als Rechtssubjekte. Danach ist jeder Mensch rechtlich gesehen eine **natürliche Person**.

> § 1 BGB
> „Die Rechtsfähigkeit des Menschen beginnt mit der Vollendung der Geburt."

Eine Geburt gilt als vollendet, wenn das Kind vollständig aus dem Mutterleib ausgetreten ist. Rechtsfähig wird das Kind jedoch nur dann, wenn es bei der Vollendung der Geburt auch lebt. Nach § 31 Absatz 1 der Ausführungsverordnung zum Personenstandsgesetz hat das Kind gelebt, wenn das Herz geschlagen oder die Nabelschnur pulsiert oder die natürliche Lungenatmung eingesetzt hat.

Welchen Inhalt hat der Begriff der „Rechtsfähigkeit"?

Definition	*Rechtsfähigkeit ist die Fähigkeit, selbst Träger von Rechten und Pflichten zu sein.*

In der obigen ersten Fallsituation ist der 28-jährige Herr P. demnach rechtsfähig. Er hat also das Recht, Erbe seiner Eltern zu werden. Das vererbte Haus geht in sein Eigentum über. Daraus ergibt sich aber auch z. B. die Pflicht, die jährlich fällig werdende Grundsteuer zu entrichten. Diese Verpflichtung richtet sich an Herrn P. als Eigentümer. Es ist dabei unerheblich, ob er hier selbst handeln kann oder nicht (siehe Abschnitt 8).

Wie verhält es sich nun mit dem „Sonnenschein e. V." aus unserer Fallsituation? Das BGB erkennt unter bestimmten Voraussetzungen Personenvereinigungen (z. B. Vereine wie der e. V.; siehe Abschnitt 3.2.1) und Zweckvermögen (z. B. die Aktiengesellschaft, GmbH) die Rechtsfähigkeit zu. Sie werden dann als **juristische Person** bezeichnet. Dies stellt für die Wirtschaft und den Geschäftsverkehr eine große Erleichterung dar. Juristische Personen können im Rechtsverkehr als Vertragspartner handeln und somit Träger von Rechten und Pflichten sein. Sie handeln anstelle einer Vielzahl von Mitgliedern bzw. Kapitaleignern. So ist in unserem Beispiel der Verein Vertragspartner im Rahmen des Heimvertrages gegenüber Herrn P. und den dort tätigen Heilerziehungspflegern innerhalb der jeweiligen Arbeitsverträge (siehe Abschnitt 20).

Rechtspersonen

Natürliche Personen	**Juristische Personen**
■ alle Menschen, jedoch keine Tiere ■ Beginn der Rechtsfähigkeit: Vollendung der Geburt ■ Ende der Rechtsfähigkeit: mit dem Tod	■ Zusammenschlüsse von Personen (z. B. Sportvereine) oder Vermögensmassen ■ werden rechtlich als Person betrachtet ■ können handeln wie natürliche Personen, z. B. Verträge schließen, Klage erheben, Eigentum erwerben ■ Beginn der Rechtsfähigkeit: mit der Registereintragung (Vereinsregister, Handelsregister) ■ Ende der Rechtsfähigkeit: mit der Löschung im Register

Die juristischen Personen müssen noch einmal in zwei Bereiche unterteilt werden. Beide spielen im Rahmen der Trägerschaft von Einrichtungen im Bereich der Behindertenhilfe eine Rolle.

Juristische Personen

Öffentliches Recht	**Privates Recht**
■ Gebietskörperschaften: Gemeinden, Städte, Landkreise, Bundesländer, der Bund ■ Rundfunkanstalten: z. B. ARD, ZDF ■ Stiftungen: z. B. Stiftung Warentest	■ eingetragene Vereine: z. B. „Sonnenschein e. V." ■ Aktiengesellschaften (AG) ■ Gesellschaften mit beschränkter Haftung (GmbH)

3.2 Praktische Umsetzung

3.2.1 Der eingetragene Verein – möglicher Träger einer Einrichtung der Behindertenhilfe

Fallsituation

Die Stadt M hat ein Problem. Ihre wirtschaftliche Situation hat sich in den letzten Jahren drastisch verschlechtert. Die Haushaltslage verlangt Einsparungen. Es existieren in Trägerschaft der Stadt zwei Kindertagesstätten. Eine Einrichtung soll aus der öffentlichen Trägerschaft entlassen werden. Dies soll die Kindertagesstätte „Klecks" sein, die als integrative Tageseinrichtung bisher recht erfolgreich arbeitete. Alle Erzieherinnen und Heilerziehungspflegerinnen dieser Einrichtung bewegen jetzt viele Fragen: Was wird mit unseren Arbeitsplätzen? Kann unsere Einrichtung erhalten bleiben?
Für die Stadt steht fest, dass zwei Kindertagesstätten zur Erfüllung der Realisierung des Rechtsanspruchs auf einen Platz in einer Kindertagesstätte notwendig sind. Welchen möglichen Ausweg gibt es?

Solche Situationen sind im Alltag unserer Gesellschaft nicht selten. Sie bedeuten Veränderung und beinhalten auch neue Möglichkeiten für sozialpädagogische Fachkräfte. Dabei kommt es auf eine vertrauensvolle und konstruktive Zusammenarbeit zwischen dem Team und der Verwaltung der Stadt an. Die rechtzeitige Einbeziehung der Eltern ist selbstverständlich auch eine unbedingte Notwendigkeit.

Betrachten wir zunächst einige diesbezügliche Grundsatzregelungen im BGB:

§ 21 BGB
„Ein Verein, dessen Zweck nicht auf einen wirtschaftlichen Geschäftsbetrieb gerichtet ist, erlangt Rechtsfähigkeit durch Eintragung in das Vereinsregister des zuständigen Amtsgerichts."

§ 65 BGB
„Mit der Eintragung erhält der Name des Vereins den Zusatz ‚eingetragener Verein'."

Was ist unter dem in § 21 BGB geregelten **„nichtwirtschaftlichen Zweck"** zu verstehen? Dies bedeutet, dass alle Einnahmen des Vereins vorbehaltlos zur Realisierung des Vereinszwecks einzusetzen sind. Eine Verwendung der Mittel beispielsweise zur Spekulation an der Börse ist nicht möglich. Der nichtwirtschaftliche Zweck erbringt auch Steuervergünstigungen. Körperschaftssteuer und Gewerbesteuer entfallen gänzlich. Bei der Umsatzsteuer gibt es eine Ermäßigung von derzeit 19 % auf 7 %.

Um als Verein eingetragen zu werden, bedarf es bestimmter **Voraussetzungen**. Die Zahl der Mitglieder des Vereins muss mindestens sieben betragen (§ 56 BGB). Es bedarf der Formulierung und schriftlichen Niederlegung einer Satzung. Sie muss folgende Angaben enthalten: Zweck, Name und Sitz des Vereins; Bestimmungen über den Ein- und Austritt der Mitglieder, Zahlung von Beiträgen, Bildung des Vorstands, Voraussetzungen unter denen die Mitgliederversammlung einberufen wird.

Sind alle Vorbedingungen erfüllt, dann meldet der Vorstand den Verein beim zuständigen Amtsgericht an.

> §59 BGB
> „(1) Der Vorstand hat den Verein zur Eintragung anzumelden.
> (2) Der Anmeldung sind Abschriften der Satzung und der Urkunden über die Bestellung des Vorstands beizufügen.
> (3) Die Satzung soll von mindestens sieben Mitgliedern unterzeichnet sein und die Angabe des Tages der Errichtung enthalten."

Die Mitarbeiterinnen unserer integrativen Kindertagesstätte „Klecks" könnten den beschriebenen Weg der Vereinsgründung gehen. Mitglieder des Vereins können sie selber werden. Es wäre aber auch günstig, wenn Außenstehende zur Unterstützung des Vereinszwecks gefunden werden könnten. Eine Heilerziehungspflegerin oder Erzieherin kann dann auch zur Vorsitzenden des Vereins gewählt werden. In einem solchen Falle müsste überlegt werden, ob die Leitung der Einrichtung und der Vereinsvorsitz in eine Hand gehören. Der Verein als juristische Person agiert als Arbeitgeber. Im Prinzip sind dann die Mitarbeiterinnen als Vereinsmitglieder über die Mitgliederversammlung Kontrollorgan über alle Aktivitäten des Vereins. Man kann sogar sagen, sie sind ihre eigenen Arbeitgeber.

Da die Stadt M am Erhalt der Einrichtung Interesse haben muss, können weitere wichtige Fragen in einem Übernahmevertrag festgehalten werden. Es wäre denkbar, dass die Stadt die kostenlose Nutzung von Gebäude und Grundstück ermöglicht. Dies kann natürlich nur dann erfolgen, wenn sie Eigentümer der Immobilie ist. Weiterhin wären Vereinbarungen über die Verteilung der Bewirtschaftungskosten denkbar. An den Personalkosten ist die Stadt prozentual auf der Grundlage des jeweils geltenden Landesgesetzes beteiligt.

Abschließend bleibt noch festzustellen, dass die **Wohlfahrtsverbände** (siehe Punkt 3.2.2) auch den Status eines eingetragenen Vereins besitzen. Auch sie genießen aufgrund ihrer Gemeinnützigkeit Vorteile im Steueraufkommen. Mittel, die die Verbände erwirtschaften, sind auch zweckgebunden den Zielen des Verbandes entsprechend einzusetzen.

3.2.2 Weitere Trägerschaften von Einrichtungen der Behindertenhilfe

Die vielen verschiedenen Einrichtungen in der Behindertenhilfe werden von einer Vielfalt von Trägern betrieben. Grundsätzlich unterscheiden wir öffentliche, freie und private Träger. Nachfolgend eine Übersicht dazu:

Trägerschaften in der Behindertenhilfe

Öffentliche Träger	Freie Träger	Private Träger
▪ Städte/Gemeinden	▪ Deutscher Caritasverband	▪ Privatpersonen
▪ Kreis	▪ Diakonisches Werk	▪ eingetragene Vereine
▪ Land	▪ Arbeiterwohlfahrt	▪ gGmbH
	▪ Deutscher Paritätischer Wohlfahrtsverband	▪ GmbH
	▪ Deutsches Rotes Kreuz	▪ Stiftungen
	▪ Zentralwohlfahrtsstelle der Juden in Deutschland	

Freie Träger

Die wichtigste Rolle als Träger von Einrichtungen der Behindertenhilfe in unserer Gesellschaft kommt den Freien Trägern zu. Die in der obigen Tabelle genannten Verbände haben sich in der Bundesarbeitsgemeinschaft der Freien Wohlfahrtspflege e. V. zusammengeschlossen (**www.bagfw.de**). Diese Spitzenverbände beschäftigen ca. 1,6 Millionen Menschen hauptamtlich. Geschätzt werden zwischen 2,5 bis 3 Millionen ehrenamtlich tätige Menschen in den Verbänden.

> „Menschen mit Behinderung sowie psychischer Erkrankung erhalten Angebote in 16 446 Einrichtungen und Diensten der Wohlfahrtsverbände, die eine Betten- bzw. Platzkapazität in Höhe von insgesamt 509 395 aufweisen. 316 953 Beschäftigte sind dort tätig, davon 181 009 in Teilzeit ca. (57 Prozent). [...] Den größten Teil der Einrichtungen stellen die 6 432 stationären Einrichtungen im Bereich der Behindertenhilfe. Sie bieten mit 187 633 Betten bzw. Plätzen fast 37 Prozent aller Betten bzw. Plätze in diesem Bereich an. Ca. 49 Prozent aller Beschäftigten des Bereichs sind hier tätig."

(Bundesarbeitsgemeinschaft der Freien Wohlfahrtspflege, Gesamtstatistik 2012, S. 33, unter: http://www.bagfw.de/fileadmin/user_upload/veroeffentlichungen/Publikationen/BAGFW_Statistik_2014.pdf, [04.01.2015])

Aufgabe

Erstellen Sie mithilfe des Internets eine Übersicht zu den sechs Spitzenverbänden der Freien Wohlfahrtspflege unter folgenden Gesichtspunkten:
- *historische Entwicklung*
- *weltanschauliche bzw. politische Ausrichtung*
- *Arbeitsschwerpunkte*
- *Beispiele für Einrichtungen aus Ihrer näheren Umgebung*

3.2.3   Das Subsidiaritätsprinzip

Im Grundgesetz Artikel 20 Absatz 1 heißt es:

> Art. 20 Abs.1 GG
> „Die Bundesrepublik Deutschland ist ein demokratischer und sozialer Bundesstaat."

Mit der Festlegung des Sozialstaats erfolgte eine wichtige gesellschaftspolitische Grundwertentscheidung. Der Staat hat dem Einzelnen Hilfe sowie einen sozialen Ausgleich für benachteiligte Gruppen und Einzelpersonen zu gewähren. An der Verwirklichung des Sozialstaatsprinzips sind alle gesellschaftlichen Kräfte beteiligt. Eine wichtige Säule sind dabei die freien Träger der Wohlfahrtspflege. Sie arbeiten mit den öffentlichen Trägern partnerschaftlich zusammen. Dies geschieht auf der Grundlage des Subsidiaritätsprinzips. Der Begriff Subsidiarität leitet sich aus dem Begriff „subsidiär" (lat.: in Reserve) ab und bedeutet unterstützend. Als Grundsatz entstammt das Subsidiaritätsprinzip der katholischen Soziallehre.

Definition

Danach soll jeweils ein kleineres soziales Gebilde seine Angelegenheiten stets so lange selbst regeln, wie es dies aus eigener Kraft leisten kann.

Eine übergeordnete Instanz (z. B. der Staat) darf nur dann eingreifen und fördern, wenn alle Möglichkeiten der untergeordneten Instanz nicht ausreichen. Dies schließt jedoch nicht aus, dass der Staat in der Pflicht steht, bei Notwendigkeit die kleineren Einheiten (z. B. Familie, freier Träger) so zu stärken, dass sie entsprechend tätig werden können.

Kapitel A | Heilerziehungspflege aus beruflicher und grundlegender rechtlicher Sicht

Die im Subsidiaritätsprinzip zum Ausdruck kommende Anerkennung von sozialer Initiative ermöglicht dem hilfe-
bedürftigen Bürger ein Wahlrecht. Dadurch werden die Verfassungsrechte „Achtung der Würde des Menschen", „Freiheit der Person" und „Freiheit des weltanschaulichen Bekenntnisses" in ihrer Realisierung unterstützt.

3.3 Anregungen und Materialien

Aufgaben

1. *In unserer Fallsituation auf Seite 29 haben wir die Gründung eines eingetragenen Vereins als*
   Lösungsmöglichkeit in Erwägung gezogen. Stellen Sie Vor- und Nachteile der Gründung gegen-
   über. Würden Sie als betroffene/-r Heilerziehungspfleger/-in dieser Möglichkeit zustimmen?

2. *Zu den rechtlichen Rahmenbedingungen der Behindertenhilfe gehört auch das SGB VIII. Dort*
   heißt es in § 1:

> § 1 SGB VIII
> „(1) Jeder junge Mensch hat ein Recht auf Förderung seiner Entwicklung und auf
> Erziehung zu einer eigenverantwortlichen und gemeinschaftsfähigen Persönlichkeit.
> (2) Pflege und Erziehung der Kinder sind das natürliche Recht der Eltern und die zu-
> vörderst ihnen obliegende Pflicht. Über ihre Betätigung wacht die staatliche Gemein-
> schaft.
> (3) Jugendhilfe soll zur Verwirklichung des Rechts nach Absatz 1 insbesondere
> 1. junge Menschen in ihrer individuellen und sozialen Entwicklung fördern und
>   dazu beitragen, Benachteiligungen zu vermeiden oder abzubauen,
> 2. Eltern und andere Erziehungsberechtigte bei der Erziehung beraten und unterstüt-
>   zen,
> 3. Kinder und Jugendliche vor Gefahren für ihr Wohl schützen,
> 4. dazu beitragen, positive Lebensbedingungen für junge Menschen und ihre Familien
>   sowie eine kinder- und familienfreundliche Umwelt zu erhalten oder zu schaffen."

   a) *Prüfen Sie, ob und wie eine heilerziehungspflegerische Fachkraft in einer integrativen Kinder-*
      tagesstätte zur Realisierung der in § 1 SGB VIII genannten Zielstellungen beiträgt.
   b) *Beschreiben Sie bitte, zwischen welchen gesellschaftlichen Kräften das Subsidiaritätsprinzip in*
      der obigen gesetzlichen Bestimmung zum Ausdruck kommt.

4 Das Sozialgesetzbuch IX (SGB IX)

4.1 Theoretische Zusammenhänge

4.1.1 Zur Stellung des Gesetzes in der Behindertenhilfe

Im Bereich des Behindertenrechts gab es in der zurückliegenden Zeit durch das Inkrafttreten des SGB IX am 1. Juli
2001 einen grundlegenden Wandel. Der Titel des Gesetzes „Rehabilitation und Teilhabe behinderter Menschen" ist
programmatisch zu verstehen. Das Leitmotiv des Gesetzes kann mit den Begriffen „Teilhabe" und „Selbstbestimmung"
umrissen werden. Der neue rechtliche Rahmen will anstelle der Fürsorge den Gedanken der Teilhabe setzen. Dies
bedeutet, dass durch notwendige Sozialleistungen behinderte Menschen die Hilfen erhalten sollen, die zur Teilnahme
am Leben in der Gesellschaft notwendig sind. Hierbei nimmt das Arbeitsleben einen besonderen Platz ein.

Veränderungen im SGB IX

Das SGB IX enthält wichtige strukturelle Veränderungen im Behindertenrecht. Nachfolgend sollen einige dieser Änderungen genannt werden:

Es erfolgte durch die Zusammenfassung von Rechtsvorschriften eine **größere Transparenz** des Behindertenrechts. Dieses war durch seine Vielschichtigkeit für den Betroffenen nicht immer leicht durchschaubar. Jetzt gibt es außerhalb des SGB IX Behindertenrecht im Rahmen des SGB XII Eingliederungshilfe sowie in landesrechtlichen oder kommunalrechtlichen Vorschriften. Dazu gehören u. a. Regelungen zur sonderpädagogischen Förderung im Rahmen der Schulgesetze der Länder.

Das **Schwerbehindertenrecht** wurde als Teil 2 in das SGB IX integriert und dadurch das bisherige Schwerbehindertengesetz ersetzt.

Die **Sozial- und Jugendhilfe** wurden als neue Träger von Rehabilitationsleistungen in das Behindertenrecht aufgenommen.

Dem **Wunsch- und Wahlrecht** der Leistungsberechtigten wurde eine noch größere Bedeutung beigemessen als bisher.

Durch eine schnelle Zuständigkeitsklärung will das Gesetz eine **Verfahrensbeschleunigung** für die Leistungsberechtigten erreichen.

Den Behindertenverbänden wird ein besonderes **Klagerecht** eingeräumt. Werden behinderte Menschen in ihren Rechten nach dem SGB IX eingeschränkt, dann können mit ihrem Einverständnis und an ihrer Stelle die Verbände klagen.

> **Merke**
>
> *Seit dem Inkrafttreten des Rehabilitations-Angleichungsgesetzes im Jahre 1974 kann das SGB IX, welches das zuvor genannte Gesetz ablöst, als erste wirkliche Weiterentwicklung des Rehabilitations- und Behindertenrechts in Deutschland angesehen werden.*

In der Zwischenzeit erfolgte die letzte Novellierung des SGB IX im Rahmen des „Gesetzes zur Änderung personenbeförderungsrechtlicher Vorschriften" vom 12. Dezember 2012.

Es handelt sich beim Sozialgesetzbuch IX um ein Sozialleistungsgesetz. Heilerziehungspfleger/-innen finden auf dieser Grundlage ihre Arbeitsfelder bzw. Einrichtungen für die berufliche Tätigkeit. Unter diesem Gesichtspunkt muss ihre Arbeit als Dienstleistung für den betroffenen Personenkreis betrachtet werden.

Innerhalb der Betreuung und Beratung durch Heilerziehungspfleger/-innen sind grundlegende Kenntnisse zum Behindertenrecht unabdingbar. Nur so kann er auch „Anwalt für die Interessen behinderter Menschen im gesellschaftlichen Leben" sein. Lebensweltgestaltung in der Behindertenhilfe vollzieht sich immer in einem durch die Politik vorgegebenen rechtlichen Rahmen, der im Lebensalltag zielgerichtet ausgestaltet werden muss. Ansonsten bleibt das Gesetz eine reine Absichtserklärung.

Kapitel A | Heilerziehungspflege aus beruflicher und grundlegender rechtlicher Sicht

4.1.2   Allgemeine Regelungen (Auswahl)

§ 1 des SGB IX bestimmt die Zielsetzung des Gesetzes:

---

§ 1 SGB IX

„Behinderte oder von Behinderung bedrohte Menschen erhalten Leistungen nach diesem Buch und den für die Rehabilitationsträger geltenden Leistungsgesetzen, um ihre Selbstbestimmung und gleichberechtigte Teilhabe am Leben in der Gesellschaft zu fördern, Benachteiligungen zu vermeiden oder ihnen entgegenzuwirken. Dabei wird den besonderen Bedürfnissen behinderter und von Behinderung bedrohter Frauen und Kinder Rechnung getragen."

---

§ 1 SGB IX macht den Zusammenhang des Gesetzes mit anderen geltenden rechtlichen Bestimmungen deutlich. Durch den Verweis auf die „für die Rehabilitationsträger geltenden Leistungsgesetze" ist erkennbar, dass beispielsweise das SGB V (Krankenversicherung), SGB VI (Rentenversicherung) und SGB VII (Unfallversicherung) in ihrem Geltungsbereich durch das neue Gesetz nicht eingeschränkt wurden.

In § 2 Absatz 1 SGB IX wird der Begriff „Behinderung" im Sinne dieses Gesetzes definiert:

---

§ 2 Abs. 1 SGB IX

„(1) Menschen sind behindert, wenn ihre körperliche Funktion, geistige Fähigkeit oder seelische Gesundheit mit hoher Wahrscheinlichkeit länger als sechs Monate von dem für das Lebensalter typischen Zustand abweichen und daher ihre Teilhabe am Leben in der Gesellschaft beeinträchtigt ist. Sie sind von Behinderung bedroht, wenn die Beeinträchtigung zu erwarten ist."

Ob eine Behinderung oder drohende Behinderung vorliegt muss in jedem Einzelfall individuell geprüft werden. Das Gleiche gilt für andere Anspruchsvoraussetzungen, die bei Entscheidungen über mögliche Leistungen nach den geltenden rechtlichen Bestimmungen geprüft werden müssen. Darauf wird noch an anderer Stelle einzugehen sein.

Fallsituation

Herr und Frau L. haben eine kleine Tochter im Alter von neun Monaten. Sie bereitet den Eltern große Sorgen. Die Geburt verlief kompliziert. Es trat Sauerstoffmangel beim Kind auf, der wahrscheinlich zu einer Hirnschädigung geführt hat. Das Mädchen weist erhebliche Entwicklungsrückstände auf (u.a. hinsichtlich der Wahrnehmung und Motorik). Frau und Herr L. machen sich jetzt um die Zukunft ihres Kindes große Sorgen.

Die beschriebene Situation der Tochter im obigen Beispiel lässt vermuten, dass ein grundsätzlicher Leistungsanspruch im Sinne des SGB IX gegeben ist. Der Entwicklungsstand des Kindes weicht von dem in diesem Lebensalter typischen ab. Eine Behinderung ist zu erwarten. Die weitere geistige Entwicklung scheint eine künftige Teilhabe am Leben in der Gesellschaft zu erschweren. Welche Leistungsangebote sind für den obigen Fall im Moment und in der Zukunft möglich?

§ 4 SGB IX definiert **„Leistungen zur Teilhabe"** grundsätzlich:

---

§ 4 SGB IX
„(1) Die Leistungen zur Teilhabe umfassen die notwendigen Sozialleistungen, um unabhängig von der Ursache der Behinderung
1. die Behinderung abzuwenden, zu beseitigen, zu mindern, ihre Verschlimmerung zu verhüten oder ihre Folgen zu mildern,
2. Einschränkungen der Erwerbsfähigkeit oder Pflegebedürftigkeit zu vermeiden, zu überwinden, zu mindern oder eine Verschlimmerung zu verhüten sowie den vorzeitigen Bezug anderer Sozialleistungen zu vermeiden oder laufende Sozialleistungen zu mindern,
3. die Teilhabe am Arbeitsleben entsprechend den Neigungen und Fähigkeiten dauerhaft zu sichern oder
4. die persönliche Entwicklung ganzheitlich zu fördern und die Teilhabe am Leben in der Gesellschaft sowie eine möglichst selbstständige und selbstbestimmte Lebensführung zu ermöglichen oder zu erleichtern."

Bei der Tochter von Familie L. geht es zunächst sicher darum, die zu erwartende Behinderung zu mindern bzw. deren Folgen zu mildern. Das SGB IX bestimmt in § 5 Leistungsgruppen, die zur Teilhabe grundsätzlich erbracht werden können:

---

§ 5 SGB IX
„Zur Teilhabe werden erbracht
1. Leistungen zur medizinischen Rehabilitation,
2. Leistungen zur Teilhabe am Arbeitsleben,
3. unterhaltssichernde und andere ergänzende Leistungen,
4. Leistungen zur Teilhabe am Leben in der Gemeinschaft."

Das Gesetz bestimmt jetzt im Weiteren die Träger der in § 5 SGB IX genannten Rehabilitationsleistungen. Die Rehabilitationsträger agieren in diesem Zusammenhang auf der Grundlage der für sie gültigen Leistungsgesetze. § 6 Absatz 1 SGB IX lautet:

---

§ 6 Abs. 1 SGB IX
„(1) Träger der Leistungen zur Teilhabe (Rehabilitationsträger) können sein
1. die gesetzliche Krankenkasse für Leistungen nach § 5 Nr. 1 und 3,
2. die Bundesagentur für Arbeit für Leistungen nach § 5 Nr. 2 und 3,
3. die Träger der gesetzlichen Unfallversicherung für Leistungen nach § 5 Nr. 1 bis 4,
4. die Träger der gesetzlichen Rentenversicherung für Leistungen nach § 5 Nr. 1 bis 3, der Träger der Alterssicherung der Landwirte für Leistungen nach § 5 Nr. 1 und 3,
5. die Träger der Kriegsopferversorgung und die Träger der Kriegsopferfürsorge im Rahmen des Rechts der sozialen Entschädigung bei Gesundheitsschäden für Leistungen nach § 5 Nr. 1 bis 4,
6. die Träger der öffentlichen Jugendhilfe für Leistungen nach § 5 Nr. 1, 2 und 4,
7. die Träger der Sozialhilfe für Leistungen nach § 5 Nr. 1, 2 und 4."

Für Familie L. wurden bisher Leistungen zur medizinischen Rehabilitation erbracht. Rehabilitationsträger war und ist hier die gesetzliche Krankenkasse, bei der die Familie versichert ist. Die Tochter ist im Rahmen der Familienversicherung nach § 10 SGB V diesbezüglich abgesichert.

4.2 Praktische Umsetzung

4.2.1 Gemeinsame Servicestellen (§§ 22 bis 25 SGB IX)

Familien in Situationen wie Familie L. bewegen natürlich viele Fragen, die die nähere und weitere Zukunft des Kindes betreffen. Solche Fragen drehen sich um mögliche Hilfsmaßnahmen, die durch die Familie weiterhin erbracht werden können, um die Auswirkungen der möglichen Behinderung zu mindern, den Besuch von geeigneten vorschulischen Einrichtungen, den Schulbesuch und die spätere Berufsausbildung. Der Gesetzgeber hat deshalb im SGB IX die Einrichtung von gemeinsamen Servicestellen verfügt. Sie bieten Beratung und Unterstützung für unmittelbar Betroffene, deren Vertrauenspersonen bzw. Personensorgeberechtigten an. Der § 22 Absatz 1 SGB IX regelt u.a.:

> § 22 Abs. 1 SGB IX
> „(1) Gemeinsame Servicestellen der Rehabilitationsträger bieten behinderten und von Behinderung bedrohten Menschen, ihren Vertrauenspersonen und Personensorgeberechtigten nach § 60 Beratung und Unterstützung an. Die Beratung und Unterstützung umfasst insbesondere,
> 1. über Leistungsvoraussetzungen, Leistungen der Rehabilitationsträger, besondere Hilfen im Arbeitsleben sowie über die Verwaltungsabläufe zu informieren,
> 2. bei der Klärung des Rehabilitationsbedarfs, bei der Inanspruchnahme von Leistungen zur Teilhabe und der besonderen Hilfen im Arbeitsleben sowie bei der Erfüllung von Mitwirkungspflichten zu helfen,
> 3. zu klären, welcher Rehabilitationsträger zuständig ist, auf klare und sachdienliche Anträge hinzuwirken und sie an den zuständigen Rehabilitationsträger weiterzuleiten,
> 4. bei einem Rehabilitationsbedarf, der voraussichtlich ein Gutachten erfordert, den zuständigen Rehabilitationsträger darüber zu informieren,
> 5. die Entscheidung des zuständigen Rehabilitationsträgers in Fällen, in denen die Notwendigkeit von Leistungen zur Teilhabe offenkundig ist, so umfassend vorzubereiten, dass dieser unverzüglich entscheiden kann,
> 6. bis zur Entscheidung oder Leistung des Rehabilitationsträgers den behinderten oder von Behinderung bedrohten Menschen unterstützend zu begleiten,
> 7. bei den Rehabilitationsträgern auf zeitnahe Entscheidungen und Leistungen hinzuwirken und
> 8. zwischen mehreren Rehabilitationsträgern und Beteiligten auch während der Leistungserbringung zu koordinieren und zu vermitteln. ..."

Die gemeinsamen **Servicestellen** sind ein neuartiger Weg, um Menschen, die eine Behinderung haben oder von einer bedroht sind, die notwendige Unterstützung zukommen zu lassen. Servicestellen werden in der Praxis einem Rehabilitationsträger zugeordnet. Damit werden bereits vorhandene Strukturen genutzt und Kosten gespart. Die in der gesetzlichen Bestimmung genannten Beratungsaufgaben stellen keinen abgeschlossenen Katalog dar. Vielmehr geht es um eine professionelle Beratung bezogen auf den Einzelfall. Familie L. könnte diese Einrichtung nutzen, um beispielsweise über weitere Fördermöglichkeiten für ihr Kind beraten zu

werden. Servicestellen haben keine eigene Entscheidungskompetenz. Vielmehr vermitteln sie die Rehabilitationsträger, die im Einzelfall zuständig sind. Dies geht bis zur Hilfe für die konkrete Antragstellung und Weiterleitung des Antrags.

Werden Leistungen zur Teilhabe beantragt, dann muss der betreffende Rehabilitationsträger nach § 14 Absatz 1 SGB IX innerhalb einer Frist von zwei Wochen nach Eingang des Antrags seine Zuständigkeit prüfen. Ist er nicht zuständig, dann muss er den Antrag an den nach seiner Auffassung zuständigen Träger weiterleiten. Bei eigener **Zuständigkeit** muss der Rehabilitationsbedarf innerhalb von drei Wochen festgestellt werden (§ 14 Absatz 2 SGB IX, siehe auch nachfolgenden Abschnitt 4.2.2).

Die genannten Bestimmungen erleichtern Betroffenen die schnelle Inanspruchnahme von Leistungen im Rahmen der Behindertenhilfe. Bei sorgfältiger Umsetzung im Alltag wird dadurch eine nicht unerhebliche Entbürokratisierung des Sozialleistungsrechts vorgenommen.

> **Aufgabe**
>
> *Erkunden Sie in Ihrem Wohn- bzw. Schulumfeld vorhandene Servicestellen. Befragen Sie die Mitarbeiter zu ihrer Arbeit und der Umsetzung der Bestimmungen des SGB IX.*

4.2.2   Vom Antrag zur Leistung

Nach wie vor bedarf es zum Erhalt von Leistungen zur Teilhabe einer Antragstellung. Es ist für den beruflichen Alltag sicher nützlich, wenn man einen Überblick über die Zuständigkeiten von Behörden und Rehabilitationsträgern hat. Deshalb sollen an dieser Stelle einige wesentliche Informationen dazu gegeben werden.

Bis zum Inkrafttreten des SGB IX war die **Hauptfürsorgestelle** für Aufgaben nach dem Schwerbehindertengesetz sowie im Rahmen des sozialen Entschädigungsrechts nach dem Bundesversorgungsgesetz (BVG) zuständig. Seit dem 1. Juli 2001 ist jetzt für das Schwerbehindertenrecht nach Teil 2 des SGB IX das **Integrationsamt** verantwortlich. Die nachfolgende Tabelle gibt einen Überblick zu den Zuständigkeiten von Integrationsamt und Hauptfürsorgestelle.

Integrationsamt	Hauptfürsorgestelle
rechtliche Grundlage:	rechtliche Grundlage:
Sozialgesetzbuch IX Teil 2 – Schwerbehindertenrecht	Bundesversorgungsgesetz, Kriegsopferfürsorge
Begleitende Hilfen im Arbeitsleben	Berufliche Hilfen, Erziehungshilfen
Kündigungsschutz	Hilfen zum Lebensunterhalt und Hilfen in besonderen Lebenslagen
Erhebung der Ausgleichsabgabe	Erholungshilfen und Kuren
Verwendung der Ausgleichsabgabe	Wohnungshilfen, Hilfe zur Pflege, Altenhilfe

Das Integrationsamt arbeitet mit den Rehabilitationsträgern, Arbeitgebern, Arbeitgeberverbänden, Gewerkschaften und Behindertenverbänden zusammen. Die Ämter sind in den einzelnen Bundesländern kommunal oder staatlich organisiert. Die Länder können nach § 107 Absatz 2 SGB IX einzelne Aufgaben der Integrationsämter auf örtliche Fürsorgestellen übertragen.

> **Aufgabe**
>
> *Ermitteln Sie mithilfe des Internets bzw. Befragungen bei Servicestellen oder Rehabilitationsträgern Anschriften von Integrationsämtern und Hauptfürsorgestellen in Ihrem Bundesland.*

Kapitel A | Heilerziehungspflege aus beruflicher und grundlegender rechtlicher Sicht

Wenden wir uns jetzt noch einmal dem **§ 14 des SGB IX** zu. Er beinhaltet die Zuständigkeitsklärung nach erfolgter Antragstellung von Leistungen zur Teilhabe. In der nachfolgenden Übersicht soll diese Klärung nach der gesetzlichen Maßgabe beispielhaft verdeutlicht werden.

Antragstellung auf Leistungen zur Teilhabe bei einem (beliebigen) Rehabilitationsträger (Prüfung innerhalb von 2 Wochen)		
1. Feststellung, dass Träger nicht zuständig	2. Unverzügliche Feststellung des Rehabilitationsbedarfs, wenn keine Weiterleitung erfolgt	3. Ursache der Behinderung muss für die Feststellung geklärt werden
■ unverzügliche Weiterleitung des Antrags an zuständigen Reha-Träger ■ Träger, an den weitergeleitet wurde, muss nach 2. verfahren	■ Gutachten nicht erforderlich, dann Entscheidung innerhalb von 3 Wochen ■ Gutachten erforderlich, dann Entscheidung innerhalb von 2 Wochen nach Vorliegen des Gutachtens	■ Feststellung innerhalb von 2 Wochen nicht möglich, dann unverzügliche Zuleitung an den Reha-Träger, der Leistung ohne Rücksicht auf die Ursache der Behinderung erbringt (z. B. Agentur für Arbeit bei Leistungen zur Teilhabe am Arbeitsleben)

4.2.3   Wunsch- und Wahlrecht, das persönliche Budget

Der Grundgedanke der Teilhabe wird u. a. in § 9 SGB IX präzisiert. Diese Bestimmung kennzeichnet das Wunsch- und Wahlrecht der Leistungsberechtigten gegenüber den Rehabilitationsträgern. Dazu ist in Absatz 1 das Folgende geregelt:

> § 9 Abs. 1 SGB IX
> „(1) Bei der Entscheidung über die Leistungen und bei der Ausführung der Leistungen zur Teilhabe wird berechtigten Wünschen der Leistungsberechtigten entsprochen. Dabei wird auch auf die persönliche Lebenssituation, das Alter, das Geschlecht, die Familie sowie die religiösen und weltanschaulichen Bedürfnisse der Leistungsberechtigten Rücksicht genommen; im Übrigen gilt § 33 des Ersten Buches. Den besonderen Bedürfnissen behinderter Mütter und Väter bei der Erfüllung ihres Erziehungsauftrages sowie den besonderen Bedürfnissen behinderter Kinder wird Rechnung getragen."

Es werden hier eindeutige Regelungen getroffen, die sich auf den Entscheidungsprozess und die Leistungserbringung selbst beziehen. Rehabilitationsträger sind in diesem Zusammenhang dazu verpflichtet, die konkrete Lebenssituation einschließlich der religiösen Bedürfnisse der Betroffenen zu beachten.

Als grundlegende Neuerung wird in Absatz 2 des § 9 SGB IX die grundsätzliche Möglichkeit eingeräumt, statt der bisher üblichen Sachleistungen auch Geldleistungen zu gewähren. Dazu heißt es:

> § 9 Abs. 2 SGB IX
> „(2) Sachleistungen zur Teilhabe, die nicht in Rehabilitationseinrichtungen auszuführen sind, können auf Antrag der Leistungsberechtigten als Geldleistungen erbracht werden, wenn die Leistungen hierdurch voraussichtlich bei gleicher Wirksamkeit wirtschaftlich zumindest gleichwertig ausgeführt werden können. Für die Beurteilung der Wirksamkeit stellen die Leistungsberechtigten dem Rehabilitationsträger geeignete Unterlagen zur Verfügung. Der Rehabilitationsträger begründet durch Bescheid, wenn er den Wünschen des Leistungsberechtigten nach den Absätzen 1 und 2 nicht entspricht."

An dieser Stelle müssen wir eine Querverbindung zu § 17 SGB IX herstellen. Hier wird der obige allgemeine Sachverhalt konkretisiert. In Absatz 2 wird der Begriff des **Persönlichen Budgets** eingeführt und sein Inhalt bestimmt:

§ 17 Abs. 2 SGB IX

„(2) Auf Antrag können Leistungen zur Teilhabe auch durch ein Persönliches Budget ausgeführt werden, um den Leistungsberechtigten in eigener Verantwortung ein möglichst selbstbestimmtes Leben zu ermöglichen. Bei der Ausführung des Persönlichen Budgets sind nach Maßgabe des individuell festgestellten Bedarfs die Rehabilitationsträger, die Pflegekassen und die Integrationsämter beteiligt. Das Persönliche Budget wird von den beteiligten Leistungsträgern trägerübergreifend als Komplexleistung erbracht. Budgetfähig sind auch die neben den Leistungen nach Satz 1 erforderlichen Leistungen der Krankenkassen und der Pflegekassen, Leistungen der Träger der Unfallversicherung bei Pflegebedürftigkeit sowie Hilfe zur Pflege der Sozialhilfe, die sich auf alltägliche und regelmäßig wiederkehrende Bedarfe beziehen und als Geldleistungen oder durch Gutscheine erbracht werden können. An die Entscheidung ist der Antragsteller für die Dauer von sechs Monaten gebunden.

Durch diese Regelung soll den Bedürfnissen von Schwerst- und Mehrfachbehinderten besser entsprochen werden. Sie sind häufig auf Teilleistungen von unterschiedlichen Leistungsträgern angewiesen. Durch eine Zusammenführung dieser in einem Budget bzw. der Umwandlung einer Sach- in eine Geldleistung sollen die Betroffenen ihren Hilfebedarf zielgerichteter und die ihnen zustehenden Leistungen wirtschaftlicher und wirksamer einsetzen können.

Hinsichtlich der Budgetnehmerinnen bzw. Budgetnehmern ergibt sich laut Angaben der Bundesregierung mit Stand von 2012 („Umsetzung und Akzeptanz des Persönlichen Budgets -Endbericht-") folgendes Bild:

Art des Unterstützungsbedarfs	Anzahl in %
Persönliche Assistenz	43 %
Haushalt (Kochen, Waschen, Putzen Einkaufen usw.)	38 %
Umgang mit Behörden	21 %
Begleitung in der Freizeit, Freizeitgestaltung	33 %
Mobilität/Fahrdienste	27 %
Verwaltung des Geldes	5 %
Tägliche Versorgung (Ernährung, Körperpflege usw.)	14 %
Beziehung zu anderen Menschen	12 %
Therapien	17 %
Arbeit, Arbeitsassistenz, Bildung	28 %

Quelle: Bundesministerium für Arbeit und Soziales, „Umsetzung und Akzeptanz des Persönlichen Budgets - Endbericht- 2013", S. 36

Kapitel A | Heilerziehungspflege aus beruflicher und grundlegender rechtlicher Sicht

Diese Angaben beruhen auf einer Budgetnehmerbefragung im Rahmen der wissenschaftlichen Begleitstudie. Für diese Erhebung wurden die Budgetnehmer/innen gefragt, bei welchen Dingen im Alltag sie Unterstützung benötigen. Betrachtet man die Unterstützungsbereiche nach Behinderungsart der Budgetnehmer/-innen, so lassen sich unterschiedliche Bedarfsschwerpunkte feststellen:

- Bei Menschen mit psychischer Erkrankung dominieren die Unterstützungsbereiche „Umgang mit Behörden" und „Beziehungsgestaltung".
- Verhältnismäßig häufig werden von Personen mit geistiger Behinderung die Unterstützungsbereiche „Umgang mit Behörden", „Haushaltsführung" und „Geldverwaltung" genannt.
- Bei Budgetnehmer/-innen mit Körperbehinderung nehmen die Unterstützungsbereiche „Haushaltsführung", „Mobilität" und „Tägliche Versorgung" eine zentrale Stellung ein.

Aufgaben

1. *Prüfen Sie, inwieweit das grundlegende heilpädagogische Prinzip des „Empowerment" durch die Möglichkeit des Persönlichen Budgets unterstützt wird. Stellen Sie Ihre Arbeitsergebnisse in Form einer Mindmap dar.*

2. *Erfragen Sie bei einer Servicestelle oder einem Leistungserbringer, welche Erfahrungen es bei der Umsetzung des Persönlichen Budgets bisher gibt.*

Das Sozialgesetzbuch IX (SGB IX)

4.3 Anregungen und Materialien

Aufgaben

1. Erarbeiten Sie mithilfe der §§ 5 und 6 SGB IX eine Übersicht zu den Leistungsgruppen zur Teilhabe und den jeweils dafür zuständigen Rehabilitationsträgern in Form einer Mindmap.

2. Das Grundgesetz der Bundesrepublik Deutschland bekennt sich zum Sozialstaat. Die dahingehenden Regelungen lauten:

> Artikel 20 Absatz 1:
> „Die Bundesrepublik Deutschland ist ein demokratischer und sozialer Bundesstaat."
>
> Artikel 28 Absatz 1 Satz 1:
> „Die verfassungsmäßige Ordnung in den Ländern muss den Grundsätzen des republikanischen, demokratischen und sozialen Rechtsstaates im Sinne dieses Grundgesetzes entsprechen."

   Prüfen Sie anhand der §§ 1 bis 25 SGB IX, inwieweit dieses Gesetz dem Sozialstaatsprinzip gerecht wird. Bereiten Sie dazu eine Diskussion in der Seminargruppe vor.

3. Das Sozialgesetzbuch IX wird in der Fachöffentlichkeit einer ständigen Kritik unterzogen. Befragen Sie Einrichtungs- bzw. Rehabilitationsträger und Behindertenverbände aus Ihrer persönlichen bzw. schulischen Umgebung zu aktuellen Erfahrungen mit dem Gesetz. Stellen Sie die Ergebnisse in Form einer Präsentation Ihrer Seminargruppe vor.

Materialien

Die Internetseite des Bundesministeriums für Arbeit und Soziales bietet u. a. eine DVD zum Persönlichen Budget an sowie eine Powerpoint Präsentation zum Thema. Beide Materialien können kostenfrei erworben bzw. genutzt werden.

B Die Rechtsstellung der Adressaten heilerziehungspflegerischen Handelns

- *Welche Rechtsstellung haben Kinder in unserer Gesellschaft?*
- *Wie ist das elterliche Sorgerecht in Deutschland geregelt?*
- *Was verstehen wir unter den Begriffen „Betreuungspflicht" und „Aufsichtspflicht"?*
- *Wie ist die gesetzliche Betreuung für Volljährige geregelt?*

5 Die Rechtsstellung von Kindern

5.1 Theoretische Zusammenhänge

Im folgenden Abschnitt werden wir uns mit der rechtlichen Situation der Kinder beschäftigen. Da Heilerziehungspfleger/-innen nicht nur mit Erwachsenen arbeiten, benötigen sie auch Kenntnisse über die Rechtsaspekte, die sich mit Minderjährigen befassen. So können sie ihr pädagogisches Handeln darauf ausrichten.

> **Beispiel**
>
> **Fallsituation**
> *Heilerziehungspflegerin Frederike arbeitet in einem Wohnheim für geistig behinderte Kinder und Jugendliche. Sie befindet sich mit einer Kollegin und ihrer Bewohnergruppe auf einem Spaziergang innerhalb der Stadt. Zur Gruppe gehört auch der 9-jährige Stefan. Der Junge wohnt erst seit kurzer Zeit in der Einrichtung. Er besucht eine Förderschule mit dem Förderschwerpunkt geistige Behinderung. Aufgrund der Entfernung der Förderschule vom Wohnort wohnt Stefan während der Woche außerhalb der Familie. Der Junge nimmt einen Stein und zerkratzt im Vorbeigehen den Lack eines parkenden Autos. Kann Stefan für den Schaden haftbar gemacht werden?*

Sicher muss in solchen Situationen Kindern das Unrecht ihrer Handlung bewusst gemacht werden. Dies ist ein grundlegendes pädagogisches Anliegen. Außerdem wird deutlich, dass Kinder in diesem Alter die Folgen ihres Handelns nicht immer überblicken können. Sie benötigen deshalb auch den Schutz durch die Gesellschaft. Die Fragen der Wahrnehmung von Aufsichtspflicht durch die beiden Betreuerinnen wollen wir zunächst unbeachtet lassen (vgl. Abschnitt 7). Wichtig für beide ist aber, dass sie die rechtliche Situation des betroffenen Kindes überschauen können. Dies muss man von professionell arbeitenden sozialpädagogischen Fachkräften in heutiger Zeit erwarten können.

Im Abschnitt 3.1.2 haben wir den Begriff der Rechtsfähigkeit geklärt. Danach sind alle natürlichen Personen mit Vollendung der Geburt bis zum Tode rechtsfähig. Dies bedeutet, dass beispielsweise ein 2-jähriges Kind bereits Erbe und damit Eigentümer von Vermögenswerten (z. B. Immobilien) werden kann. Mit dieser Tatsache ist die Frage des Handelns im Rahmen einer Erbschaft jedoch noch nicht geklärt. Es leuchtet sicher ein, dass ein Kind in solcher Situation nicht die damit verbundenen Pflichten (z. B. Entrichtung der Grundsteuer, Gewährleistung der öffentlichen Ordnung auf und im Umfeld eines Grundstücks) überschauen und somit wahrnehmen kann.

Dabei geht es hier um die Handlungsfähigkeit natürlicher Personen. Betrachten wir zunächst den wesentlichsten Inhalt des Begriffs „Handlungsfähigkeit".

> **Merke**
>
> *Unter Handlungsfähigkeit verstehen wir die Fähigkeit, rechtswirksam zu handeln. Dabei sind zwei Formen zu unterscheiden:*
> *a) Geschäftsfähigkeit ist die Fähigkeit, Rechtsgeschäfte wirksam abschließen zu können;*
> *b) Deliktsfähigkeit ist die Fähigkeit, für eine unerlaubte Handlung in Form von Schadenersatz verantwortlich gemacht werden zu können.*

5.2 Praktische Umsetzung

5.2.1 Die Geschäftsfähigkeit

In Abschnitt 5.1 haben wir die Geschäftsfähigkeit als Fähigkeit zum wirksamen Abschluss von Rechtsgeschäften definiert. Zunächst bedarf es der Klärung des Begriffs „Rechtsgeschäft".

Kapitel B | Die Rechtsstellung der Adressaten heilerziehungspflegerischen Handelns

> **Definition**
>
> Unter einem **Rechtsgeschäft** verstehen wir den juristischen Tatbestand, dass mithilfe von Willenserklärungen Rechtswirkungen herbeigeführt werden.

Beispiel für ein solches Rechtsgeschäft wäre ein Testament. Die Rechtswirkung, die dabei herbeigeführt wird, ist die, dass der oder die im Testament benannte/n Erbe/n Eigentümer der betroffenen Erbmasse werden. Noch deutlicher lässt sich der Inhalt des Begriffs Rechtsgeschäft an einem alltäglichen Einkauf verdeutlichen. Der Käufer von Lebensmitteln legt an der Kasse im Supermarkt seine ausgewählten Waren auf das Transportband an der Kasse. Dies ist eine Willenserklärung, die durch konkludentes (schlüssiges) Handeln zum Ausdruck kommt. Der Käufer formuliert dabei seinen Willen nicht ausdrücklich durch eine mündliche Aussage („Ich möchte diese Waren kaufen."). Ebenso agiert die Kassiererin, die durch das Eintippen der Preise ihre Willenserklärung in gleicher Weise zum Ausdruck bringt (ist bereit, die Waren zu veräußern). Der herbeigeführte Rechtserfolg besteht in der Übertragung des Eigentums an den Lebensmitteln bzw. des Geldes an den jeweiligen Partner des Rechtsgeschäfts.

> **Merke**
>
> Rechtsgeschäfte entstehen durch Willenserklärungen, die einen Rechtserfolg herbeiführen. Willenserklärungen können mündlich, schriftlich oder durch konkludentes (schlüssiges) Handeln abgegeben werden.

Wir unterscheiden zwei Arten von Rechtsgeschäften: einseitige und zweiseitige (mehrseitige) Rechtsgeschäfte. Bei einseitigen Rechtsgeschäften genügt die Abgabe einer einzigen Willenserklärung, um einen Rechtserfolg herbeizuführen. Dies ist beispielsweise bei Kündigungen und Testamenten der Fall. Bei den zweiseitigen Rechtsgeschäften sind zwei Willenserklärungen zum Rechtserfolg notwendig. Diese müssen auch inhaltlich übereinstimmen. Darunter fallen alle Arten von Verträgen.

Die gemachten Aussagen zum Abschluss von Rechtsgeschäften machen sicher deutlich, dass Kinder bezüglich der Vornahme von Rechtsgeschäften eines Schutzes bedürfen.

> **Beispiel**
>
> *Fallsituation*
> Mona, sechs Jahre alt, entnimmt unbemerkt von den Eltern 20,00 EUR aus ihrer Sparbüchse. Sie möchte ihrer Mutter zum Geburtstag eine Freude machen und kauft für 15,95 EUR eine Großpackung Pralinen. Die Mutter ist mit diesem Geschenk nicht einverstanden. Was kann sie tun?

Wir müssen prüfen, ob in diesem Falle ein rechtsgültiger Kaufvertrag zwischen dem Mädchen und der Einkaufseinrichtung entstanden ist. Das BGB bestimmt in § 104 das Folgende:

> § 104 BGB
> „Geschäftsunfähig ist:
> 1. wer nicht das siebente Lebensjahr vollendet hat;
> 2. wer sich in einem die freie Willensbestimmung ausschließenden Zustande krankhafter Störung der Geistestätigkeit befindet, sofern nicht der Zustand seiner Natur nach ein vorübergehender ist."

Nach dieser Festlegung ist Mona geschäftsunfähig. Mit dieser Aussage können wir unser rechtliches Problem noch nicht eindeutig lösen. Das BGB bestimmt in § 105 Absatz 1 das Wesen der Geschäftsunfähigkeit:

> § 105 BGB
> „(1) Die Willenserklärung eines Geschäftsunfähigen ist nichtig."

Aufgrund dieser Bestimmung können wir feststellen, dass die Erklärung der Kaufabsicht durch die 6-jährige Mona von Anfang an ungültig war. Somit ist keinerlei Rechtswirkung entstanden. Die Verkaufseinrichtung hat hier entgegen dem geltenden Recht gehandelt. Die Mutter hat die Möglichkeit, das „Geschenk" zurückzugeben, und die Verkaufsstelle muss nun ihrerseits das rechtswidrig erworbene Geld (15,95 EUR) wieder herausgeben (Rechtsgrundlage für die beiderseitige Herausgabe ist § 812 BGB).

Der unter 2. in § 104 BGB beschriebene geschäftsunfähige Personenkreis umfasst volljährige natürliche Personen, die geisteskrank oder geistesgestört sind. Diese Menschen sind nicht automatisch bei Vorliegen einer der genannten Einschränkungen geschäftsunfähig. Entscheidend ist, ob das Handeln dieses Personenkreises im Einzelfall sinnvoll erscheint oder nicht. Die völlige Geschäftsunfähigkeit von Volljährigen aufgrund ihres Geisteszustandes ist eher die Ausnahme (siehe auch Abschnitt 8 „Betreuungsrecht").

Die Notwendigkeit des Schutzes im Rahmen der Geschäftsunfähigkeit ist sicher verständlich. Unlogisch wäre es allerdings, wenn das Recht jungen Menschen keine Möglichkeit böte, Verantwortung beim Abschluss von Rechtsgeschäften durch eigenständiges Handeln zu erwerben. Deshalb gibt es das Rechtsinstrument der **beschränkten Geschäftsfähigkeit**.

> § 106 BGB
> „Ein Minderjähriger, der das siebente Lebensjahr vollendet hat, ist nach Maßgabe der §§ 107 bis 113 in der Geschäftsfähigkeit beschränkt."

Die Bestimmung des BGB legt zunächst wieder den Personenkreis fest, der unter die beschränkte Geschäftsfähigkeit fällt. Betrachten wir die Inhalte der beschränkten Geschäftsfähigkeit mithilfe eines Beispiels näher.

> *Beispiel*
> *Fallsituation*
> *Steve ist 14 Jahre alt. Er lebt seit der Scheidung seiner Eltern bei der Mutter, die für ihn das elterliche Sorgerecht besitzt. Kürzlich musste sie für zwei Wochen auf eine Dienstreise gehen. Während dieser Zeit wohnte Steve bei seinen Großeltern, die im gleichen Ort leben. Der Junge ist ein begeisterter Mountainbiker. Sein Mountainbike ist schon recht alt. Während der Abwesenheit der Mutter schenken ihm die Großeltern 400,00 EUR, damit Steve sich ein neues Bike kaufen kann.*
> *Der Junge geht mit dem Geld in ein Fachgeschäft und erwirbt ohne Schwierigkeiten das neue Sportgerät. Die Mutter erfährt erst nach ihrer Rückkehr von der Schenkung und dem Kauf.*

Es sind zwei Rechtsgeschäfte zu betrachten: die Schenkung und der Kauf des Mountainbikes. § 107 BGB bestimmt:

> § 107 BGB
> „Der Minderjährige bedarf zu einer Willenserklärung, durch die er nicht lediglich einen rechtlichen Vorteil erlangt, der Einwilligung seines gesetzlichen Vertreters."

Kapitel B | Die Rechtsstellung der Adressaten heilerziehungspflegerischen Handelns

Grundsätzlich gilt demnach für die beschränkt Geschäftsfähigen, dass sie zum Abschluss eines Rechtsgeschäfts der Einwilligung des gesetzlichen Vertreters bedürfen. In § 107 BGB wird eine Ausnahme gemacht. Erbringt der Abschluss des Rechtsgeschäfts dem Minderjährigen ausschließlich einen **rechtlichen Vorteil**, also ohne eine Gegenleistung erbringen zu müssen, dann ist die Einwilligung nicht erforderlich. Im vorliegenden Fall sind die 400,00 EUR eine Schenkung und somit ist für Steve ein ausschließlich rechtlicher Vorteil vorhanden. Gegen die Übereignung des Geldes kann die Mutter im rechtlichen Sinne nichts einwenden. Dieses Rechtsgeschäft ist gültig.

Wie ist die Situation aber bezüglich des Kaufs, also der Verwendung des Geldes, zu beurteilen? Das BGB spricht in § 108 von einem „Vertragsschluss ohne Einwilligung":

> § 108 Abs. 1 BGB
> „(1) Schließt der Minderjährige einen Vertrag ohne die erforderliche Einwilligung des gesetzlichen Vertreters, so hängt die Wirksamkeit des Vertrag von der Genehmigung des Vertreters ab."

Der beschriebene Sachverhalt trifft für Steves Rechtsgeschäft voll zu. Zum Kauf des Bikes hätte es der Einwilligung der Mutter bedurft. Steve musste bei diesem Rechtsgeschäft eine Gegenleistung erbringen, nämlich die Zahlung des Kaufpreises. Jetzt hat die Mutter es in der Hand, nachträglich den Kauf zu genehmigen. Bis zu diesem Zeitpunkt ist das Rechtsgeschäft weder gültig noch ungültig. Es ist **schwebend unwirksam**. Kommt sie also von der Dienstreise nach Hause und freut sich mit ihrem Sohn über das neue Sportgerät, dann gilt dieses Verhalten als Genehmigung und der Kaufvertrag ist gültig. Gibt es aus Sicht der Mutter jedoch erzieherische Probleme durch den Kauf, dann kann sie die Genehmigung verweigern und den Vertrag somit ungültig machen. Auch in diesem Falle hätten dann Käufer und Verkäufer das Recht, die Rückgabe von Ware bzw. Geld zu verlangen. Der Verkäufer könnte sich auch nicht auf Unwissenheit seinerseits bezüglich der beschränkten Geschäftsfähigkeit des 14-Jährigen berufen. Es war sein Risiko, in das Rechtsgeschäft einzuwilligen. Das Gesetz schützt an dieser Stelle wieder den Schwächeren. Auch die Rücknahme eines defekten Mountainbikes könnte der Verkäufer nicht verweigern. In solchen Situationen werden die erzieherischen Möglichkeiten der Sorgeberechtigten unterstützt. Ihnen muss die Chance gegeben werden, auf das Geldausgeben von Kindern und Jugendlichen Einfluss zu nehmen. Dies trifft auch auf Heilerziehungspfleger/-innen zu, die in bestimmten Bereichen als Erziehungsberechtigte anstelle der Eltern handeln müssen (z. B. in Heimen für behinderte Kinder und Jugendliche).

In Absatz 2 des § 108 gibt das BGB dem Vertragspartner von beschränkt Geschäftsfähigen Handlungsmöglichkeiten vor, die deren Rechtssicherheit stärken:

> § 108 Abs. 2 BGB
> „(2) Fordert der andere Teil den Vertreter zur Erklärung über die Genehmigung auf, so kann die Erklärung nur ihm gegenüber erfolgen; eine vor der Aufforderung dem Minderjährigen gegenüber erklärte Genehmigung oder Verweigerung der Genehmigung wird unwirksam. Die Genehmigung kann nur bis zum Ablaufe von zwei Wochen nach dem Empfange der Aufforderung erklärt werden; wird sie nicht erklärt, so gilt sie als verweigert."

Für unser Beispiel könnte dies bedeuten: Der Verkäufer hätte, nachdem er sich über das Alter des Jungen beim Kauf informierte, eine Genehmigung von der Mutter einfordern können. Nehmen wir an, er hätte dies schriftlich getan. Dann wäre die Mutter in der Lage gewesen, die Genehmigung innerhalb von zwei Wochen zu erteilen. Bei Ausbleiben einer Antwort wäre dieses Verhalten eine Verweigerung. Das Rechtsgeschäft wäre rückgängig zu machen.

Minderjährige im Alter der beschränkten Geschäftsfähigkeit erhalten in der Regel auch **Taschengeld**. Dafür gibt es zwar keinen direkten Anspruch, aber viele Eltern nutzen dieses Mittel, um den Umgang mit finanziellen Mitteln und die Einstellung zu diesen erzieherisch zu beeinflussen. Das BGB unterstützt ein solches Handeln:

Die Rechtsstellung von Kindern

> **§ 110 BGB**
> „Ein von dem Minderjährigen ohne Zustimmung des gesetzlichen Vertreters geschlossener Vertrag gilt als von Anfang an wirksam, wenn der Minderjährige die vertragsmäßige Leistung mit Mitteln bewirkt, die ihm zu diesem Zwecke oder zu freier Verfügung von dem Vertreter oder mit dessen Zustimmung von einem Dritten überlassen worden sind."

Wäre die Mutter im obigen Fall bei der Übergabe des Geldes zugegen gewesen und hätte ihre Zustimmung signalisiert, dann wären die 400,00 EUR als Taschengeld zu bewerten. Hier hätte eine Zweckbestimmung für die übergebenen finanziellen Mittel vorgelegen (für den Kauf des Mountainbikes).

> **Beispiel**
>
> **Fallsituation**
> *Die 17-jährige Saskia trat vor vier Jahren mit Einwilligung ihrer Eltern dem Sportverein ihres kleinen Heimatortes bei. In letzter Zeit zeigt sie für den Sport (Volleyball) wenig Interesse. Das liegt u. a. auch daran, dass ihr 19-jähriger Freund mehr Zeit beansprucht. Saskia kündigt ohne Wissen der Eltern die Mitgliedschaft im Sportverein.*

Im obigen Beispiel liegt das einseitige Rechtsgeschäft der Kündigung vor. Für solche Fälle hat das BGB den § 111 parat:

> **§ 111 BGB**
> „Ein einseitiges Rechtsgeschäft, das der Minderjährige ohne die erforderliche Einwilligung des gesetzlichen Vertreters vornimmt, ist unwirksam. Nimmt der Minderjährige mit dieser Einwilligung ein solches Rechtsgeschäft einem anderen gegenüber vor, so ist das Rechtsgeschäft unwirksam, wenn der Minderjährige die Einwilligung nicht in schriftlicher Form vorlegt und der andere das Rechtsgeschäft aus diesem Grunde unverzüglich zurückweist. Die Zurückweisung ist ausgeschlossen, wenn der Vertreter den anderen von der Einwilligung in Kenntnis gesetzt hatte."

Saskias Kündigung ist demnach nur dann wirksam, wenn die Eltern ihre Einwilligung erteilen. Dies geschieht in solchen Fällen am besten schriftlich, damit es im Nachhinein keine Missverständnisse geben kann. Aber auch eine mündliche Mitteilung durch die Eltern an den Verein wäre denkbar. Mit dieser Regelung haben Saskias Eltern die Möglichkeit, auf die Entscheidung ihrer Tochter Einfluss zu nehmen. Sie könnten Motive hinterfragen und versuchen, das Freizeitverhalten positiv zu beeinflussen.

In der beschränkten Geschäftsfähigkeit gibt es **weitere Ausnahmen** für den rechtswirksamen Abschluss von Rechtsgeschäften ohne Einwilligung des gesetzlichen Vertreters. Betrachten wir dazu ein weiteres Beispiel aus dem Lebensalltag Minderjähriger:

> **Beispiel**
>
> **Fallsituation**
> *Der 16-jährige Jonas besitzt seit einem halben Jahr einen Gewerbeschein für seine Internetfirma „Web-Profi". Er gestaltet Internetseiten für kleinere Unternehmen und betreut diese dann. Gestern unterschrieb er einen Vertrag mit einem Handwerksbetrieb, für den er einen neuen Internetauftritt vorbereiten soll. Jonas Eltern wissen von diesem neuen Vorhaben noch nichts.*

Das im obigen Beispiel abgeschlossene Rechtsgeschäft ist ein Werkvertrag. Jonas soll eine Internetseite gestalten. Kann ein Minderjähriger auf diese Art und Weise unternehmerisch tätig sein? Benötigt er für diesbezügliche Rechtsgeschäfte immer die Einwilligung bzw. nachträgliche Genehmigung des gesetzlichen Vertreters? § 112 BGB legt das Folgende fest:

Kapitel B | Die Rechtsstellung der Adressaten heilerziehungspflegerischen Handelns

> **§ 112 BGB**
> „Ermächtigt der gesetzliche Vertreter mit Genehmigung des Familiengerichts den Minderjährigen zum selbständigen Betrieb eines Erwerbsgeschäfts, so ist der Minderjährige für solche Rechtsgeschäfte unbeschränkt geschäftsfähig, welche der Geschäftsbetrieb mit sich bringt. Ausgenommen sind Rechtsgeschäfte, zu denen der Vertreter der Genehmigung des Familiengerichts bedarf."

Zwei **Bedingungen** müssen erfüllt sein, damit ein Minderjähriger ein selbstständiges Erwerbsgeschäft betreiben darf: die Einwilligung des gesetzlichen Vertreters und die Genehmigung des Vormundschaftsgerichts. Beides ist im obigen Beispiel gegeben, da der Gewerbeschein seit einem halben Jahr vorliegt. Daraus können wir ableiten, dass der abgeschlossene Vertrag zum normalen Geschäftsbetrieb gehört. Er bedarf also keiner Einwilligung bzw. Genehmigung durch den gesetzlichen Vertreter.

Abschließend sei noch auf den **§ 113 BGB** verwiesen. Dieser bezieht sich auf alle Rechtsgeschäfte im Zusammenhang mit der Aufnahme eines Dienst- bzw. Arbeitsverhältnisses. Voraussetzung ist dabei die grundsätzliche Ermächtigung des gesetzlichen Vertreters zur Aufnahme eines solchen Verhältnisses. Berufsausbildungsverträge sind davon ausgenommen.

Stufen der Geschäftsfähigkeit

Geschäftsunfähigkeit	Beschränkte Geschäftsfähigkeit	Volle Geschäftsfähigkeit
• alle natürlichen Personen im Alter von 0 bis zur Vollendung des 7. Lebensjahres • volljährige Personen, die nicht im Vollbesitz ihrer geistigen Kräfte sind und deren freie Willensbildung ausgeschlossen ist (Störung ist nicht nur vorübergehend gegeben) • Rechtsfolge: Willenserklärungen und Rechtsgeschäfte sind grundsätzlich nichtig (von Anfang an ungültig); grundsätzlich handeln für diese Personen die gesetzlichen Vertreter	• alle natürlichen Personen im Alter von 7 bis zur Vollendung des 18. Lebensjahres • Rechtsfolge: beschränkt Geschäftsfähige benötigen zum Abschluss von Rechtsgeschäften grundsätzlich die Einwilligung bzw. Genehmigung des gesetzlichen Vertreters • **AUSNAHMEN:** Taschengeld (§ 110 BGB); selbstständiges Erwerbsgeschäft (§ 112 BGB) Arbeitsverhältnis (§ 113 BGB)	• alle volljährigen natürlichen Personen, die im Vollbesitz ihrer geistigen Kräfte sind • alle juristischen Personen ab Erwerb der Rechtsfähigkeit (es handeln die gesetzlichen Vertreter, z. B. der Vorstand des e. V.) • Rechtsfolge: alle abgeschlossenen Rechtsgeschäfte sind voll wirksam

Aufgabe

1. Weisen Sie nach, dass die Festlegungen zu den Stufen der Geschäftsfähigkeit zur Verwirklichung der Schutzfunktion des Rechts beitragen.

2. Die 12-jährige Alexandra bekommt von Nachbarn einen kleinen Hund geschenkt. Benötigt sie dafür die Einwilligung ihrer Eltern? Begründen Sie Ihre Antwort unter Einbeziehung der gesetzlichen Regelungen.

5.2.2 Die Deliktsfähigkeit

Die zweite Form der Handlungsfähigkeit ist die Deliktsfähigkeit. Wir haben sie in Punkt 5.1 als Fähigkeit bezeichnet, für eine unerlaubte Handlung verantwortlich gemacht zu werden. Betrachten wir wieder zwei Fälle aus dem Alltag:

Die Rechtsstellung von Kindern

Beispiel

Fallsituation 1

*Der 5-jährige Tom spielt mit anderen Kindern auf einem Spielplatz, der inmitten einer Eigenheim-
siedlung liegt.*

*Heute kommt es zu einem Streit mit anderen Kindern. Tom wirft mit Sand und kleinen Steinen nach
anderen Kindern. Diese sind erbost. Es kommt zu einem Handgemenge, dem sich Tom durch Weglaufen entziehen möchte. Dabei verlässt er den Spielplatz und läuft ohne auf den Verkehr zu achten
auf die Straße. Eine ältere Radfahrerin muss seinetwegen scharf bremsen und kommt zu Fall. Dabei
werden Teile ihrer Kleidung erheblich beschädigt. Am Fahrrad werden Teile der Beleuchtungsein-
richtung zerstört.*

Fallsituation 2

*Zwei 13-jährige Jungen rauchen heimlich in einer Scheune, die etwas außerhalb ihres Heimatdorfes
gelegen ist. Dabei fangen einige Strohballen Feuer und es entsteht ein Großbrand, der die gesamte
Scheune zerstört.*

In beiden Fällen stehen die Geschädigten vor der Frage, wer ihnen die entstandenen Schäden ersetzt. Die Grund-
voraussetzungen für die Leistung von Schadenersatz bestimmt § 823 Absatz 1 BGB:

§ 823 Abs. 1 BGB
„(1) Wer vorsätzlich oder fahrlässig das Leben, den Körper, die Gesundheit, die Freiheit, das
Eigentum oder ein sonstiges Recht eines anderen widerrechtlich verletzt, ist dem anderen zum
Ersatz des daraus entstehenden Schadens verpflichtet."

In dieser Regelung wird das Wesen einer unerlaubten Handlung bestimmt. Das Gesetz bestimmt zunächst die Rechtsgüter, die von einer unerlaubten Handlung betroffen sein können. Für die obigen Fälle wäre dies jeweils das Eigentum
der Geschädigten. Nachfolgende Tabelle gibt Auskunft über die Wesensmerkmale einer unerlaubten Handlung:

Unerlaubte Handlung

Schaden	Schuld	Widerrechtlichkeit
Rechtsgut eines Dritten wurde nachweislich geschädigt	**Fahrlässigkeit** Schadensverursacher missachtete die notwendige Sorgfalt bei seinem Handeln **Vorsatz** Schadensverursacher handelte mit Absicht und kalkulierte die schäd- lichen Folgen bewusst ein	Unbefugter Eingriff in ein fremdes Rechtsgut es ist kein Rechtfertigungsgrund für die schädigende Handlung ge- geben

Alle drei Merkmale müssen gegeben sein, um den Tatbestand der unerlaubten Handlung zu erfüllen. Fällt nur ein
Merkmal heraus, dann besteht kein Anspruch auf Schadenersatz.

In unseren zwei Fällen liegen augenscheinlich unerlaubte Handlungen vor. Die geschädigten Rechtsgüter
haben wir oben bereits charakterisiert. Schuldhaftes Handeln liegt in beiden Fällen in Form von Fahrlässigkeit vor.
§ 276 Absatz 1 Satz 2 BGB bestimmt dazu:

§ 276 Abs. 1 Satz 1 BGB
„(2) Fahrlässig handelt, wer die im Verkehr erforderliche Sorgfalt außer Acht lässt."

49

Kapitel B | Die Rechtsstellung der Adressaten heilerziehungspflegerischen Handelns

In beiden Sachverhalten wurde die erforderliche Sorgfalt missachtet. Es liegen in beiden Fällen auch keine Rechtfertigungsgründe für das Verhalten vor. Somit besteht prinzipiell ein Anspruch auf Schadenersatz.

Jetzt ergeben sich natürlich weitere Fragen, die sich auf die handelnden Personen beziehen: 5-Jährige überblicken in bestimmten Situationen die Folgen ihres Handelns nicht. Woher soll dieser Personenkreis die finanziellen Mittel nehmen, um Schäden zu regulieren? Dass 13-Jährige das Rauchen zumindest ausprobieren, gehört wohl zu unser aller Lebenserfahrung. Konnten sie die Leichtsinnigkeit ihres Verhaltens im gegebenen Umfeld abschätzen? Die Frage des „Woher" der finanziellen Mittel stellt sich bei ihnen natürlich noch schärfer. Haften in solchen Fällen immer die Eltern? Diese letzte Frage wollen wir an dieser Stelle nicht beachten, weil darauf in Abschnitt 7 näher einzugehen ist.

Das bisher Gesagte macht deutlich, dass wir jetzt klären müssen, ob die Kinder für ihre unerlaubten Handlungen haftbar gemacht werden können. Ziehen wir den § 828 Absatz 1 BGB zurate:

---

§ 828 Abs. 1 BGB
„(1) Wer nicht das siebente Lebensjahr vollendet hat, ist für einen Schaden, den er einem anderen zufügt, nicht verantwortlich."

Auch die Deliktsfähigkeit unterteilt sich in drei Stufen. Die zitierte Festlegung des BGB definiert den Personenkreis, der als **deliktsunfähig** eingestuft wird. Als Rechtsfolge ergibt sich, dass sie prinzipiell nicht für eine unerlaubte Handlung verantwortlich (haftbar) gemacht werden können. Wir können somit feststellen, dass unser 5-Jähriger für den verursachten Schaden nicht haften muss.

Bevor wir Fall zwei näher betrachten, wollen wir die weiteren Regelungen des § 828 BGB, die seit dem 1. August 2002 durch das „Gesetz zur Änderung schadenersatzrechtlicher Vorschriften" neu gefasst wurden, betrachten:

---

§ 828 Abs. 2, 3 BGB
„(2) Wer das siebente, aber nicht das zehnte Lebensjahr vollendet hat, ist für den Schaden, den er bei einem Unfall mit einem Kraftfahrzeug, einer Schienenbahn oder einer Schwebebahn einem anderen zufügt, nicht verantwortlich. Dies gilt nicht, wenn er die Verletzung vorsätzlich herbeigeführt hat.
(3) Wer das 18. Lebensjahr noch nicht vollendet hat, ist, sofern seine Verantwortlichkeit nicht nach Absatz 1 oder 2 ausgeschlossen ist, für den Schaden, den er einem anderen zufügt, nicht verantwortlich, wenn er bei der Begehung der schädigenden Handlung nicht die zur Erkenntnis der Verantwortlichkeit erforderliche Einsicht hat."

Nach Absatz 3 des § 828 BGB sind unsere 13-Jährigen als **bedingt deliktsfähig** einzuordnen. Die Bedingung, unter der sie haftbar gemacht werden können, wird als „Einsichtsfähigkeit" bezeichnet. Es geht um die Frage: Konnten die 13-jährigen Jungen zur Zeit der Begehung ihrer unerlaubten Handlung mögliche Gefahren erkennen? Bei Jungen in diesem Alter, die nach dem Kenntnisstand der Entwicklungspsychologie als normal entwickelt gelten, darf dies wohl angenommen werden. Da aus dem beschriebenen Fall keine gegenteiligen Fakten diesbezüglich dargestellt sind, kann von der Verantwortlichkeit der beiden Kinder ausgegangen werden. In solchen Situationen werden im Normalfall sicher die Eltern unter Einbeziehung ihrer Haftpflichtversicherung tätig werden. Sie können dies tun, müssen es aber nicht. Die beiden Jungen müssten dann bei Eintritt in die wirtschaftliche Selbstständigkeit mit der Regulierung des Schadens beginnen. Der Geschädigte muss in solchen Fällen auf mögliche Verjährungsfristen achten. Sie beträgt in diesem Falle dreißig Jahre. Näheres regelt das BGB in den §§ 194ff.

Absatz 2 des § 828 BGB schützt zunächst einmal Kinder zwischen dem siebenten und zehnten Lebensjahr vor Schadenersatzansprüchen für fahrlässig herbeigeführte Unfälle im Rahmen des Straßen- und Schienenverkehrs. Das Gesetz trägt jetzt besser den immer komplizierter werdenden Bewegungsmöglichkeiten für Kinder in der Öffentlichkeit Rechnung. Gleichzeitig erhöht es aber auch den Schutz von Betroffenen, die vom gekennzeichneten Personenkreis vorsätzlich geschädigt wurden.

Im Rahmen der Schadenshaftung von Minderjährigen ist § 829 BGB daher immer mehr von Bedeutung. Er kennzeichnet die sogenannte **Billigkeitshaftung**:

> **§ 829 BGB**
> „Wer in einem der in den §§ 823 bis 826 bezeichneten Fälle für einen von ihm verursachten Schaden aufgrund der §§ 827, 828 nicht verantwortlich ist, hat gleichwohl, sofern der Ersatz des Schadens nicht von einem aufsichtspflichtigen Dritten erlangt werden kann, den Schaden insoweit zu ersetzen, als die Billigkeit nach den Umständen, insbesondere nach den Verhältnissen der Beteiligten, eine Schadloshaltung erfordert und ihm nicht die Mittel entzogen werden, deren er zum angemessenen Unterhalt sowie zur Erfüllung seiner gesetzlichen Unterhaltspflichten bedarf."

Diese Gesetzesgrundlage könnte für unseren ersten Fall bedeuten, dass der 5-jährige Tom unter bestimmten Voraussetzungen doch zum Ersatz des verursachten Schadens herangezogen werden kann. Dies wäre beispielsweise dann zu prüfen, wenn der Junge vermögend ist und die geschädigte Radfahrerin aufgrund ihrer wirtschaftlichen Situation einen erheblichen Nachteil erleiden würde, der in keinem vertretbaren Verhältnis zum Vermögen des Schädigers steht. Ein solcher Fall ist auch denkbar, wenn aufgrund nicht vorhandener Einsichtsfähigkeit ein bedingt Deliktsfähiger für einen Schaden nicht haftbar zu machen wäre.

Für die heilerziehungspflegerische Arbeit sind noch die Bestimmungen des § 830 BGB von praktischer Bedeutung:

> **§ 830 BGB**
> „(1) Haben mehrere durch eine gemeinschaftlich begangene unerlaubte Handlung einen Schaden verursacht, so ist jeder für den Schaden verantwortlich. Das gleiche gilt, wenn sich nicht ermitteln lässt, wer von mehreren Beteiligten den Schaden durch seine Handlung verursacht hat.
> (2) Anstifter und Gehilfen stehen Mittätern gleich."

Besonders bei bedingt deliktsfähigen Jugendlichen sind gemeinschaftlich begangene unerlaubte Handlungen möglich. Heilerziehungspfleger/-innen und Erzieher/-innen können es sich aufgrund dieser gesetzlichen Regelung oft ersparen, als „Kriminalisten" zu agieren. Es genügt zu erfassen, wer bei der Begehung der unerlaubten Handlung zugegen war und sie duldete. Wollen Jugendliche in dieser Situation niemanden „verpfeifen", dann gehen sie das Risiko ein, selbst mit zur Verantwortung gezogen zu werden. Gleiches gilt für den Älteren, der Jüngere zu unerlaubten Handlungen anstiftet. Gerade im Bereich von Einrichtungen für verhaltensauffällige Kinder und Jugendliche ist die Rechtskenntnis auf diesem Gebiet von nicht unerheblicher Bedeutung.

Stufen der Deliktsfähigkeit

Deliktsunfähigkeit	Bedingte Deliktsfähigkeit	Volle Deliktsfähigkeit
■ natürliche Personen im Alter von 0 bis zur Vollendung des 7. Lebensjahres ■ natürliche Personen, die zum Zeitpunkt der Handlung unzurechnungsfähig sind ■ Rechtsfolge: Personenkreis kann für den verursachten Schaden nicht haftbar gemacht werden; Billigkeitshaftung nach § 829 BGB ist zu beachten	■ natürliche Personen im Alter von 7 bis zur Vollendung des 18. Lebensjahres ■ Rechtsfolge: Personenkreis kann nur dann für den verursachten Schaden haftbar gemacht werden, wenn zum Zeitpunkt der Handlung die entsprechende Einsichtsfähigkeit gegeben war ■ im Alter von 7 bis zur Vollendung des 10. Lebensjahres für Schäden durch Verursachung eines Verkehrsunfalls bei Vorsatz verantwortlich	■ natürliche Personen mit der Vollendung des 18. Lebensjahres ■ Organe einer juristischen Person (z. B. Vorstand des e. V.) ■ Rechtsfolge: volle Verantwortlichkeit für Schäden, die einem Dritten zugefügt wurden

Kapitel B | Die Rechtsstellung der Adressaten heilerziehungspflegerischen Handelns

Aufgaben

1. Lesen Sie noch einmal den obigen Fall 1. Formulieren Sie dann in schriftlicher Form eine Lösung zu folgender Frage: Sind die Jungen für den Schaden haftbar zu machen? Beziehen Sie in Ihre Argumentation die Bestimmungen des geltenden Rechts ein.

2. Die 11-jährige Ina verlässt völlig schockiert nach Schulschluss das Schulgebäude. Heute bekam sie ein Diktat zurück, welches mit ausreichend (vier) bewertet wurde. Eine solche Note hat Ina bisher noch nie bekommen. Sie erreichte bisher in ihrer Förderschule für Lernbehinderte immer gute und sehr gute Leistungen. Voller Angst vor der Reaktion der Eltern tritt sie den Nachhauseweg mit dem Fahrrad an. An einer Kreuzung biegt sie ohne Zeichengebung nach links ab. Ein entgegenkommender Motorradfahrer bremst scharf, kommt zu Fall und verletzt sich erheblich. Am Motorrad entsteht ein größerer Sachschaden.
Beurteilen Sie unter Einbeziehung der BGB-Bestimmungen die rechtliche Situation Inas bezüglich der Schadenshaftung.

5.3 Anregungen und Materialien

Im Bereich der Behindertenhilfe kommt es nicht selten zu Situationen, in denen die Feststellung der Verantwortlichkeit für eine begangene unerlaubte Handlung schwierig ist. Dazu ein Beispiel:

Beispiel

Sie arbeiten als Heilerziehungspfleger in einer Werkstatt für Menschen mit Behinderung. Zu Ihrer Gruppe, die Sie betreuen, gehört auch der 28-jährige Dustin. Er ist eigentlich ein recht umgänglicher Mitarbeiter, der aufgrund eines frühkindlichen Hirnschadens geistig behindert ist. Einfache Montagearbeiten kann er gut ausführen. Heute hat er eine neue Arbeitsaufgabe erhalten, die ihm einige Schwierigkeiten bereitet. Sie müssen ihn wiederholt auf Fehler hinweisen, was zur Folge hat, dass Dustin immer wieder mit einer Arbeit neu beginnen muss. Nach einiger Zeit wirft er das vor ihm liegende Arbeitsmaterial zu Boden und verlässt sehr aufgeregt seinen Arbeitsplatz. Auf dem Freigelände der Werkstatt ergreift Dustin einen Stein und wirft diesen auf ein parkendes Auto. Es entsteht ein nicht unerheblicher Sachschaden.

Dieses Beispiel fordert in vielerlei Hinsicht zur Diskussion darüber heraus, ob Dustin für sein Tun haftbar zu machen ist. Nachfolgende Hinweise sollen zur Anregung einer Diskussion in der Seminargruppe dienen:

§ 827 BGB
„Wer im Zustand der Bewusstlosigkeit oder in einem die freie Willensbestimmung ausschließenden Zustand krankhafter Störung der Geistestätigkeit einem anderen Schaden zufügt, ist für den Schaden nicht verantwortlich."

■ Inwiefern hat Ihre bisherige Arbeit gegenüber Dustin wesentlichen Einfluss auf die Feststellung seiner Zurechnungsfähigkeit in der beschriebenen Situation?

6 Elterliches Sorgerecht

6.1 Theoretische Zusammenhänge

Das elterliche Sorgerecht ist Bestandteil des Familienrechts innerhalb des Bürgerlichen Gesetzbuches. Das Familienrecht nimmt als viertes Buch innerhalb des BGB einen sehr umfangreichen Teil dieses Gesetzeswerkes ein. Als eigenständiges Rechtsgebiet innerhalb des Zivilrechts kann man Familienrecht wie folgt definieren:

> *Alle Rechtsnormen, die die Rechtsverhältnisse der durch Verlobung, Ehe oder Verwandtschaft verbundenen Personen regeln, bezeichnen wir als Familienrecht.*

Elterliches Sorgerecht beinhaltet die Rechtsbeziehungen zwischen Eltern und Kind. Diese Beziehungen beruhen auf einem verwandtschaftlichen Verhältnis. Dazu sagt das BGB in § 1589 Folgendes aus:

> § 1589 BGB
> „Personen, deren eine von der anderen abstammt, sind in gerader Linie verwandt. Personen, die nicht in gerader Linie verwandt sind, aber von derselben dritten Person abstammen, sind in der Seitenlinie verwandt. Der Grad der Verwandtschaft bestimmt sich nach der Zahl der sie vermittelnden Geburten."

> *Elise lebt mit ihren Eltern und ihrem Bruder in einem gemeinsamen Haushalt. Zur Familie gehören u. a. auch die Großeltern mütterlicherseits und Onkel Arthur, Bruder des Vaters.*
> *Bestimmen Sie aus der Sicht des Kindes den Grad und die Linie der Verwandtschaft zu den genannten Familienmitgliedern.*

Das Familienrecht besitzt in unserer Gesellschaft einen sehr hohen Stellenwert. Im Grundgesetz wird der Schutz von Ehe und Familie als Aufgabe des Staates verfassungsrechtlich definiert (Artikel 6 Absatz 1 GG).

Innerhalb des Familienrechts gab es 2001 eine wichtige Erweiterung. Am 16. Februar trat das „Gesetz über die Eingetragene Lebenspartnerschaft (**Lebenspartnerschaftsgesetz**)" in Kraft (zuletzt geändert am 20.06.2014). Dieses ermöglicht es gleichgeschlechtlichen Personen in einer rechtlich anerkannten Partnerschaft gemeinsam zu leben. Diese ist weitestgehend mit ihren Wirkungen der Ehe gleichgestellt. Das Lebenspartnerschaftsgesetz stellt somit auch eine Erweiterung des Familienbegriffs dar und spiegelt aktuelle Entwicklungen des Zusammenlebens der Menschen in unserer Gesellschaft.

6.1.1 Grundrecht und Elternrecht

Die Tätigkeit in heilerziehungspflegerischen Bereichen unserer Gesellschaft ist auch in einigen Arbeitsfeldern mit den Problemen des elterlichen Sorgerechts verbunden. Heilerziehungspflegerinnen und Heilerziehungspfleger benötigen u. a. eine genaue Kenntnis darüber, wer bei den ihnen anvertrauten Kindern und Jugendlichen das elterliche Sorgerecht ausübt. Nur so können sie effektiv und nutzbringend mit den Personensorgeberechtigten im Interesse der Minderjährigen zusammenarbeiten. Stellen wir einmal drei mögliche Familienkonstellationen dar, in denen heute Kinder eingebunden sein können.

Kapitel B | Die Rechtsstellung der Adressaten heilerziehungspflegerischen Handelns

> **Beispiel**
>
> *Ihre Gruppe in einer heilpädagogischen Wohneinrichtung für Kinder und Jugendliche mit psychischen Behinderungen besteht aus 6 Kindern. Zu ihnen gehören auch:*
> *a) Stefanie, 12 Jahre alt, lebt bei ihren leiblichen Eltern, die nicht miteinander verheiratet sind.*
> *b) Sandra, 14 Jahre alt, lebt bei Pflegeeltern.*
> *c) Falko, 13 Jahre alt, lebt bei seiner leiblichen Mutter. Der Vater verstarb, als Falko ein Jahr alt war. Die Mutter hat einen neuen Lebenspartner, mit dem sie nicht verheiratet ist. Alle drei Personen leben in einem gemeinsamen Haushalt.*

In allen drei Beispielen ist die Ausübung der elterlichen Sorge unterschiedlich geregelt. Sie als Gruppenverantwortlicher benötigen dazu konkrete Kenntnisse. Sie müssen z. B. wissen, wem sie das Kind bei Abholung herausgeben dürfen und wem nicht. Im Falle von Falko ist auch von Bedeutung, welche Rolle bezüglich des elterlichen Sorgerechts der neue Lebenspartner der Mutter spielt. Inwieweit und unter welchen Voraussetzungen können Sie ihn bei Erziehungsfragen einbeziehen? Ehe wir uns den konkreten Inhalten des elterlichen Sorgerechts zuwenden, wollen wir zunächst das Elternrecht aus dem Blickwinkel des Grundgesetzes betrachten. Artikel 6 Absatz 2 GG lautet:

> Art. 6 Abs. 2 GG
> „(2) Pflege und Erziehung der Kinder sind das natürliche Recht der Eltern und die zuvörderst ihnen obliegende Pflicht. Über ihre Betätigung wacht die staatliche Gemeinschaft.“

Im Grundgesetz wird das Elternrecht als ein Grundrecht garantiert. Damit ist klargestellt, dass die Hauptverantwortung für die Sorge um die Kinder bei den Eltern liegt. Das von der Natur begründete Recht, Eltern sein zu können (natürliches Recht vor künstlich geschaffenem Recht), ist gleichzeitig auch Pflicht. Es kann hier von einem Pflichtrecht der Eltern gesprochen werden.

Dieses Pflichtrecht beinhaltet auch, dass Eltern in der Regel keine gerichtlich nicht bestimmten Eingriffe in das Elternrecht dulden müssen. Damit können Eltern jedoch nicht nach Gutdünken und freiem Belieben das elterliche Sorgerecht wahrnehmen. Das GG erwähnt deshalb das Wächteramt der staatlichen Gemeinschaft. Dieses soll dem Schutz der Kinder dienen. Im Grundgesetz gibt es allerdings keine näheren Festlegungen zu den dahingehenden Grundrechten der Kinder. Der Staat wacht mithilfe der Vormundschaftsgerichte, der Familiengerichte und der Jugendämter über die Ausübung der elterlichen Sorge. Heilerziehungspfleger/-innen sind durch ihre Tätigkeit mit Minderjährigen in das Wächteramt einbezogen. Durch den unmittelbaren Kontakt zu den Familien erkennen sie häufig zuerst Problemlagen bei der Ausübung des elterlichen Sorgerechts. Fingerspitzengefühl und ein hoher Grad an Einfühlungsvermögen sind hier gefragt. Oft reichen kleine Hinweise im vertrauensvollen Gespräch aus, um größeren Problemen vorzubeugen. In anderen Situationen hilft nur aktives Eingreifen mit Unterstützung des Jugendamtes. Dies ist besonders dann der Fall, wenn nachweislich elterliche Sorge missbräuchlich wahrgenommen wird (u. a. durch Gewalt oder sexuellen Missbrauch).

Im Rahmen des **aktiven Eingriffs** in das elterliche Sorgerecht setzt das Grundgesetz klare Schranken. In Absatz 3 des Artikels 6 heißt es:

> Art. 6 III GG
> „(3) Gegen den Willen der Erziehungsberechtigten dürfen Kinder nur aufgrund eines Gesetzes von der Familie getrennt werden, wenn die Erziehungsberechtigten versagen oder wenn die Kinder aus anderen Gründen zu verwahrlosen drohen.“

Nach dieser grundsätzlichen Regelung ist z. B. die Unterbringung eines Kindes außerhalb der elterlichen Wohnung gegen den Willen der Eltern nur mit gerichtlichem Beschluss möglich. Maßstab für einen solchen Beschluss ist das Wohl des Kindes. Dies bestimmte das Bundesverfassungsgericht im Februar 1982 in einem Urteil:

> *„ [...] Kindeswohl ist die oberste Richtschnur der elterlichen Pflege und Erziehung. [...]“*
> *(Neue Juristische Wochenschrift, 1982, Heft. 99, S. 2173)*

Eine Definition des Begriffes „Wohl des Kindes" gibt es nicht und wäre sicher auch wenig sinnvoll. Beispielsweise muss bei Entscheidungen über das Sorgerecht immer die individuelle Situation des Minderjährigen im Mittelpunkt stehen. Was in einem Fall dem Wohl des Kindes dient, kann in einem anderen Fall unzumutbar sein (z. B. bei der Festlegung, welcher Elternteil die elterliche Sorge nach der Ehescheidung ausübt).

Abschließend bleibt festzustellen, dass Heilerziehungspfleger/-innen durch ihre Arbeit in verschiedenen Einrichtungen für Kinder und Jugendliche in das elterliche Sorgerecht eingebunden sind. Sie haben die Rechte der Eltern zu achten und müssen zum Wohle der Kinder und Jugendlichen mit ihnen zusammenarbeiten.

6.1.2 Inhalte der elterlichen Sorge

In diesem Abschnitt wollen wir klären, was im Sinne des Familienrechts unter elterlicher Sorge verstanden wird bzw. wie sie inhaltlich strukturiert ist. Zunächst nimmt das BGB in § 1626 Absatz 1 eine grundlegende Einteilung vor:

> § 1626 Abs. 1 BGB
> „(1) Die Eltern haben die Pflicht und das Recht, für das minderjährige Kind zu sorgen (elterliche Sorge). Die elterliche Sorge umfasst die Sorge für die Person des Kindes (Personensorge) und das Vermögen des Kindes (Vermögenssorge)."

Die elterliche Sorge unterteilt sich zunächst in die Bereiche der Personen- und Vermögenssorge. Einen weiteren wichtigen Teil des elterlichen Sorgerechts definiert das BGB in § 1629 Absatz 1 Satz 1:

> § 1629 Abs. 1 Satz 1 BGB
> „(1) Die elterliche Sorge umfasst die Vertretung des Kindes. [...]"

Unter Vertretung verstehen wir hier die gesetzliche Vertretung. Sie berührt sowohl die Personensorge als auch die Vermögenssorge. Die nachfolgende Übersicht stellt die grundsätzliche Einteilung der elterlichen Sorge dar:

Elterliche Sorge

Personensorge	Vermögenssorge
■ Erziehung ■ Aufenthaltsbestimmung ■ Umgangsregelung ■ Herausgabeanspruch ■ Pflege ■ Betreuung	■ Verwaltung und Pflege des Vermögens des Kindes

Gesetzliche Vertretung
1   *jedes Handeln mit Rechtswirkung für das Kind in der Personen- und Vermögenssorge*
2   *Grundsatzentscheidungen über den Besuch von Tageseinrichtungen und Schulen*
3   *Einwilligung in ärztliche Behandlungen jeder Art*
4   *Einrichten und Führen von Sparkonten*
5   *Verwalten von Immobilien*
6   *Verkauf von Immobilien (unter Einbeziehung des Vormundschaftsgerichts)*
7   *Vertretung in Rechtsstreitigkeiten aller Art*
8   *Geltendmachung von Renten, Schmerzensgeldern, Ausbildungsbeihilfen, Sozialhilfe*

6.1.2.1 Personensorge

Ausgehend von den konkreten Bestimmungen im BGB wollen wir die Bestandteile der Personensorge näher betrachten. Dazu beschreiben wir einmal den möglichen Tagesablauf der 5-jährigen Maria, die einen integrativ arbeitenden Kindergarten besucht. Wir lassen dabei zunächst die Fragen der Berechtigung zur Ausübung der elterlichen Sorge gegenüber dem Mädchen außer Acht:

> **Fallsituation**
>
> *Maria wird heute von der Mutter aus dem Kindergarten abgeholt. Dabei teilt sie der Erzieherin mit, dass Maria an der geplanten Tagesfahrt in zwei Wochen teilnehmen darf. Die Fahrt ist mit einem Besuch im Tierpark verbunden. Nach dem Abholen begeben sich beide zum Haus der Eltern der Mutter. Dort bleibt Maria für etwa zwei Stunden. Die Mutter erledigt in der Zwischenzeit einige Einkäufe.*
> *Wieder in der Wohnung angekommen, muss Maria getröstet werden, weil eine Freundin heute zum letzten Mal im Kindergarten war. Sie zieht mit ihren Eltern in eine andere Stadt.*

In den dargestellten Handlungen gegenüber der Tochter stecken viele Inhalte der Personensorge. So bestimmt die Mutter den Aufenthalt für Maria, indem sie bei den Großeltern gelassen wird. In gleicher Weise ist die anschließende Rückkehr in die Wohnung eine Handlung im Rahmen der Aufenthaltsbestimmung.

Das Aufenthaltsbestimmungsrecht wird in § 1631 Absatz 1 BGB genannt:

> § 1631 Abs. 1 BGB
> „(1) Die Personensorge umfasst insbesondere die Pflicht und das Recht, das Kind zu pflegen, zu erziehen, zu beaufsichtigen und seinen Aufenthalt zu bestimmen."

Die Festlegung über die Teilnahme am Tagesausflug betrifft diesen Bereich ebenfalls. Eine solche Einwilligung ist zugleich auch Teil der gesetzlichen Vertretung.

Der wichtigste Inhalt der Personensorge ist die Erziehung, und die wichtigste Aufgabe des Personensorgeberechtigten besteht folglich darin, für die Erziehung des Minderjährigen zu sorgen. Sie kann von den Eltern frei bestimmt werden. Einschränkungen von Seiten des Staates gibt es gemäß der Grundrechtsausübung in diesem Bereich nur wenige. Eine ist die Wahrnehmung der Schulpflicht, andere ergeben sich aus den gesetzlichen Bestimmungen des Jugendschutzes.

Die Verpflichtung zur Wahrnehmung der **Aufsichtspflicht** gegenüber den Minderjährigen ist unter zwei Gesichtspunkten zu betrachten. Zunächst haben Eltern die Pflicht, dafür zu sorgen, dass ihre Kinder nicht durch andere Personen oder äußere Einflüsse zu Schaden kommen. Außerdem gehört zur Beaufsichtigung auch die Vermeidung von Schädigungen Dritter durch die Minderjährigen. In Abschnitt 7 werden wir zur **Aufsichtspflicht** und ihren Kriterien zur Wahrnehmung noch mehr sagen.

§ 1632 benennt weitere Inhalte der Personensorge:

> § 1632 BGB
> „(1) Die Personensorge umfasst das Recht, die Herausgabe des Kindes von jedem zu verlangen, der es den Eltern oder einem Elternteil widerrechtlich vorenthält.
> (2) Die Personensorge umfasst ferner das Recht, den Umgang des Kindes auch mit Wirkung für und gegen Dritte zu bestimmen."

Der Herausgabeanspruch innerhalb der Personensorge ist für Heilerziehungspfleger/-innen beispielsweise in Wohneinrichtungen mit minderjährigen Bewohnerinnen und Bewohnern von Wichtigkeit.

Elterliches Sorgerecht

> **Fallsituation**
> Der 14-jährige Benjamin lebt in einer Wohnstätte für Kinder und Jugendliche mit geistiger Behinderung. Für den Jungen haben beide Elternteile das Sorgerecht. Die Ehe wurde vor zwei Jahren geschieden.

In diesem Fall können beide Elternteile trotz der Ehescheidung die Herausgabe des Sohnes gegenüber den Mitarbeitern geltend machen. Daran würde beispielsweise auch die Aufforderung der Mutter nichts ändern, Benjamin nur ihr und nicht dem Vater herauszugeben (z. B. bei Unstimmigkeiten zwischen den Elternteilen). Die zuständige Heilerziehungspflegerin würde in dieser Situation gegen den § 1632 Absatz 1 BGB verstoßen, wenn sie gegenüber dem Vater des Kindes die Herausgabe verweigern würde. Ein Elternteil kann durch eine solche Forderung geltendes Recht nicht außer Kraft setzen. Deshalb ist es wichtig, dass in den Heimverträgen zwischen Einrichtung und Sorgeberechtigten klar festgelegt wird, welchem Personenkreis ein Kind herauszugeben ist.

In Absatz 2 des § 1632 BGB wird die Regelung des Umgangs als Teil der Personensorge gekennzeichnet. Die Sorgeberechtigten können in diesem Teil des elterlichen Sorgerechts bestimmen, mit wem ihre Kinder Umgang haben dürfen und mit wem nicht. Damit ist es möglich, negative erzieherische Einflüsse durch außenstehende Personen zu unterbinden. Das heißt auch, dass Eltern beispielsweise Umgangsverbote gegenüber Dritten aussprechen können. Diese wären auch, wenn sie dem Wohle des Kindes nicht widersprechen, mithilfe der Gerichte durchsetzbar.

Bei der Bestimmung der Inhalte elterlicher Sorge muss noch auf eine Tatsache verwiesen werden, die für die heilerziehungspflegerische Arbeit von nicht unerheblicher Bedeutung ist. Betrachten wir dazu den 13-jährigen Falko aus dem Beispiel c) in Abschnitt 6.1.1. Der Lebenspartner der Mutter nimmt im Alltag der Familie selbstverständlich auch an der Ausübung der elterlichen Sorge teil. Diese Teilnahme hat jedoch Grenzen. Er könnte z. B. ohne Einwilligung der Mutter den Jungen nicht in der gekennzeichneten Wohneinrichtung unterbringen. Liegt diese vor, dann ist es kein Problem. Rechtlich gesehen hat der Lebenspartner der Mutter nur die **tatsächliche Personensorge** inne.

> **Merke**
> Nimmt eine natürliche Person an der Ausübung der Personensorge ständig teil ohne gesetzlicher Vertreter zu sein, dann übt er die tatsächliche Personensorge aus.

Im Alltag der Arbeit mit Kindern und Jugendlichen mit Behinderung hat dies zur Folge, dass dieser Personenkreis im Rahmen der Elternarbeit unbedingt zu beachten ist. Sogenannte Stiefväter, Stiefmütter oder die Großeltern nehmen keinen geringen erzieherischen Einfluss.

6.1.2.2 Vermögenssorge

In unserer obigen Übersicht zu den Inhalten der elterlichen Sorge wurde der Bereich der Vermögenssorge bereits kurz charakterisiert. Besitzt das Kind eigenes Vermögen, dann müssen die Eltern auch dieses im Rahmen des elterlichen Sorgerechts verwalten. Das BGB schreibt dazu u. a. das Folgende vor:

> § 1642 BGB
> „Die Eltern haben das ihrer Verwaltung unterliegende Geld des Kindes nach den Grundsätzen einer wirtschaftlichen Vermögensverwaltung anzulegen, soweit es nicht zur Bestreitung von Ausgaben bereitzuhalten ist."

Kapitel B | Die Rechtsstellung der Adressaten heilerziehungspflegerischen Handelns

Wirtschaftliche Vermögensverwaltung ist beispielsweise dann nicht gegeben, wenn Bargeld auf einem Girokonto verbleibt. Die Eltern müssen es so günstig wie möglich anlegen, damit es sich entsprechend mehrt und somit zur Zukunftssicherung des Minderjährigen beitragen kann. Betrachten wir wieder zwei Beispiele:

> **Fallsituation 1**
> *Der 14-jährige Christoph wird Alleinerbe seines unverheirateten und kinderlosen Onkels. Das Vermögen besteht aus Bargeld in Höhe von 13 600,00 EUR und Wertpapieren in Höhe von 23 000,00 EUR.*
>
> **Fallsituation 2**
> *Die 10-jährige Mandy erbt von ihrer Großmutter eine vermietete Eigentumswohnung in bester Stadtlage.*

In Beispiel 1 müssen die Eltern nach § 1640 BGB ein Vermögensverzeichnis anfertigen. Ein solches Verzeichnis ist immer dann vorgeschrieben, wenn der Vermögenswert 15 000,00 EUR und mehr beträgt. Dieses Verzeichnis ist beim zuständigen Familiengericht einzureichen. Hat der Erblasser diesbezüglich eine andere Anordnung getroffen, dann ist das Verzeichnis entbehrlich. Gleiches gilt, wenn der Minderjährige durch eine Schenkung zu Vermögen gekommen ist und der Schenker anderes anordnet.

Im 2. Beispiel müssen die Eltern die Mieteinnahmen zunächst für die erforderliche Instandhaltung der Wohnung bereithalten. Was von den Einnahmen übrig ist muss dann wieder wirtschaftlich angelegt werden. Eine Veräußerung der Wohnung ist nur mit Genehmigung des Familiengerichts möglich (§ 1643 BGB).

6.1.3 Ausgewählte Prinzipien der Ausübung von elterlicher Sorge

Das elterliche Sorgerecht haben wir in Abschnitt 6.1.1 als Grundrecht gekennzeichnet. Dabei wurde verdeutlicht, dass der oberste Maßstab für die Ausübung der elterlichen Sorge das Wohl des Kindes ist. Die im BGB verankerten Prinzipien für die Wahrnehmung dieses Grundrechts sollen helfen, dass Wohl des Kindes zu sichern. Es ist aus dieser Sicht unerheblich, welcher Personenkreis für die Ausübung der Sorge verantwortlich ist. Wir wollen einige genauer untersuchen, die im Rahmen der heilerziehungspflegerischen Praxis von Bedeutung sein können.

Ein grundlegendes Prinzip ist in § 1626 Absatz 2 des BGB geregelt:

> § 1626 Abs. 2 BGB
> „(2) Bei der Pflege und Erziehung berücksichtigen die Eltern die wachsende Fähigkeit und das wachsende Bedürfnis des Kindes zu selbständigem verantwortungsbewusstem Handeln. Sie besprechen mit dem Kind, soweit es nach dessen Entwicklungsstand angezeigt ist, Fragen der elterlichen Sorge und streben Einvernehmen an."

Die Regelung erlaubt den Eltern keinen Erziehungsstil, der nur auf Gehorsam und Machtausübung ausgerichtet ist. Es geht dem Gesetzgeber um ein partnerschaftliches Verhältnis zum Kind. Es soll als Persönlichkeit von Anfang an geachtet werden. Eltern müssen deshalb jedoch nicht den Wünschen der Kinder immer nachgeben, vielmehr soll es bei notwendigen Entscheidungsfindungen nach den beschriebenen Grundsätzen einbezogen werden, um es zu einem verantwortungsbewussten Handeln zu erziehen. Damit soll dem Bedürfnis des Kindes nach Schutz und Hilfe hinsichtlich der Persönlichkeitsentwicklung Rechnung getragen werden. Eine solche Herangehensweise ist gegenüber Minderjährigen mit Behinderung von besonderer Wichtigkeit.

Elterliches Sorgerecht

§ 1627 BGB formuliert ein grundlegendes Prinzip des elterlichen Sorgerechts:

> § 1627 BGB
> „Die Eltern haben die elterliche Sorge in eigener Verantwortung und in gegenseitigem Einvernehmen zum Wohle des Kindes auszuüben. Bei Meinungsverschiedenheiten müssen sie versuchen, sich zu einigen."

Diese Regelung ist von grundsätzlicher Bedeutung. An erster Stelle bei der Ausübung des elterlichen Sorgerechts steht die Eigenverantwortung der Eltern. Sie haben in einem **partnerschaftlichen Miteinander** für das Wohl ihrer Kinder zu sorgen. Darin spiegelt sich auch die Subsidiarität zwischen elterlichem Handeln und staatlichem Eingriff wider. Scheidung bzw. Trennung von Eltern beeinträchtigen das Wohl von Kindern sehr oft. Dies führt auch im heilpädagogischen Alltag zu Problemen.

> **Beispiel**
> *Fallsituation*
> *Sebastian, 15 Jahre alt, lebt in einer heilpädagogischen Wohneinrichtung für Kinder und Jugendliche (§ 35 a SGB VIII). Die Eltern, welche geschieden sind aber das gemeinsame Sorgerecht besitzen, können sich über die Teilnahme ihres Kindes an einer Ferienfahrt der Wohngruppe nicht einigen. Am Montag erhielt die Gruppenleiterin die schriftliche Einwilligung des Vaters. Am Freitag bei der Abholung des Kindes zum Wochenendaufenthalt spricht die Mutter ein Verbot der Teilnahme aus.*

Diese Meinungsverschiedenheit bringt eine nicht leicht lösbare Aufgabe für die verantwortliche Heilerziehungspflegerin mit sich. Hier helfen rechtliche Bestimmungen allein nicht weiter. Viel mehr sind die Fachkräfte in einer solchen Situation gut beraten, mit den Eltern das Gespräch zu suchen, um so zu einer Lösung zu kommen, die besonders die Bedürfnisse des Kindes im Auge behält.

Aus rechtlicher Sicht muss in dieser Situation besonders auf § 1687 BGB verwiesen werden. Dort heißt es:

> § 1687 Abs. 1 BGB
> „(1) Leben Eltern, denen die elterliche Sorge gemeinsam zusteht, nicht nur vorübergehend getrennt, so ist bei Entscheidungen in Angelegenheiten, deren Regelung für das Kind von erheblicher Bedeutung ist, ihr gegenseitiges Einvernehmen erforderlich. Der Elternteil, bei dem sich das Kind mit Einwilligung des anderen Elternteils oder aufgrund einer gerichtlichen Entscheidung gewöhnlich aufhält, hat die Befugnis zur alleinigen Entscheidung in Angelegenheiten des täglichen Lebens. Entscheidungen in Angelegenheiten des täglichen Lebens sind in der Regel solche, die häufig vorkommen und die keine schwer abzuändernden Auswirkungen auf die Entwicklung des Kindes haben. Solange sich das Kind mit Einwilligung dieses Elternteils oder aufgrund einer gerichtlichen Entscheidung bei dem anderen Elternteil aufhält, hat dieser die Befugnis zur alleinigen Entscheidung in Angelegenheiten der tatsächlichen Betreuung. § 1629 Abs. 1 Satz 4 und § 1684 Abs. 2 Satz 1 gelten entsprechend."

Die Bestimmung über die Teilnahme an einer Ferienfahrt kann als eine Angelegenheit des täglichen Lebens betrachtet werden. Hatte der Jugendliche in unserem obigen Beispiel vor dem Einzug in die Einrichtung seinen gewöhnlichen Aufenthalt bei der Mutter, dann ist ihre Entscheidung bindend.
Wie ist die Situation rechtlich zu beurteilen, wenn die Eltern vereinbarten, dass Sebastian während des Heimaufenthaltes jeweils im Wechsel zwei Wochenenden bei der Mutter und zwei Wochenenden beim Vater wohnt? Dann wird es für den Jungen schwieriger. Jetzt könnte theoretisch die Teilnahme an der Fahrt

nach Satz 4 der obigen Bestimmung davon abhängen, bei wem Sebastian zum Zeitpunkt der Ferienfahrt gerade wohnt.

Aus der Schilderung wird deutlich, dass in solchen Fällen das Gespräch mit den Eltern unabdingbar ist. Sollte es zu **keiner Einigung** kommen, dann könnte das Familiengericht eingreifen. Hier müsste dann allerdings die Initiative dafür von einem Elternteil ausgehen. Eine Entscheidungsgrundlage würde Absatz 2 des §1687 BGB bieten:

§1687 Abs. 2 BGB
„(2) Das Familiengericht kann die Befugnisse nach Absatz 1 Satz 2 und 4 einschränken oder ausschließen, wenn dies zum Wohl des Kindes erforderlich ist."

Es ist dann zu prüfen, wer von beiden Elternteilen in solchen Situationen pädagogisch am besten zum Wohl des Jungen entscheiden kann.

Die in Absatz 1 des §1687 BGB bezeichneten Angelegenheiten von erheblicher Bedeutung für das Kind können besonders bei Minderjährigen mit einer Behinderung medizinisch notwendige Behandlungsmaßnahmen sein. An dieser Stelle wollen wir darauf verweisen, dass beispielsweise Angehörige der „Zeugen Jehovas" Bluttransfusionen ablehnen, auch wenn damit Leben in Gefahr gerät. In solchen Situationen kann das Familiengericht auf der Grundlage des §1666 BGB handeln.

§1666 Abs. 1 BGB
„(1) Wird das körperliche, geistige oder seelische Wohl des Kindes oder sein Vermögen gefährdet und sind die Eltern nicht gewillt oder nicht in der Lage, die Gefahr abzuwenden, so hat das Familiengericht die Maßnahmen zu treffen, die zur Abwendung der Gefahr erforderlich sind."

Der zuständige Arzt kann in einem solchen Falle das Familiengericht informieren und dieses erteilt dann anstelle der Sorgeberechtigten die Einwilligung in die medizinisch notwendige Maßnahme.

§1631 (2) enthält weitere wichtige Prinzipien zur Wahrnehmung der elterlichen Sorge:

§1631 Abs. 2 BGB
„(2) Kinder haben ein Recht auf gewaltfreie Erziehung. Körperliche Bestrafungen, seelische Verletzungen und andere entwürdigende Maßnahmen sind unzulässig."

Die Formulierung **„gewaltfreie Erziehung"** will ein Umdenken in der Bevölkerung erreichen. Erziehung soll sich nicht vordergründig als Machtausübung von Sorgeberechtigten darstellen. Beispiele von Gewalt gegen Kinder bis hin zur Herbeiführung von Todesfällen machen immer wieder deutlich, dass gesellschaftliche Aktivitäten zur Eindämmung solcher Kindeswohlgefährdungen nach wie vor auf der Tagesordnung bleiben.

In diesem Zusammenhang soll darauf hingewiesen werden, dass Heilerziehungspfleger/-innen, die in Einrichtungen der Jugendhilfe tätig sind, Anzeichen von Gewalt bzw. anderer Kindeswohlgefährdungen oft als Erste erkennen können. Daraus erwachsende Verpflichtungen werden besonders in §8 a SGB VIII geregelt. Darauf soll in Abschnitt 10 näher eingegangen werden.

6.2 Praktische Umsetzung

6.2.1 Personenkreis der Ausübenden von elterlicher Sorge

Das elterliche Sorgerecht hat sich in den letzten Jahren stark verändert. Diese Veränderungen beziehen sich im Einzelnen auch auf das Recht zur Ausübung in verschiedenen familiären Konstellationen. Das Familienbild in unserer Gesellschaft hat sich grundlegend gewandelt. Die traditionelle Familie mit Vater, Mutter und Kind verliert von der Anzahl her an Bedeutung. Viele Mütter und Väter sind Alleinerziehende. Nach Schätzungen des Verbandes alleinerziehender Väter und Mütter durchläuft jedes zweite Kind im Laufe seines Lebens eine Phase, in der es nur mit einem Elternteil lebt. Ursache dafür ist u. a. die nach wie vor sehr hohe Scheidungsrate in unserem Land. Viele Paare leben aber auch in nichtehelichen Gemeinschaften mit gemeinsamen Kindern zusammen. Die Veränderungen hinsichtlich der Familienformen bedingen natürlich auch Änderungen des Familienrechts. War es in früheren Jahren beispielsweise ein Makel, Kinder in nichtehelichen Lebensgemeinschaften zu haben, so wird eine solche Form heute von Paaren ganz bewusst gewählt. Solche Paare sind in vielen Fällen auch am Sorgerecht für ihre Kinder interessiert. Unter diesen Aspekten betrachten wir nun das Recht zur Ausübung der elterlichen Sorge in verschiedenen Familiensituationen.

Zunächst wenden wir uns der Sorgerechtssituation in der traditionellen Form der **ehelichen Gemeinschaft** zu. Das BGB bestimmt zunächst in § 1626 Absatz 1 (siehe Abschnitt 6.1.2) die Eltern eines Kindes zu den Sorgeberechtigten.

Es legt damit stillschweigend den sogenannten Regelfall, dass Eltern miteinander verheiratet sind, zugrunde. Des Weiteren ergibt sich daraus im Umkehrschluss, dass beide Elternteile in einer ehelichen Gemeinschaft mit gemeinsamen Kindern auch das Sorgerecht gleichberechtigt und in gemeinsamer Verantwortung wahrnehmen. Diese Tatsache hat für heilerzieherische Fachkräfte weitreichende Konsequenzen. Sie sind angehalten, beide Elternteile gleichberechtigt an Fragen zur Erziehung der Kinder zu beteiligen. Dabei ist stets der Elternwille entscheidend, solange das Wohl des Kindes nicht gefährdet ist.

> **Merke**
>
> *Eltern von ehelich geborenen Kindern üben gleichberechtigt und in gemeinsamer Verantwortung die elterliche Sorge aus.*

Die Sorgerechtsregelungen für gemeinsame Kinder innerhalb einer **nichtehelichen Lebensgemeinschaft** wollen wir als Nächstes betrachten. Dazu als Ausgangssituation wieder zwei Fälle:

> **Beispiel**
>
> *Fallsituation 1*
>
> *Frau Petermann und Herr Schmidt leben in einer nichtehelichen Lebensgemeinschaft zusammen. Sie erwarten in nächster Zeit ein gemeinsames Kind. Beide überlegen, ob es notwendig sei zu heiraten, damit dann beide das Sorgerecht innehaben können.*
>
> *Fallsituation 2*
>
> *Franziska lebt in einer Heimeinrichtung für Kinder und Jugendliche mit psychischer Behinderung (§ 35 a Kinder- und Jugendhilfegesetz). Sie ist gerade 16 Jahre alt geworden. In drei Monaten erwartet sie ein Kind. Der Vater des Kindes ist 22 Jahre alt. Er ist bereits berufstätig, lebt aber noch bei seinen Eltern. Franziska bittet ihre für sie verantwortliche Heilerziehungspflegerin um Rat zu folgenden Fragen: Kann der Vater meines Kindes an der Sorge für das Kind teilhaben? Darf ich nach der Geburt die elterliche Sorge ausüben?*

Die grundlegende rechtliche Regelung für beide Beispiele finden wir in § 1626 a BGB:

> § 1626a BGB
> (1) Sind die Eltern bei der Geburt des Kindes nicht miteinander verheiratet, so steht ihnen die elterliche Sorge gemeinsam zu,
> 1. wenn sie erklären, dass sie die Sorge gemeinsam übernehmen wollen (Sorgeerklärungen),
> 2. wenn sie einander heiraten oder
> 3. soweit ihnen das Familiengericht die elterliche Sorge gemeinsam überträgt.
> (2) Das Familiengericht überträgt gemäß Absatz 1 Nummer 3 auf Antrag eines Elternteils die elterliche Sorge oder einen Teil der elterlichen Sorge beiden Eltern gemeinsam, wenn die Übertragung dem Kindeswohl nicht widerspricht. Trägt der andere Elternteil keine Gründe vor, die der Übertragung der gemeinsamen elterlichen Sorge entgegenstehen können, und sind solche Gründe auch sonst nicht ersichtlich, wird vermutet, dass die gemeinsame elterliche Sorge dem Kindeswohl nicht widerspricht.
> (3) Im Übrigen hat die Mutter die elterliche Sorge.

Frau Petermann und Herr Schmidt in Fall 1 müssen keine Ehe eingehen, um das gemeinsame Sorgerecht zu erhalten. Sie können bereits vor der Geburt (§ 1626 b Abs. 2) oder danach eine gemeinsame Sorgeerklärung abgeben. Herr Schmidt muss zuvor jedoch gemäß § 1592 Nr. 2 BGB die Vaterschaft für das Kind anerkannt haben. Aufgrund der gemeinsamen Erklärung besitzen sie dann beide völlig gleichberechtigt die elterliche Sorge. Sorgeerklärungen unterliegen einer wichtigen Formvorschrift. Sie müssen nach § 1626 d Absatz 1 BGB öffentlich beurkundet werden. Die Beurkundung kann ein Notar vornehmen, aber auch das Jugendamt. In den Sorgeerklärungen bringen die nicht verheirateten Eltern ihre Absicht zum Ausdruck, dass Sorgerecht gemeinsam wahrnehmen zu wollen. Bei Abgabe dieser erfolgt immer eine umfassende Belehrung über die rechtlichen Konsequenzen für Eltern und Kind.

Sorgeerklärungen sind einseitige Rechtsgeschäfte. Für ihre Wirksamkeit ist nur die jeweilige Willenserklärung beider Elternteile erforderlich. Mit den Sorgeerklärungen legitimieren sich die Eltern als gemeinsame Sorgerechtsinhaber. Bleiben die Sorgeerklärungen aus, dann hat die Mutter das alleinige Sorgerecht. Sie erhält in solchen Fällen vom zuständigen Jugendamt eine Urkunde darüber, dass keine gemeinsamen Sorgerechtserklärungen vorliegen.

Mit dieser familienrechtlichen Regelung, die seit dem 19. Mai 2013 in Kraft ist, hat sich die Rechtsstellung nicht miteinander verheirateter Eltern weiter deutlich verbessert. Dies trifft besonders auf die Rechtsstellung von Vätern nichtehelich geborener Kinder zu. Ihr Wunsch, das elterliche Sorgerecht wahrzunehmen, ist nicht mehr vom Einverständnis der Mutter abhängig. Die Aussagen des § 1626a Absatz 2 sind hier eindeutig. Ein gemeinsames Sorgerecht ist nur dann nicht möglich, wenn ein Elternteil handfeste Gründe vortragen kann, die einer solchen Regelung widersprechen.

Fall 2 ist rechtlich gesehen etwas komplizierter. Franziska ist nach § 106 BGB (siehe Abschnitt 5.2.1) beschränkt geschäftsfähig. Daraus ergeben sich für die Ausübung des elterlichen Sorgerechts weitreichende Konsequenzen.

> § 1673 BGB
> „(1) Die elterliche Sorge eines Elternteils ruht, wenn er geschäftsunfähig ist.
> (2) Das Gleiche gilt, wenn er in der Geschäftsfähigkeit beschränkt ist. Die Personensorge für das Kind steht ihm neben dem gesetzlichen Vertreter des Kindes zu; zur Vertretung des Kindes ist er nicht berechtigt. Bei einer Meinungsverschiedenheit geht die Meinung des minderjährigen Elternteils vor, wenn der gesetzliche Vertreter des Kindes ein Vormund oder Pfleger ist; andernfalls gelten § 1627 Satz 2 und § 1628."

Für Franziska steht damit fest, dass ihre elterliche Sorge nach der Geburt des Kindes ruht und zwar aus rechtlichem Hindernis (beschränkte Geschäftsfähigkeit). „Ruhen" bedeutet nach § 1675 BGB, dass der betroffene Elternteil nicht berechtigt ist, die Sorge auszuüben. Franziska kann aber die Personensorge für ihr Kind wahrnehmen (tatsächliche Personensorge). Sie ist jedoch nicht gesetzlicher Vertreter des Kindes. Für diesen Fall gibt es verschiedene Möglichkeiten. Franziskas Kind könnte z. B. nach der Geburt einen Vormund bekommen, der dann die gesetzliche Vertretung besitzt (siehe Abschnitt 6.2.2).

Wir wollen aber jetzt das Problem der gemeinsamen Sorgerechtserklärungen weiter im Auge behalten. Es wird unterstellt, dass der Vater des Kindes gewillt und in der Lage ist elterliche Verantwortung für sein Kind zu übernehmen. Der 22-jährige junge Mann muss zunächst die Vaterschaft für Franziskas Kind anerkennen. Dies geschieht durch die öffentlich beurkundete Anerkennungserklärung (§ 1597 BGB). Sie kann bereits vor der Geburt des Kindes erfolgen. Franziska muss allerdings der Anerkennung zustimmen (§ 1595 Absatz 1 BGB). Auch diese muss öffentlich beurkundet werden. Allerdings benötigt die 16-jährige Mutter für ihre Zustimmungserklärung die Einwilligung ihres gesetzlichen Vertreters.

Nachdem diese ersten Hürden genommen sind, könnten jetzt die gemeinsamen Sorgeerklärungen erfolgen. Für den volljährigen Vater ist dies ohne weitere Vorbedingungen möglich. Für Franziska ist § 1626 c BGB zu beachten:

> § 1626 c BGB
> „(1) Die Eltern können die Sorgeerklärungen nur selbst abgeben.
> (2) Die Sorgeerklärung eines beschränkt geschäftsfähigen Elternteils bedarf der Zustimmung seines gesetzlichen Vertreters. Die Zustimmung kann nur von diesem selbst abgegeben werden; § 1626 b Abs. 1 und 2 gilt entsprechend. Das Familiengericht hat die Zustimmung auf Antrag des beschränkt geschäftsfähigen Elternteils zu ersetzen, wenn die Sorgeerklärung dem Wohl dieses Elternteils nicht widerspricht."

Für unseren Fall bedeutet dies, dass Franziskas gesetzlicher Vertreter ihrer Sorgerklärung zustimmen muss. In solchen Fällen hängt die Zustimmung immer auch davon ab, ob minderjährige Mütter bereit und auch fähig sind, elterliches Sorgerecht wahrzunehmen.

Liegt die erforderliche Zustimmung für Franziska vor, dann kann die Sorgeerklärung erfolgen. Dadurch entsteht für das Kind das gemeinsame Sorgerecht beider Elternteile. Allerdings hat dann nur der Vater als volljähriger Elternteil die gesetzliche Vertretung inne. Die Errichtung einer Vormundschaft ist dann aber nicht mehr notwendig.

Der dargestellte Fall macht deutlich, dass in solchen Situationen Mitarbeiter sozialpädagogischer Einrichtungen stark gefordert sind. Die rechtlichen Probleme sind die eine Seite. Es sind auch viele Fragen bezüglich der Vorbereitung auf die Geburt, Ressourcen und Wille der jugendlichen Mutter zur Wahrnehmung des Sorgerechts, den weiteren Verbleib der jungen Mutter im Heim, Unterhaltsfragen, Weiterführung der Ausbildung usw. zu klären.

> **Merke**
> Nicht miteinander verheiratete Eltern können das Sorgerecht gemeinsam ausüben, wenn sie diesbezügliche Sorgeerklärungen vor bzw. nach der Geburt des Kindes abgeben. Ebenso ist dies der Fall, wenn das Familiengericht auf Antrag eines Elternteils die Sorge beiden Eltern gemeinsam überträgt oder wenn sie einander heiraten. Ansonsten hat die Mutter das alleinige Sorgerecht.

Kapitel B | Die Rechtsstellung der Adressaten heilerziehungspflegerischen Handelns

Oben haben wir festgestellt, dass die elterliche Sorge für minderjährige Mütter aus rechtlichem Hindernis ruht. Die nachfolgende Übersicht zeigt die beiden möglichen Varianten des Ruhens der elterlichen Sorge:

Ruhen der elterlichen Sorge

Rechtliches Hindernis	Tatsächliches Hindernis
■ Geschäftsunfähigkeit bzw. beschränkte Geschäftsfähigkeit des Elternteils (§ 1674 BGB) ■ Elternteil darf gesetzliche Vertretung nicht wahrnehmen ■ tatsächliche Personensorge bleibt bestehen	■ Vormundschaftsgericht muss tatsächliches Hindernis feststellen und Ruhen aussprechen (§ 1674 BGB) ■ Gründe: u.a. Strafhaft, Kriegsgefangenschaft, Vermisstwerden des Elternteils (unbekannter Aufenthalt), Drogenabhängigkeit und andere schwere Erkrankungen ■ Aufhebung des tatsächlichen Hindernisses bedarf der Feststellung des Vormundschaftsgerichts

Grundlegende Veränderungen bezüglich der Wahrnehmung elterlicher Sorge nach Scheidung der Eltern gelten seit dem 1. Juli 1998. Bis zu diesem Zeitpunkt gehörte in jedes Scheidungsurteil auch die Regelung des Sorgerechts nach Auflösung der Ehe. Diese gesetzliche Regelung ist jetzt in einer **Einheitsregelung** sowohl für den Fall der Scheidung als auch der Trennung von unverheirateten Elternteilen enthalten. Diese wurde mit dem „Gesetz zur Reform der elterlichen Sorge nicht miteinander verheirateter Eltern" vom 19. Mai 2013 weiter novelliert. Das BGB regelt in § 1671 dazu das Folgende:

§ 1671 BGB

„(1) Leben Eltern nicht nur vorübergehend getrennt und steht ihnen die elterliche Sorge gemeinsam zu, so kann jeder Elternteil beantragen, dass ihm das Familiengericht die elterliche Sorge oder einen Teil der elterlichen Sorge allein überträgt. Dem Antrag ist stattzugeben, soweit

1. der andere Elternteil zustimmt, es sei denn, das Kind hat das 14. Lebensjahr vollendet und widerspricht der Übertragung, oder
2. zu erwarten ist, dass die Aufhebung der gemeinsamen Sorge und die Übertragung auf den Antragsteller dem Wohl des Kindes am besten entspricht.

(2) Leben Eltern nicht nur vorübergehend getrennt und steht die elterliche Sorge nach § 1626a Absatz 3 der Mutter zu, so kann der Vater beantragen, dass ihm das Familiengericht die elterliche Sorge oder einen Teil der elterlichen Sorge allein überträgt. Dem Antrag ist stattzugeben, soweit

1. die Mutter zustimmt, es sei denn, die Übertragung widerspricht dem Wohl des Kindes oder das Kind hat das 14. Lebensjahr vollendet und widerspricht der Übertragung, oder
2. eine gemeinsame Sorge nicht in Betracht kommt und zu erwarten ist, dass die Übertragung auf den Vater dem Wohl des Kindes am besten entspricht.

(3) Ruht die elterliche Sorge der Mutter nach § 1751 Absatz 1 Satz 1, so gilt der Antrag des Vaters auf Übertragung der gemeinsamen elterlichen Sorge nach § 1626a Absatz 2 als Antrag nach Absatz 2. Dem Antrag ist stattzugeben, soweit die Übertragung der elterlichen Sorge auf den Vater dem Wohl des Kindes nicht widerspricht.

(4) Den Anträgen nach den Absätzen 1 und 2 ist nicht stattzugeben, soweit die elterliche Sorge auf Grund anderer Vorschriften abweichend geregelt werden muss."

Das Gesetz sieht vor, dass nur dann eine gerichtliche Prüfung und Entscheidung über das **Sorgerecht im Scheidungsfall** ansteht, wenn ein Elternteil einen Antrag auf Zuweisung der Alleinsorge stellt. Diese Regelung bedeutet nicht, dass die gemeinsame elterliche Sorge nach der Scheidung den Eltern aufgezwungen wird. Ein Fortbestehen der gemeinsamen Sorge soll auch nicht als sogenannter „Regelfall" angesehen werden. Vielmehr wird davon ausgegangen, dass die Beibehaltung des gemeinsamen Sorgerechts sich für betroffene Kinder positiv auswirken kann. Die frühere gesetzliche Bestimmung führte oft dazu, dass das Kind dem nicht betreuenden Elternteil, meist dem Vater, entfremdet wurde. Untersuchungen zeigen, dass mehr als die Hälfte der geschiedenen Väter ein Jahr nach der Scheidung keinerlei Kontakt mehr zum Kind hatten. Nicht unwesentlich wird in diesen Fällen der Verlust des Sorgerechts die Ursache für diese Tatsache sein.

Wie wird nun im Scheidungsverfahren mit dem Sorgerecht umgegangen? Führt der Verzicht auf eine prinzipielle gerichtliche Prüfung und Entscheidung nicht zur Gefährdung des Kindeswohls? Wie gestaltet sich diesbezüglich der Inhalt eines Scheidungsverfahrens?

> **Fallsituation**
> Frau und Herr S. haben eine 10-jährige Tochter und einen 6-jährigen Sohn. Frau S. beantragt die Scheidung. Als Hauptgrund für diesen Schritt führt sie die offensichtliche Alkoholabhängigkeit ihres Mannes an. Gleichzeitig mit der Scheidungsklage reicht Frau S. den Antrag auf alleiniges Sorgerecht nach der Scheidung ein.

Nach Beantragung der Ehescheidung informiert das zuständige Familiengericht das Jugendamt über diesen Vorgang. Eine solche Information hat seine rechtliche Grundlage in § 17 Absatz 3 des SGB VIII. Das Jugendamt ist verpflichtet, die Eltern über das Angebot der Trennungs- und Scheidungsberatung zu informieren. Ein solches Vorgehen soll dazu beitragen, dass die Eltern im Scheidungsverfahren ihre Kinder nicht aus den Augen verlieren.

Im vorliegenden Fall wird das Gericht die Eltern zum Problem der elterlichen Sorge anhören. Stimmt Herr S. dem Antrag seiner Frau nicht zu, dann muss das Familiengericht entscheiden. Auch hier würde das zuständige Jugendamt tätig werden. Es wird auf Verlangen des Gerichts eine Analyse der familiären Situation erstellen. Darin wird eine Empfehlung zur weiteren Ausgestaltung des Sorgerechts enthalten sein. Dabei ist es gewöhnlich so, dass die Mitarbeiter/-innen auch mit den betroffenen Kindern sprechen. Die vorhandenen Bindungen zu beiden Elternteilen werden hier einer Analyse unterzogen. Die Stellungnahme des Jugendamtes bildet eine wichtige Entscheidungsgrundlage für das Familiengericht, um entsprechend nach § 1671 Absatz 1 2. BGB entscheiden zu können. Im vorliegenden Fall wird natürlich auch die angesprochene Alkoholabhängigkeit des Vaters für die künftige Sorgerechtsausübung von wesentlicher Bedeutung sein.

In allen Fällen der Sorgerechtsentscheidung wird es immer um die Frage gehen, von welchem Elternteil das Kind für den Aufbau seiner eigenen Persönlichkeit die meiste Unterstützung erwarten kann. Sogenannte „moralische Anrechte" bzw. Alter und Geschlecht der Kinder begründen keinen alleinigen Anspruch eines Elternteils.

Die Übertragung des Sorgerechts auf einen Elternteil bedeutet nicht, dass damit der andere Teil vom Umgang mit dem Kind völlig abgeschirmt ist. Bei der Übertragung kann das Gericht auch die Ausgestaltung des Umgangsrechts mit dem nicht sorgeberechtigten Elternteil regeln. Solche Festlegungen beziehen sich dann auf die Häufigkeit des Umgangs und dessen Art und Weise (z. B. einmal im Monat tagsüber oder über Nacht zum Wochenende usw.). Grundlage dafür ist § 1684 Absatz 3 BGB:

> § 1684 Abs. 3 BGB
> „(3) Das Familiengericht kann über den Umfang des Umgangsrechts entscheiden und seine Ausübung, auch gegenüber Dritten, näher regeln. Es kann die Beteiligten durch Anordnungen zur Erfüllung der in Absatz 2 geregelten Pflichten anhalten."

> **Merke**
>
> *Nach Trennung oder Scheidung von Eltern kann das elterliche Sorgerecht auf Antrag eines Eltern-teils auf diesen übertragen werden. Beantragt in solchen Fällen kein Elternteil das Sorgerecht für sich allein, dann bleibt es bei der gemeinsamen Sorge.*

6.2.2 Vormundschaft und Pflegschaft

Für Minderjährige kann die Ausübung der elterlichen Sorge durch diese beiden Rechtsinstrumente unter bestimmten Voraussetzungen geregelt werden. Es geht dabei um Situationen, in denen die zuständigen Eltern an der Wahrnehmung ihres Elternrechts verhindert, eingeschränkt sind oder diese verweigern.
Es sind nach dem BGB drei **Arten** der Vormundschaft zu unterscheiden:

- Einzelvormundschaft
- Amtsvormundschaft
- Vereinsvormundschaft

Die **Voraussetzungen** für eine Vormundschaft regelt § 1773 BGB:

> § 1773 BGB
> „(1) Ein Minderjähriger erhält einen Vormund, wenn er nicht unter elterlicher Sorge steht oder wenn die Eltern weder in den die Person noch in den das Vermögen betreffenden Angelegenheiten zur Vertretung des Minderjährigen berechtigt sind.
> (2) Ein Minderjähriger erhält einen Vormund auch dann, wenn sein Familienstand nicht zu ermitteln ist."

Das Gesetz bestimmt hier drei **Fallgruppen** für die Anordnung einer Vormundschaft:

1. Der Minderjährige steht nicht unter elterlicher Sorge, z. B.:
- Mutter und Vater waren sorgeberechtigt und kamen auf tragische Weise gleichzeitig ums Leben (Unfall);
- Mutter hatte alleiniges Sorgerecht und verstarb, Vater wurde Sorgerecht entzogen.

2. Die Eltern sind weder in der Personensorge noch in der Vermögenssorge vertretungsberechtigt, z. B.:
- Eltern wurde das gesamte Sorgerecht nach § 1666 BGB entzogen;
- Eltern sind beide minderjährig, deshalb ruht die elterliche Sorge nach § 1673.

3. Findelkinder

Durch eine Vormundschaft übernimmt der Vormund die Ausübung der gesamten elterlichen Sorge. Das BGB regelt die Befugnisse eines Vormunds auf der Grundlage der Inhalte der für Eltern geltenden Bestimmungen. Dadurch besteht für den Vormund die Pflicht, bei der Wahrnehmung seiner Aufgaben stets die Interessen des Mündels (Minderjähriger, der unter Vormundschaft steht) zu beachten.

> § 1793 BGB
> „(1) Der Vormund hat das Recht und die Pflicht, für die Person und das Vermögen des Mündels zu sorgen, insbesondere den Mündel zu vertreten. § 1626 Abs. 2 gilt entsprechend. Ist der Mündel auf längere Dauer in den Haushalt des Vormunds aufgenommen, so gelten auch die §§ 1618 a, 1619, 1664 entsprechend."

Für den Fall ihres plötzlichen Ablebens haben Eltern grundsätzlich das Recht, einen Vormund **auszuwählen** und zu **benennen**.

> §1776 BGB
> „(1) Als Vormund ist berufen, wer von den Eltern des Mündels als Vormund benannt ist.
> (2) Haben der Vater und die Mutter verschiedene Personen benannt, so gilt die Benennung durch den zuletzt verstorbenen Elternteil."

Aufgrund dieser Regelung können Eltern sehr verantwortungsbewusst für solche Situationen, mit denen sich natürlich keiner so recht anfreunden möchte, vorsorgen. Voraussetzung zur Wahrnehmung dieses Benennungsrechts ist natürlich das Innehaben der gesamten elterlichen Sorge zum Zeitpunkt des Todes. Eine Benennung durch die Eltern erfolgt in Form einer letztwilligen Verfügung (Testament). Eltern können die Person des Vormunds bestimmen, jedoch nicht das Jugendamt. Die Benennung eines zugelassenen Vereins ist ebenfalls möglich. Solche vom Landesjugendamt als geeignet befundene Vereine bestimmen dann ein Vereinsmitglied, das im Auftrage des Vereins handelt.
Der von den Eltern benannte Vormund darf nur unter ganz bestimmten Bedingungen bei der Bestellung durch das Vormundschaftsgericht übergangen werden. Dies ist z.B. der Fall, wenn das Mündel bereits das 14. Lebensjahr vollendet hat und der Bestellung widerspricht (§1778 BGB).

Haben Eltern von ihrem Benennungsrecht keinen Gebrauch gemacht, wird ein Vormund durch das **Vormundschaftsgericht** ausgewählt. §1779 BGB legt dabei Auswahlkriterien fest:

> §1779 Abs. 2, 3 BGB
> „(2) Das Familiengericht soll eine Person auswählen, die nach ihren persönlichen Verhältnissen und ihrer Vermögenslage sowie nach den sonstigen Umständen zur Führung der Vormundschaft geeignet ist. Bei der Auswahl unter mehreren geeigneten Personen sind der mutmaßliche Wille der Eltern, die persönlichen Bindungen des Mündels, die Verwandtschaft oder Schwägerschaft mit dem Mündel sowie das religiöse Bekenntnis des Mündel zu berücksichtigen.
> (3) Das Familiengericht soll bei der Auswahl des Vormunds Verwandte oder Verschwägerte des Mündels hören, wenn dies ohne erhebliche Verzögerung und ohne unverhältnismäßige Kosten geschehen kann. Die Verwandten und Verschwägerten können von dem Mündel Ersatz ihrer Auslagen verlangen; der Betrag der Auslagen wird vom Vormundschaftsgericht festgesetzt."

Das BGB verpflichtet das Familiengericht, zunächst Verwandte bzw. Verschwägerte des Mündels zu berücksichtigen. Der genannte mutmaßliche Wille der Eltern wird nicht in jedem Falle einfach nachvollziehbar sein. Das Gericht muss in solchen Fällen den gesamten Lebenskreis der betroffenen Familie sorgfältig prüfen. Auch hier kann die Mithilfe von Einrichtungen der Jugendhilfe nützlich sein.
Bestimmte Personen schließt das BGB in §1781 aus:

> §1781 BGB
> „Zum Vormund soll nicht bestellt werden:
> 1. wer minderjährig ist,
> 2. derjenige, für den ein Betreuer bestellt ist."

Weiterhin darf nicht zum Vormund berufen werden, wer von den Eltern nach §1782 BGB ausgeschlossen wurde.

Die Übernahme einer Vormundschaft bestimmt das BGB zu einer allgemeinen **Staatsbürgerpflicht**.

> §1785 BGB
> „Jeder Deutsche hat die Vormundschaft, für die er von dem Familiengericht ausgewählt wird, zu übernehmen, sofern nicht seiner Bestellung zum Vormund einer der in den §§1780 bis 1784 bestimmte Gründe entgegensteht."

Kapitel B | Die Rechtsstellung der Adressaten heilerziehungspflegerischen Handelns

Nach § 1786 BGB gibt es auch ein **Ablehnungsrecht**. Ablehnungsmöglichkeiten sind beispielsweise die Vollendung des sechzigsten Lebensjahres, die Sorge für mehr als drei minderjährige Kinder und eine Verhinderung durch Krankheit. Wer unbegründet eine Vormundschaft ablehnt, kann nach § 1788 BGB mit einem Zwangsgeld belangt werden. Dies kann aber nur zweimal als Beugemittel eingesetzt werden. Tritt danach die Bereitschaft zur Übernahme nicht ein, muss ein anderer Vormund gefunden werden. Eine mit allen Mitteln durchgesetzte Zwangsverpflichtung wäre sicher nicht zum Wohle des Mündels.

Nach Abschluss des Auswahlverfahrens durch das Familiengericht wird der Vormund an Eides statt für seine Tätigkeit verpflichtet. Er erhält nach § 1791 BGB eine **Bestallungsurkunde**. Diese ist gewissermaßen ein Ausweis für die Wahrnehmung seiner Aufgaben.

Das Führen einer Vormundschaft geschieht stets unter staatlicher Aufsicht. Der Vormund ist verpflichtet, dem Familiengericht jederzeit Auskunft über die Führung der Vormundschaft zu erteilen (§ 1839 BGB). Bezüglich der persönlichen Verhältnisse und der Sorge für das Vermögen des Mündels muss der Vormund einmal jährlich gegenüber dem Familiengericht Rechenschaft ablegen (§ 1840 BGB).

Bei der **Amtsvormundschaft** unterscheiden wir zwei Arten:
1. Bestellte Amtsvormundschaft und
2. Gesetzliche Amtsvormundschaft.

Von der bestellten Amtsvormundschaft muss das Familiengericht immer dann Gebrauch machen, wenn kein geeigneter Einzelvormund gefunden wurde (§ 1791 b BGB). Die gesetzliche Amtsvormundschaft tritt ein z. B. bei der Geburt eines Kindes, das eines Vormunds bedarf (§ 1791 c BGB).
Sowohl bei der bestellten als auch bei der gesetzlichen Amtsvormundschaft nimmt das Jugendamt die Vormundschaft wahr. Wird das Jugendamt Vormund, dann entfällt eine Bestellung mit der Übergabe einer Bestallungsurkunde wie im Falle der Einzelvormundschaft. Es erfolgt lediglich eine schriftliche Verfügung des Gerichts.
Gegenüber der Einzelvormundschaft ist die Amtsvormundschaft mit Problemen verbunden. So ist bei der Amtsvormundschaft eine individuelle Führung des Mündels kaum möglich. Wenn die zuständigen Sozialpädagogen wechseln, bekommt das Mündel immer wieder andere und für ihn stets erneut unbekannte Ansprechpartner. Deshalb bemühen sich die Jugendämter stets, einen Einzelvormund zu finden.

Kurz gefasst kann man die Vormundschaft wie folgt definieren:

> **Definition**
>
> *Die Vormundschaft ist eine unter staatlicher Aufsicht durchgeführte Fürsorgetätigkeit für Minderjährige.*

Eine Unterform der Vormundschaft ist die **Pflegschaft**. Sie bezieht sich nicht auf die elterliche Sorge in ihrer Gesamtheit, sondern nur auf Teilbereiche oder einzelne Angelegenheiten des elterlichen Sorgerechts.

> **Beispiel**
>
> **Fallsituation**
> *Klaus, 14 Jahre alt, lebt bei seinen leiblichen Eltern, die auch die elterliche Sorge ausüben. Er erwirbt von einem entfernten Verwandten durch Erbschaft ein kleines Vermögen. Dies besteht aus Wertpapieren und Barvermögen. In seinem Testament bestimmte der Erblasser, dass dieses Vermögen von einem Onkel des Jungen verwaltet werden soll.*

Elterliches Sorgerecht

> § 1909 Abs. 1 BGB
>
> „(1) Wer unter elterlicher Sorge oder unter Vormundschaft steht, erhält für Angelegenheiten, an deren Besorgung die Eltern oder der Vormund verhindert sind, einen Pfleger. Er erhält insbesondere einen Pfleger zur Verwaltung des Vermögens, das er von Todes wegen erwirbt oder das ihm unter Lebenden unentgeltlich zugewendet wird, wenn der Erblasser durch letztwillige Verfügung, der Zuwendende bei der Zuwendung bestimmt hat, dass die Eltern oder der Vormund das Vermögen nicht verwalten sollen.“

Im obigen Fall handelt es sich um ein typisches Beispiel von Ergänzungspflegschaft. Klaus' Eltern haben nach wie vor das Sorgerecht inne. Ausgenommen davon ist die Vermögenssorge bezüglich der Erbschaft. Hier hat der Onkel des Jungen alleinige Handlungs- und Vertretungsvollmacht. Das BGB legt für diese Situationen in § 1915 die Anwendung des Vormundschaftsrechts fest. Dies bedeutet, dass der Pfleger/-in u. a. über die Verwaltung des Vermögens gegenüber dem Familiengericht rechenschaftspflichtig ist.

Die **Ergänzungspflegschaft** nach § 1909 BGB dominiert in der heilerziehungspflegerischen Praxis. Sie kann sich neben dem Vermögen auch auf alle anderen Bereiche bzw. Angelegenheiten der elterlichen Sorge beziehen (z. B. Aufenthaltsbestimmung, Schul- und Berufsbildung). Der Wirkungskreis des Pflegers bzw. der Pflegerin ergibt sich aus den konkreten Festlegungen des Familiengerichts in der Bestallungsurkunde.

Ursachen für die Notwendigkeit einer Pflegschaft können u. a. sein: schwere Erkrankungen, Unfälle, Abwesenheit der Sorgerechtsinhaber.

Neben der Ergänzungspflegschaft gibt es u. a. auch Pflegschaften für eine Leibesfrucht (§ 1912 BGB), Abwesende (§ 1911 BGB), unbekannte Beteiligte (§ 1913 BGB) oder Sammelvermögen (§ 1914 BGB).

Eine mögliche Definition für den Begriff der Pflegschaft könnte sein:

> **Merke**
>
> *Die Pflegschaft ist eine Unterform der Vormundschaft. Sie ist auch eine Fürsorgetätigkeit, die unter staatlicher Aufsicht erfolgt. Eine Pflegschaft bezieht sich auf einzelne Bereiche bzw. Angelegenheiten der elterlichen Sorge. Der Wirkungskreis eines Pflegers wird durch das Familiengericht bestimmt.*

6.3 Anregungen und Materialien

> **Beispiel**
>
> **Fallsituation**
>
> *Sie arbeiten in einer Wohneinrichtung für Kinder und Jugendliche mit psychischer Behinderung. Sie sind u. a. auch für die 14-jährige Marilyn verantwortlich. Das Mädchen wurde nichtehelich geboren und steht unter dem Sorgerecht der Mutter. Marilyns Vater wäre an einem regelmäßigen Besuch seiner Tochter in der Einrichtung interessiert. Sie vertreten die Auffassung, dass solche Kontakte sich positiv auf die weitere Entwicklung des Mädchens auswirken könnten. Die Mutter hat wiederholt in Ihrer Gegenwart solche Kontakte strikt abgelehnt.*

Kapitel B | Die Rechtsstellung der Adressaten heilerziehungspflegerischen Handelns

Aufgabe

Aufgabe 1
Stellen Sie sich vor, dass Sie als verantwortlicher Heilerziehungspfleger mit der Mutter ein Gespräch führen möchten, in dem die aus Ihrer Sicht notwendigen Kontakte mit dem Vater thematisiert werden sollen. Ihr Ziel ist es, Besuche des Vaters in der Einrichtung zu ermöglichen. Bereiten Sie dieses Gespräch in kleineren Gruppen Ihrer Klasse als Rollenspiel vor und spielen Sie diese vor der Klasse. Beachten Sie dabei neben rechtlichen Aspekten auch Ihre Kenntnisse bezüglich der Gesprächsführung. Besprechen Sie die Arbeitsergebnisse.

Aufgabe 2
Elternschaft und geistige Behinderung – Anregung zum Diskutieren
„Menschen mit einer geistigen Behinderung sollten keine Kinder haben. Ihre Fähigkeit zu einer verantwortungsvollen Elternschaft ist einfach nicht gegeben."
Setzen Sie sich in Ihrer Lerngruppe mit dieser These kritisch auseinander. Bewerten Sie dabei auch die rechtliche Position der Betroffenen.

7 Betreuungs- und Aufsichtspflicht

7.1 Theoretische Zusammenhänge

7.1.1 Inhalte

Die Wahrnehmung von Betreuungs- und Aufsichtspflicht gegenüber Menschen, die den Heilerziehungspflegern und -pflegerinnen in sehr unterschiedlichen Arbeitsfeldern anvertraut sind, ist eine sehr komplexe Aufgabe. Dabei besteht häufig die Gefahr, dass Minderjährige überbehütet und damit in ihrer Entwicklung zu einer möglichst selbstständig handelnden Persönlichkeit zu wenig gefördert werden. Bei Volljährigen kann es geschehen, dass in guter Absicht deren persönliche Freiheit mehr als notwendig eingeschränkt wird, im Extremfall sogar strafbares Handeln vorliegen kann. Wir wollen zunächst klären, was unter den beiden Begrifflichkeiten zu verstehen ist. Dabei wollen wir Gemeinsamkeiten und Unterschiede herausstellen.

Beispiel

Fallsituation 1
Heilerziehungspflegerin Inge betreut als Zweitkraft gemeinsam mit einer Kollegin in einem integrativ arbeitenden Kindergarten eine Gruppe von Kindern im Alter zwischen drei und sechs Jahren. Zur Gruppe gehört auch die kleine Anne. Sie leidet an einer leichten geistigen Behinderung, die auf Komplikationen während der Geburt zurückzuführen ist. Anne verlässt in einem unbeobachteten Moment den Gruppenraum. Sie begibt sich in den Raum einer anderen Gruppe, die gerade zu einem Spaziergang aufgebrochen ist. Dort klettert Anne auf einen Stuhl, um sich ein Spielzeug von einem Schrank zu holen. Sie kommt zu Fall und bricht sich den Arm.

Fallsituation 2
Der Heilerzieher Marcel arbeitet in einer Wohneinrichtung für Volljährige mit geistiger Behinderung. Er begibt sich mit fünf Gruppenmitgliedern zum Einkauf in einen Supermarkt. Dort kommt es zu einem Zwischenfall. Eric, der zu Aggressionen neigen kann, reißt wütend mehrere Flaschen aus einem Regal, nachdem ihm Marcel einen Einkaufswunsch nicht erfüllte.

Beide Situationen machen die Komplexität und Kompliziertheit heilerzieherischen Handelns im Berufsalltag deutlich. Wenn man beide Fälle liest, dann steht erfahrungsgemäß die Frage der Verantwortlichkeit der jeweiligen heilerziehungspflegerischen Fachkraft im Mittelpunkt der Aufmerksamkeit. Dieses Problem wollen wir zunächst nicht beachten. Es wird uns in Abschnitt 7.2.2 noch ausführlich beschäftigen.

Betrachten wir beide Beispiele unter der Sicht der Begriffe „Betreuungs-" bzw. „Aufsichtspflicht". Was gibt es an Gemeinsamkeiten? Augenfällig ist, dass in beiden Situationen Schäden verursacht wurden. Eine weitere Gemeinsamkeit besteht darin, dass die Frage der Verantwortlichkeit für den Ersatz der entstandenen Schäden im Raum steht. Wodurch unterscheiden sich die beiden Fälle? Im ersten Fall wurde eine unmittelbar zu Betreuende geschädigt, im zweiten Fall befindet sich der Geschädigte außerhalb der Betreuungseinrichtung. Dieser Unterschied ist für die Klärung der Begriffe entscheidend.

> **Merke**
>
> *Inhalt der Betreuungspflicht*
> *Während der Betreuungszeit darf der Betreute keinen Schaden erleiden. Dazu gehören auch die Verhinderung einer Selbstschädigung und die Schädigung eines anderen Betreuten.*
>
> *Inhalt der Aufsichtspflicht*
> *Der Betreuer muss dafür Sorge tragen, dass der Betreute keiner dritten Person einen Schaden zufügt, den er hätte verhindern können.*

Die Begriffsklärungen lassen leicht erkennen, dass es sich im ersten Beispiel um die Betreuungspflicht handelt und im zweiten Fragen der Aufsichtspflicht eine Rolle spielen. In der Praxis der Heilerziehungspflege werden Fragen zu diesem Thema zumeist unter den Begriff der Aufsichtspflicht gefasst. Unter diesem Gesichtspunkt kann die Aufsichtspflicht so definiert werden, dass sich auch der Bereich der Betreuungspflicht darin wiederfindet.

> **Merke**
>
> Der Aufsichtsverpflichtete hat dafür Sorge zu tragen, dass der zu Beaufsichtigende sich nicht selbst schädigt, andere schädigt oder durch andere geschädigt wird.

Eine Unterscheidung von Betreuungs- und Aufsichtspflicht ist hauptsächlich für Haftungsfragen von Bedeutung (siehe Abschnitt 7.2.2). Außerdem hebt der Begriff der Betreuungspflicht die individuelle Gestaltung der Betreuung und Pflege gegenüber den anvertrauten Minderjährigen und Erwachsenen innerhalb der Behindertenhilfe hervor. Spezielle Fragen der Betreuungsverantwortung im Rahmen der Pflege werden uns in Abschnitt 18 noch ausführlicher beschäftigen.

7.1.2 Rechtliche Rahmenbedingungen

Die oben erfolgte Definition der Aufsichtspflicht stellt einen hohen Anspruch für den heilpädagogischen Alltag dar. Wie kann man diesem gerecht werden? Zunächst ist es wichtig die entsprechenden gesetzlichen Grundlagen zu kennen. Betrachten wir zunächst den rechtlich vorgegebenen Rahmen innerhalb des BGB.

§ 832 BGB
„(1) Wer kraft Gesetzes zur Führung der Aufsicht über eine Person verpflichtet ist, die wegen Minderjährigkeit oder wegen ihres geistigen oder körperlichen Zustands der Beaufsichtigung bedarf, ist zum Ersatze des Schadens verpflichtet, den diese Person einem Dritten widerrechtlich zufügt. Die Ersatzpflicht tritt nicht ein, wenn er seiner Aufsichtspflicht genügt oder wenn der Schaden auch bei gehöriger Aufsichtsführung entstanden sein würde.
(2) Die gleiche Verpflichtung trifft denjenigen, welcher die Führung der Aufsicht durch Vertrag übernimmt."

Das Gesetz bestimmt zunächst den Personenkreis derjenigen, die einer Aufsichtspflicht unterliegen. Minderjährige gehören zu den Personen, die prinzipiell der Aufsicht im Sinne des Gesetzes bedürfen. Verantwortlich sind dafür in erster Linie die Eltern, die im Rahmen ihres elterlichen Sorgerechts die Aufsichtspflicht kraft Gesetzes innehaben. Dies ergibt sich zwingend aus den §§ 1626 Absatz 1 und 1631 Absatz 1 BGB. Auch andere Inhaber des elterlichen Sorgerechts (Vormünder, Pflegeeltern) nehmen die Aufsichtsverpflichtung in diesem Sinne wahr.

Heilerziehungspfleger/-innen sind per Gesetz zur Aufsichtsführung gegenüber Minderjährigen nur im Rahmen der Betreuungstätigkeit in Wohneinrichtungen verpflichtet. In diesen erfolgt die Betreuung rund um die Uhr, sodass dieser Personenkreis stellvertretend für die Personensorgeberechtigten handelt und Teile des elterlichen Sorgerechts übernimmt. In der **Tagesbetreuung** (z. B. Tagesstätten, Familienentlastende Dienste) liegen die Dinge etwas anders. Heilerziehungspfleger/-innen haben mit dem jeweiligen Träger der Einrichtung einen Dienstvertrag abgeschlossen. Nach § 611 Absatz 1 BGB ist derjenige, der Dienste zusagt, auch zur Leistung dieser verpflichtet. Gegenstand des Dienstvertrages können Dienste aller Art sein. In Tageseinrichtungen der Behindertenhilfe für Minderjährige gehört dazu auch die Wahrnehmung der Aufsichtspflicht gegenüber den anvertrauten Minderjährigen. Alle Personensorgeberechtigten, die ihre Kinder bzw. Jugendlichen in die Obhut einer solchen Einrichtung geben, schließen mit dem Träger Betreuungsverträge, in denen die Übernahme der Aufsichtsführung vereinbart wird. Diese Verträge bilden einen weiteren wichtigen rechtlichen Rahmen für die Betreuungs- und Aufsichtspflicht. In ihnen wird beispielsweise genau vereinbart, wann die Betreuungszeit beginnt bzw. wann sie endet. Die Träger delegieren die übernommene Verpflichtung per Dienstvertrag an die jeweiligen heilerziehungspflegerischen Fachkräfte. Aus dieser vertraglichen Verpflichtung zur Wahrnehmung von Aufsichtspflicht ergeben sich die gleichen Anforderungen wie aus einer gesetzlichen Verpflichtung. Dies geht aus dem Absatz 2 des § 832 BGB hervor.

Wie verhält es sich nun mit der Wahrnehmung von Aufsichtspflicht gegenüber Personen, die „[…] wegen ihres geistigen oder körperlichen Zustands der Beaufsichtigung […]" bedürfen? Zu ihnen gehören volljährige Kranke, geistig oder körperlich Behinderte, Epileptiker und Blinde. Der Umfang der Wahrnehmung von Aufsichtspflicht richtet sich hier nach der Eigenart der jeweiligen körperlichen bzw. geistigen Beeinträchtigung des zu betreuenden Volljährigen (siehe auch Abschnitt 7.2.1).

7.2 Praktische Umsetzung

7.2.1 Kriterien zur Wahrnehmung von Aufsichtspflicht

Für die praktische Umsetzung der Betreuungs- und Aufsichtspflicht muss zunächst darauf hingewiesen werden, dass der Begriff „Aufsichtspflicht" ein **unbestimmter Rechtsbegriff** ist. Dies bedeutet, es gibt keine bis ins Einzelne definierten Anforderungen. Vielmehr kommt es auf das konkrete Handeln in der jeweiligen pädagogischen Situation an. Der unbestimmte Rechtsbegriff wird auf diese Weise durch die sozialpädagogische Fachkompetenz der Heilerziehungspfleger/-innen ausgefüllt. Pädagogische, betreuerische und pflegerische Maßstäbe werden somit zur Grundlage für rechtliche Entscheidungen im Konfliktfall. Dadurch nimmt die heilerziehungspflegerische Praxis Einfluss auf die Rechtsprechung. Dieser Tatsache muss man sich bewusst sein, wenn es beispielsweise um die Ausgestaltung der Aufsichtspflicht im Rahmen von modernen heilerziehungspflegerischen Handlungsansätzen innerhalb der einzelnen Einrichtungsart geht. Betrachten wir deshalb zunächst Kriterien, die der konkreten Ausgestaltung der in § 832 Absatz 1 BGB gekennzeichneten „gehörigen Aufsichtsführung" dienen können.

Ein erstes Kriterium ist **die Person des zu Beaufsichtigenden** hinsichtlich des Alters, des körperlichen, geistigen und seelischen Zustandes, der charakterlichen Eigenarten und hinsichtlich möglicher Verhaltensauffälligkeiten. Für das Mädchen Anne in unserem ersten Beispiel kommt dabei u. a. folgende Fragestellung zum Tragen: Bedurfte es wegen der Art der Behinderung einer erhöhten Aufmerksamkeit?

Die Gruppe der zu Beaufsichtigenden ist ein weiteres wichtiges Kriterium. Sie muss von der Größe her eine ausreichende Übersicht gewährleisten können. Weiterhin spielt die richtige Einschätzung der sozialen Beziehungen innerhalb der Gruppe eine wichtige Rolle. Im zweiten Beispiel müsste u. a. geklärt werden, ob die Begleitung von nur einer verantwortlichen Person für den Besuch im Supermarkt ausreichend war.

Betreuungs- und Aufsichtspflicht

Weitere Kriterien sind **die Art der Tätigkeit** und **die pädagogischen Ziele bzw. Ansätze**. Aufsichtspflicht muss beim Spaziergang mit einer Kindergartengruppe entlang einer verkehrsreichen Straße anders wahrgenommen werden als beim Spielen auf dem zur Einrichtung gehörenden Spielplatz. Die Durchführung von Gruppenfahrten erfordert wiederum auch ein ganz konkret auf die Situation bezogenes Vorgehen. Für das erste Beispiel gilt es zu prüfen, in welcher Situation Anne ohne Aufsicht war. Was taten die beiden Betreuerinnen zum Zeitpunkt des Entfernens? Hätten sie dieses eventuell schon vorher bemerken können? Für den zweiten Fall geht es u. a. um die Frage, ob Marcel einen solchen Einkauf tätigen durfte und welche diesbezüglichen Erfahrungen es bisher mit Eric gab.

Das Kriterium der **örtlichen Umgebung** ist eng mit der Art der Tätigkeit verbunden. Eine Hauptverkehrsstraße in der Nähe der Einrichtung verlangt ein anderes Handeln als eine verkehrsberuhigte Umgebung. Bei Wanderfahrten kann ein zwangloser Spaziergang zur „Erkundung des Geländes" mögliche Gefährdungen durch die Umgebung (z. B. Gewässer, Tiere) erkennen lassen und damit sowohl im Interesse der Teilnehmer wie auch der Verantwortlichen liegen. Für Marcel aus unserem Beispiel ergibt sich diesbezüglich die Frage, ob er den zu betreuenden Personenkreis ausreichend auf den Besuch im Supermarkt beispielsweise durch das Geben von Hinweisen auf mögliche Gefahren oder eventuelle Belehrungen für ein erwartetes Verhalten usw. vorbereitet hatte. Auch für Anne gilt zu klären, wie sie über das erwartete Verhalten in der Einrichtung hinreichend informiert werden konnte und ob dies auch getan wurde.

Der Umgang mit Materialien und Geräten, wie z. B. Schere, Messer oder Säge beim Basteln bzw. in einer Arbeitstherapie, erfordert stets eine dem Alter und der Behinderung angemessene Information über Gefährdungen und notwendige Verhaltensweisen. Wippen, Schaukeln und Klettergerüste auf den Spielplätzen sollten überprüft und von den entsprechenden Stellen (Dekra, TÜV) abgenommen sein. Zudem sollte der Platz der Heilerziehungspfleger/-innen immer dort sein, wo die größte Gefahr einer Schädigung besteht.

Zumutbarkeit soll unser zuletzt genanntes Kriterium sein. Die Wahrnehmung der Aufsichtspflicht muss für die Verantwortlichen stets zumutbar sein. Zum Beispiel ist eine zu große Gruppe unzumutbar, auch wenn die Einrichtung nicht genügend Personal hat. Ökonomische Interessen dürfen nicht zulasten der Sicherheit von zu Beaufsichtigenden in den Mittelpunkt gerückt werden. Die Frage nach der Zumutbarkeit muss auch in unseren beiden Ausgangsbeispielen untersucht werden. Sind Praktikanten in die Wahrnehmung der Aufsichtspflicht einbezogen, wird die Hauptverantwortung des Praxisanleiters nicht aufgehoben. Er muss entscheiden, in welchem Umfang der ihm anvertraute Praktikant bereits Aufsicht ausführen kann. Genauso ist die Wahrnehmung der Aufsichtspflicht durch Eltern, die beispielsweise an einer Wanderfahrt teilnehmen, zu bewerten. Auch hier bleibt die Verantwortung bei den zuständigen Mitarbeitern des Trägers.

Mögliche Verletzungen von Aufsichtspflicht in der heilerziehungspflegerischen Praxis müssen auf der Grundlage der genannten Kriterien u. a. bewertet werden. Bei aller Bedeutung der Wahrnehmung dieser Verpflichtung sollte aber für alle Verantwortlichen folgender Grundsatz gelten:

> **Merke**
>
> *So viel Erziehung wie möglich, so wenig Aufsicht wie nötig.*

7.2.2 Haftungsfragen

Fragen der Haftung aufgrund von Verletzungen der Aufsichtspflicht führen im Berufsalltag von Heilerziehungspflegern und -pflegerinnen immer wieder zu Verunsicherungen. Dies hat zur Folge, dass ein Sicherheitsdenken gegenüber einem Denken, welches an den Bedürfnissen und damit am Prinzip der Normalisierung des Lebens der Betroffenen ansetzt, die Oberhand gewinnt. Wir wollen versuchen, durch einige grundsätzliche Ausführungen zur Haftung etwas mehr Sicherheit für eigenes Handeln zu geben. Sicherheitsdenken und Förderung von Selbstständigkeit müssen kein unüberbrückbarer Widerspruch in der Heilerziehungspflege sein.

Haftungsfragen im Zusammenhang mit der **Wahrnehmung von Aufsichtspflicht** sind oftmals recht kompliziert. Verletzungen der Pflichten in diesem Bereich können verschiedene Konsequenzen nach sich ziehen. Betrachten wir zunächst die **zivilrechtliche Haftung**.

> **Beispiel**
>
> **Fallsituation**
> *Zwei Mitarbeiter eines Familienentlastenden Dienstes (FED) befinden sich auf einer einwöchigen Ausflugsfahrt mit einer Gruppe von neun Kindern und Jugendlichen im Alter von 12 bis 16 Jahren. Eine Praktikantin im zweiten Ausbildungsjahr zum Beruf der Heilerziehungspflegerin gehört ebenfalls zum Betreuerteam. Ein Junge im Alter von 13 Jahren muss einen Rollstuhl benutzen und ist fast ständig auf Hilfe angewiesen. Die Gruppe wohnt in einer behindertengerecht ausgestatteten Jugendherberge. Als die Gruppe einen Ausflug in eine nahegelegene Stadt unternimmt, kommt es zu einem unangenehmen Zwischenfall. Der Rollstuhl des 13-jährigen wird von einem anderen Mitglied der Gruppe ins Rollen gebracht, sodass dieser auf die Fahrbahn gerät und dabei auch noch umstürzt. Ein herannahender Motorradfahrer muss scharf bremsen und kommt ebenfalls zu Fall. Der Fahrer wird verletzt, am Fahrzeug entsteht ein erheblicher Sachschaden. Er verlangt Ersatz der entstandenen Schäden vom Träger des FED. Der Junge im Rollstuhl erleidet ebenfalls nicht unerhebliche Verletzungen. Dafür verlangen die Eltern des Kindes Schadenersatz von der leitenden Mitarbeiterin des Betreuerteams.*

Im Falle der **Forderungen des Motorradfahrers** kommen als gesetzliche Anspruchsgrundlagen die §§ 823, 831 und 832 des BGB zur Anwendung. Zunächst kann festgestellt werden, dass der Träger des FED nach Absatz 2 des § 832 BGB die Führung der Aufsicht durch Vertrag übernommen hat. Zur Teilnahme an der Fahrt wurde mit allen Sorgeberechtigten ein entsprechender Betreuungsvertrag abgeschlossen. Weiterhin ist festzuhalten, ein Dritter (der Motorradfahrer) wurde von einem zu Betreuenden geschädigt. Es muss jetzt festgestellt werden, ob der Träger der Einrichtung eine „gehörige Aufsichtsführung" nachweisen kann. Die Beweislast für eine vermutete Aufsichtspflichtverletzung liegt immer beim Aufsichtsverpflichteten. Dazu muss jetzt der § 831 BGB herangezogen werden.

> § 831 BGB
> „(1) Wer einen anderen zu einer Verrichtung bestellt, ist zum Ersatze des Schadens verpflichtet, den der andere in Ausführung der Verrichtung einem Dritten widerrechtlich zufügt. Die Ersatzpflicht tritt nicht ein, wenn der Geschäftsherr bei der Auswahl der bestellten Person und, sofern er Vorrichtungen oder Gerätschaften zu beschaffen oder die Ausführung der Verrichtung zu leiten hat, bei der Beschaffung oder der Leitung die im Verkehr erforderliche Sorgfalt beobachtet oder wenn der Schaden auch bei der Anwendung dieser Sorgfalt entstanden sein würde.
> (2) Die gleich Verantwortlichkeit trifft denjenigen, welcher für den Geschäftsherrn die Besorgung eines der in Absatz 1 Satz 2 bezeichneten Geschäfte durch Vertrag übernimmt."

Die Betreuer, einschließlich der Praktikantin, sind im obigen Fall Verrichtungsgehilfen für den Träger des FED. Dieser hat per Dienstvertrag die Aufsichtsverpflichtung auf diese übertragen. Nach § 831 Absatz 1 Satz 2 BGB ist zu prüfen, ob die zuständigen Mitarbeiter entsprechend ihrer vorhandenen Qualifikationen in der Lage waren, die entsprechende Aufsichtsführung für die Fahrt zu gewährleisten. Ist dies nicht der Fall, dann muss der Träger allein haften. Hier spricht man dann von einem möglichen Organisationsverschulden. Dazu gehört auch die Frage, ob die Personalausstattung für die Fahrt ausreichend war. Genügte er seiner Sorgfaltspflicht und die Schädigungen des Motorradfahrers sind auf eine grob fahrlässige Handlungsweise der Betreuer gemäß § 823 Absatz 1 BGB zurückzuführen, dann kann der Träger die Betreuer in **Regress** nehmen und sie für den für ihn entstandenen Schaden haftbar machen. Träger von Einrichtungen der Behindertenhilfe haben eine entsprechende Haftpflichtversicherung, die in solchen Fällen zum Tragen kommt. Heilerziehungspfleger/-innen können sich durch eine Berufshaftpflichtversicherung vor Haftungsansprüchen auf zivilrechtlicher Grundlage wirksam

schützen. Beiträge zur Berufshaftpflichtversicherung können auch durch Mitgliedsbeiträge in Gewerkschaften und Berufsverbänden erfolgen. Die private Haftpflichtversicherung tritt in solchen Fällen nicht in Kraft.

Wie ist jetzt die Sachlage im Falle der **Schadenersatzforderungen durch die Eltern** des 13-jährigen Jungen? Rechtsgrundlage dafür ist der § 823 Absatz 1 BGB. Es müsste geprüft werden, ob die Leiterin eine unerlaubte Handlung beging, die die Ursache für die entstandenen Schäden sein muss. Dies wäre der Fall, wenn der Aufsichtspflicht in der Situation des Ausflugs in die Stadt nicht genügt wurde. Gefragt werden müsste u. a., welche genauen Absprachen es für die Betreuung des geschädigten Jungen gab und wie diesen nachgekommen wurde. Die Beweislast dafür liegt bei der zuständigen Mitarbeiterin, von welcher der Schadenersatz gefordert wird. Ist eine unerlaubte Handlung im beschriebenen Sinne nachweisbar, dann ist die leitende Betreuerin haftbar zu machen.

> **Aufgabe**
>
> *Welche Fragen müssen konkret geklärt werden, um die Haftungsansprüche gegenüber der leitenden Mitarbeiterin zu prüfen? Erstellen Sie dazu einen Fragenkatalog, der für die Lerngruppe eine Diskussionsgrundlage bilden soll.*

Wie wäre die Situation zu beurteilen, wenn die Eltern ihre **Forderungen an den Träger** richten würden? Hier müsste u. a. der § 278 BGB als Rechtsgrundlage herangezogen werden.

> § 278 BGB
> „Der Schuldner hat ein Verschulden seines gesetzlichen Vertreters und der Personen, deren er sich zur Erfüllung seiner Verbindlichkeiten bedient, in gleichem Umfang zu vertreten wie eigenes Verschulden. Die Vorschrift des § 276 Absatz 3 findet keine Anwendung."

Die Betreuer des FED sind die Personen des Trägers, die dieser zur Erfüllung seiner vertraglichen Pflichten für die Betreuung der Gruppenmitglieder angestellt hat. Somit kann er haftbar gemacht werden, wenn nachweislich auch in diesem Falle unerlaubte Handlungen der Betreuer als Ursachen für die Schädigungen vorliegen. Ein Entlastungsbeweis (Exkulpationsbeweis) wie im Falle des § 831 Absatz 1 BGB ist hier nicht möglich. Die Beweislast dafür, dass der notwendigen Aufsichtspflicht genügt wurde, liegt beim Träger. Auch in diesem Falle kann bei Vorliegen grober Fahrlässigkeit der Träger seine Mitarbeiter in den Regress nehmen. Dieser kann sich auf den Ersatz des gesamten Schadens beziehen.

Heilerziehungspfleger/-innen haben innerhalb der zivilrechtlichen Haftung grundsätzlich eine relativ **günstige Rechtsposition.** Ihr Beruf ist als gefahrgeneigt anerkannt. Daraus folgt, dass sie nur Vorsatz und grobe Fahrlässigkeit zu verantworten haben. In allen übrigen Fällen muss der Träger der Einrichtung berechtigt entstandene Schadenersatzansprüche erfüllen.

Die nachfolgende Übersicht verdeutlicht mögliche Anspruchsgrundlagen und Folgen der zivilrechtlichen Haftung bei einer Verletzung der Aufsichtspflicht:

Zivilrechtliche Haftung

Gesetzliche Anspruchsgrundlage (Haftung aus Delikt)	Vertragliche Anspruchsgrundlage (Haftung aus Vertrag)
§ 823 BGB: Unerlaubte Handlung § 831 BGB: Haftung für den Verrichtungsgehilfen § 832 BGB: Haftung des Aufsichtspflichtigen	§ 278 BGB: Haftung des Erfüllungsgehilfen
1. setzt keine vertragliche Beziehung zum Geschädigten voraus (Schädigung Dritter)	1. setzt vertragliche Beziehung zum Geschädigten (zu Beaufsichtigenden) voraus

Kapitel B | Die Rechtsstellung der Adressaten heilerziehungspflegerischen Handelns

Gesetzliche Anspruchsgrundlage (Haftung aus Delikt)	Vertragliche Anspruchsgrundlage (Haftung aus Vertrag)
2. Haftung erfolgt für eigenes Verschulden	2. Haftung auch für fremdes Verschulden (z. B. Heilerziehungspfleger/-in verletzt Aufsichtspflicht)
3. Entlastungsbeweis (Exkulpationsbeweis) ist möglich	3. kein Entlastungsbeweis möglich
4. Haftung durch Heilerziehungspfleger/-in möglich	4. Regressmöglichkeiten gegenüber Heilerziehungspfleger/-in

Im Rahmen der Aufsichtspflicht kann ein Fehlverhalten auch **strafrechtliche Konsequenzen** haben. Voraussetzung dafür ist das Begehen einer Straftat innerhalb der Durchführung der Betreuungs- und Aufsichtspflicht. Einen diesbezüglich möglichen Straftatbestand kennzeichnet der § 171 des Strafgesetzbuches (StGB):

> § 171 StGB
> „Wer seine Fürsorge- oder Erziehungspflicht gegenüber einer Person unter sechzehn Jahren gröblich verletzt und dadurch den Schutzbefohlenen in die Gefahr bringt, in seiner körperlichen oder psychischen Entwicklung erheblich geschädigt zu werden, einen kriminellen Lebenswandel zu führen oder der Prostitution nachzugehen, wird mit Freiheitsstrafe bis zu drei Jahren oder mit Geldstrafe bestraft."

Der gekennzeichnete Straftatbestand wäre beispielsweise u. a. dann erfüllt, wenn der zur Aufsichtsführung Verpflichtete den übermäßigen Genuss von Alkohol oder den Gebrauch anderer Drogen bei Minderjährigen dulden würde. Heilerziehungspfleger/-innen, die z. B. bei Unternehmungen mit den ihnen anvertrauten Menschen mit Behinderung deren Belastungsfähigkeit ungenügend berücksichtigen und dadurch körperliche bzw. andere Gefährdungen ermöglichen, wären auch strafrechtlich verfolgbar.

An dieser Stelle sei auch noch auf den Straftatbestand der Körperverletzung hingewiesen, der im Behindertenbereich in bestimmten Situationen aufgrund von Gefährdungen gegeben sein kann. Wir werden im Zusammenhang mit der beruflichen Tätigkeit in Wohneinrichtungen für Menschen mit Behinderung (siehe Abschnitt 15) auf solche konkreten Situationen noch näher Eingehen.

Abschließend bleibt noch festzustellen, dass Verletzungen der Aufsichtspflicht auch **arbeitsrechtliche Konsequenzen** nach sich ziehen können (siehe Abschnitt 20).

7.3 Anregungen und Materialien

Materialien
Empfehlenswerte Literatur zu den Fragen der Betreuungs- und Aufsichtspflicht:
- „Aufsichtspflicht und Haftung im Umgang mit Menschen mit geistiger Behinderung" – Reader der Bundesvereinigung Lebenshilfe; 4. aktualisierte Auflage, Marburg, Lebenshilfe Verlag, 2002.
- Sahliger, Udo: Aufsichtspflicht und Haftung in der Kinderarbeit und Jugendarbeit, 3. vollst. überarbeitete Auflage, Münster, Votum Verlag, 1999.
- Klie, Thomas: Rechtskunde – Das Recht der Pflege alter Menschen, 6. Auflage, Hannover, Vincentz Verlag, 1997.
- Prott, Roger: Rechtshandbuch für Erzieherinnen, 6. Auflage, Köln, Luchterhand Verlag, 1999.

Zur Diskussion
Die Wohngruppe einer heilpädagogischen Einrichtung für verhaltensauffällige Kinder und Jugendliche befindet sich auf einer Wanderfahrt. Während dieser sind sie in einer Jugendherberge untergebracht. Auf einer längeren Tageswanderung verletzt sich ein Gruppenmitglied. Der Gruppenleiter beauftragt einen Praktikanten, der als Betreuer an der Fahrt teilnimmt, das verletzte Gruppenmitglied zum Arzt zu begleiten und es dann in die Herberge zurückzubringen.

Stellen Sie sich vor, Sie sind der Praktikant. Diskutieren Sie in Ihrer Lerngruppe darüber, wann eine solche Aufgaben-delegierung und ein solches Vorgehen (der Rest der Gruppe setzt die Wanderung fort) möglich wären.

Aufgabe

Formulieren Sie eine schriftliche Beurteilung zur Wahrnehmung der Betreuungs- und Aufsichts-pflicht in den Fallbeispielen von Seite 70. Beziehen Sie zutreffende Rechtsgrundlagen in Ihre Argumentation ein.

8 Das Betreuungsrecht

8.1 Theoretische Grundlagen

Beispiel

Fallsituation
Jan besucht die Förderschule mit dem Förderschwerpunkt „geistige Entwicklung". Er feierte kürzlich seinen 18. Geburtstag. Sein Klassenlehrer wies die Eltern des jungen Mannes darauf hin, dass diese sich jetzt um die gesetzliche Betreuung für ihren Sohn bemühen sollten. Bei den Eltern stieß der Hinweis auf Unverständnis. „Wir sind doch seine Eltern und sowieso für unser Kind zuständig."

Welchen Hintergrund hat der fürsorgliche Hinweis des Klassenlehrers? Reicht es aus, dass sich Jans Eltern auch nach seinem 18. Geburtstag für ihn in jeder Weise verantwortlich fühlen?
Betrachten wir zunächst § 2 BGB. Er trifft eine weitreichende Festlegung:

> § 2 BGB
> „Die Volljährigkeit tritt mit der Vollendung des 18. Lebensjahres ein."

Somit steht fest, dass auch Jan aus unserem Beispiel volljährig ist und nicht mehr unter der elterlichen Sorge der Eltern steht. Sie können also tatsächlich nicht ohne Weiteres für ihren Sohn handeln. Die gesetzliche Vertretung obliegt ihnen jetzt nicht mehr.

An dieser Stelle ergibt sich überhaupt die Frage, wie durch das Grundgesetz festgelegte Grundrechte für Menschen gesichert werden können, die einige oder alle persönlichen Angelegenheiten aufgrund ihres körperlichen bzw. geistigen Zustands nicht selbst regeln können?
Bis zum Jahre 1991 gab es dafür die **Entmündigung** und den Einsatz eines Vormunds. Dieser vertrat den betroffenen Volljährigen in allen Angelegenheiten. Der Mensch mit Behinderung wurde kraft Gesetzes geschäftsunfähig. Der Umfang beispielsweise seiner geistigen Behinderung wurde völlig außer Acht gelassen. Durch eine solche Vormund-schaft waren weitere erhebliche Rechtsverluste verbunden: Verlust der Testierfähigkeit, Verlust des Wahlrechts, keine wirkliche Mitbestimmung bei vorgesehener Sterilisation u. a.
Die Folgen der früheren Regelung waren auch, dass ein Amtsvormund bis zu über 200 sogenannter Mündel betreuen musste. Eine im Wesentlichen „schreibtischmäßige" und unpersönliche Erledigung der Aufgaben war förmlich vor-programmiert.
Alle genannten Folgen wurden im Laufe der Zeit als unbefriedigend und mit dem Grundgesetz nicht mehr vereinbar empfunden.
Deshalb trat 1992 das **neue Betreuungsrecht** in Kraft. Dieses verfolgt vor allen Dingen folgende Ziele:
- Sicherung der Menschen- und Bürgerrechte für den betroffenen Personenkreis,
- weitgehende Aufrechterhaltung von Selbstbestimmung,
- Verbesserung von Pflege und Betreuung im Alltag.

8.2 Praktische Umsetzung

8.2.1 Voraussetzungen einer gesetzlichen Betreuung – Betreuungsverfahren

Das Betreuungsrecht ist hauptsächlich im BGB und im FamFG geregelt. Die Voraussetzungen für eine gesetzliche Betreuung sind in § 1896 BGB bestimmt:

---

§ 1896 BGB

„(1) Kann ein Volljähriger auf Grund einer psychischen Krankheit oder einer körperlichen, geistigen oder seelischen Behinderung seine Angelegenheiten ganz oder teilweise nicht besorgen, so bestellt das Betreuungsgericht auf seinen Antrag oder von Amts wegen für ihn einen Betreuer. Den Antrag kann auch ein Geschäftsunfähiger stellen. Soweit der Volljährige auf Grund einer körperlichen Behinderung seine Angelegenheiten nicht besorgen kann, darf der Betreuer nur auf Antrag des Volljährigen bestellt werden, es sei denn, dass dieser seinen Willen nicht kundtun kann.

(1a) Gegen den freien Willen des Volljährigen darf ein Betreuer nicht bestellt werden."

In dieser Bestimmung des BGB werden drei grundlegende **Voraussetzungen** für die Errichtung einer gesetzlichen Betreuung genannt. Zunächst muss die betroffene Person **volljährig** sein. Weiterhin muss zumindest eine der nachfolgenden Beeinträchtigungen gegeben sein: **psychische Krankheit** oder **geistige, körperliche bzw. seelische Behinderung**. Die zuvor genannten Einschränkungen müssen die Ursache dafür sein, **dass persönliche Angelegenheiten des Betroffenen von diesem ganz oder teilweise nicht mehr selbst besorgt werden können**. Eine wichtige Einschränkung für den Einsatz eines gesetzlichen Betreuers macht der Absatz 1a der obigen Bestimmung. Ist der Betroffene zu einer freien Willensbestimmung fähig und widerspricht einer Betreuung, dann darf ein Betreuer nicht eingesetzt werden.

Die beschriebenen Voraussetzungen sind in unserem obigen Beispielfall sicher gegeben. Wie kommt es jetzt zur Einsetzung eines gesetzlichen Betreuers? Das BGB regelt, dass dafür das Betreuungsgericht (beim zuständigen Amtsgericht) zuständig ist. Dazu bedarf es eines **Betreuungsverfahrens**. Die nachfolgende Übersicht zeigt zwei Möglichkeiten, wie ein solches Verfahren in Gang gesetzt werden kann.

Betreuungsverfahren

Auf Antrag	Von Amts wegen
▪ des Betroffenen ▪ bei körperlicher Behinderung ist ein Antrag des Betroffenen grundsätzlich notwendig (außer wenn eigener Wille nicht zum Ausdruck gebracht werden kann)	▪ auf Anregung von Angehörigen, Pflegekräften, Ärzten, Mitarbeitern des Gesundheitsamtes, Nachbarn u. a.

Für unseren Fall wäre die Anregung einer Betreuung durch die Eltern denkbar. Sie müssten beim Betreuungsgericht vorstellig werden und die entstandene Problemsituation darlegen. Wichtig ist dabei zu wissen, dass dies nicht den Charakter eines Antrags hat. Das Gericht muss jetzt vielmehr aufgrund der Hinweise von Amts wegen tätig werden.

Welche **Inhalte des Betreuungsverfahrens** gibt es?

Erstellung eines medizinischen Gutachtens

Dieses Gutachten wird in den meisten Fällen zu Beginn des Verfahrens durch das zuständige Gericht in Auftrag gegeben. Kommt der Sachverständige zu dem Schluss, dass ein Betreuungsbedürfnis vorliegt, dann folgt der nächste Schritt.

Anhörung des Betroffenen

Der zuständige Richter macht sich im Rahmen eines Hausbesuchs selbst ein Bild von der Situation des Betroffenen. Es geht dabei um den persönlichen Eindruck über den geistigen Zustand und die vorhandenen eigenen Fähigkeiten. Die Ermittlung der persönlichen und familiären Situation spielt dabei auch eine wichtige Rolle.

Bestellung einer Betreuungsperson und Festlegung des Aufgabenkreises

Die Betreuerbestellung und die Festlegungen darüber, für welche Aufgabenkreise der bestellte Betreuer zuständig ist, bilden den Abschluss des Verfahrens. Zur Person des Betreuers und dessen rechtlicher Stellung soll im nachfolgenden Abschnitt eingegangen werden. Wir wollen an dieser Stelle die möglichen Aufgabenkreise im Rahmen einer gesetzlichen Betreuung näher betrachten.

Das Gericht hat hierbei den Absatz 2 des § 1896 BGB zu beachten:

> § 1896 BGB
> „(2) Ein Betreuer darf nur für Aufgabenkreise bestellt werden, in denen die Betreuung erforderlich ist. Die Betreuung ist nicht erforderlich, soweit die Angelegenheiten des Volljährigen durch einen Bevollmächtigten, der nicht zu den in § 1897 Abs. 3 bezeichneten Personen gehört, oder durch andere Hilfen, bei denen kein gesetzlicher Vertreter bestellt wird, ebenso gut wie durch einen Betreuer besorgt werden können."

In dieser Bestimmung wird deutlich, dass das Betreuungsrecht die Selbstständigkeit der betroffenen Volljährigen soweit wie irgend möglich erhalten möchte. Die Ergebnisse des oben bezeichneten medizinischen Gutachtens und die gewonnenen persönlichen Eindrücke des zuständigen Richters führen zur Festlegung der Aufgabenkreise des Betreuers. Im Falle unseres 18-jährigen Jans muss also ganz genau analysiert werden, welche konkreten persönlichen Angelegenheiten er nicht selbst erledigen kann. Dazu wird sicher auch der notwendige Schriftverkehr in Verbindung mit einer Antragstellung beim zuständigen Rehabilitationsträger gehören. Zu den häufigsten **Aufgabenkreisen eines Betreuers** gehören:

- die Aufenthaltsbestimmung (z. B. Unterbringung in einer betreuten Wohneinrichtung, Heim usw.),
- Zustimmung zu medizinischen Heilbehandlungsmaßnahmen (hier ist bei besonders schwerwiegenden Eingriffen noch zusätzlich die Zustimmung des Betreuungsgerichts erforderlich),
- Unterstützung des Betreuten bei der alltäglichen Lebensgestaltung (z. B. Umgang mit Behörden und Ämtern, Pflege, Versorgung),
- Vermögenssorge.

Der genannte Katalog möglicher Aufgaben ist natürlich nicht abgeschlossen. Entscheidend ist in jedem Falle die konkrete persönliche Situation des Betreuten. Sie ist der alleinige Gradmesser für die Bestimmung der Aufgaben eines gesetzlichen Betreuers.

Die **Verfahrenskosten** trägt grundsätzlich der Betroffene. Ist dieser nicht in der Lage dafür aufzukommen, dann kann das Gericht die Kosten der Staatskasse auferlegen.

Eine Betreuung muss vom Betreuungsgericht **zeitlich befristet** werden. Die Höchstdauer der Befristung beträgt fünf Jahre. Ist die festgelegte Frist abgelaufen, dann muss stets ein neues Verfahren erfolgen, um die Notwendigkeit und den weiterhin erforderlichen Umfang einer Betreuung zu bestimmen.

In bestimmten Fällen kann das Betreuungsgericht für den Zeitraum des durchzuführenden Verfahrens für den Betroffenen einen **Verfahrenspfleger** bzw. eine Verfahrenspflegerin bestellen. Dies ist ein Rechtsbeistand, der während des Betreuungsverfahrens die Interessen des Betroffenen zu vertreten hat. Er ist immer dann notwendig, wenn sich die Betreuung auf die Besorgung aller Angelegenheiten des Betreuten erstrecken soll.

Aufgabe: Stellen Sie die Voraussetzungen einer gesetzlichen Betreuung und den Ablauf eines Betreuungsverfahrens unter Einbeziehung der Bestimmungen des BGB in einer Übersicht zusammen.

8.2.2 Mögliche Betreuungspersonen und ihre Rechtsstellung

Wer kann Betreuer sein? Welche rechtliche Stellung hat er gegenüber dem Betreuten?

§ 1897 Absatz 1 BGB sagt aus:

> § 1897 Abs. 1 BGB
> „(1) Zum Betreuer bestellt das Betreuungsgericht eine natürliche Person, die geeignet ist, in dem gerichtlich bestimmten Aufgabenkreis die Angelegenheiten des Betreuten rechtlich zu besorgen und ihn in dem hierfür erforderlichen Umfang persönlich zu betreuen."

Grundvoraussetzung ist nicht eine besondere Qualifikation, sondern lediglich die Fähigkeit, die notwendigen vom Gericht festgelegten Angelegenheiten wahrnehmen zu können.
Betroffene Personen haben die Möglichkeit, eine Person zu benennen, die zum Betreuer bestellt werden soll. Dazu regelt § 1897 Absatz 4 Näheres:

> § 1897 Abs. 4 BGB
> „(4) Schlägt der Volljährige eine Person vor, die zum Betreuer bestellt werden kann, so ist diesem Vorschlag zu entsprechen, wenn es dem Wohl des Betreuten nicht zuwiderläuft. Schlägt er vor, eine bestimmte Person nicht zu bestellen, so soll hierauf Rücksicht genommen werden. Die Sätze 1 und 2 gelten auch für Vorschläge, die der Volljährige vor dem Betreuungsverfahren gemacht hat, es sei denn, dass er an diesen Vorschlägen erkennbar nicht festhalten will."

Das Vorschlagsrecht des Betroffenen ist unabhängig von seiner tatsächlichen Geschäftsfähigkeit. Jeder diesbezüglich geäußerte Wunsch, der auch sinnvoll erscheint und nicht Gefahr läuft dem Volljährigen zu schaden, hat Gewicht. In unserem Ausgangsfall wäre es durchaus möglich, dass der 18-Jährige entsprechend seiner geistigen Leistungsfähigkeit einen Wunsch äußern könnte. Dieser müsste auch dann geprüft werden, wenn er beispielsweise die Mutter oder den Vater als Betreuungsperson ablehnen würde.

In diesem Zusammenhang sei auf die Möglichkeit einer **Betreuungsverfügung** hingewiesen. Volljährige können zu Zeiten ihrer noch vollen geistigen Leistungsfähigkeit eine solche Verfügung erstellen. Sie ist für viele ältere Menschen, die eine künftige Altersdemenz in jeglicher Form befürchten, eine sinnvolle Vorsorgemöglichkeit. Eine solche Verfügung muss keinen besonderen Formvorschriften genügen. Die bloße Hinterlegung mit Wissen der Angehörigen reicht aus. Nachfolgend ein Beispiel für eine solche Verfügung:

> **Beispiel einer Betreuungsverfügung**
>
> *Für den Fall, dass ich meine Angelegenheiten aufgrund einer schweren Behinderung nicht mehr allein besorgen kann, soll meine Tochter Beatrix zu meiner Betreuerin bestellt werden. Sie soll dafür sorgen, dass ich solange wie möglich in meinem eigenen Haushalt wohnen kann. Ich möchte auf keinen Fall, dass ich zu lebensverlängernden Maßnahmen in ein Krankenhaus verlegt werde.*
>
> *Kann ich nicht mehr in meinem Zuhause allein wohnen bleiben, dann möchte ich in ein Einzelzimmer der Pflegeabteilung des Altenheims aufgenommen werden, bei dem ich mich vorsorglich angemeldet habe.*
>
> *Ort*
> *Datum*
> *Unterschrift*
> *Geburtsdatum*
> *Anschrift*

§ 1901c BGB sichert die Wirksamkeit einer solchen Betreuungsverfügung ab:

> **§ 1901c BGB**
> „Wer ein Schriftstück besitzt, in dem jemand für den Fall seiner Betreuung Vorschläge zur Auswahl des Betreuers oder Wünsche zur Wahrnehmung der Betreuung geäußert hat, hat es unverzüglich an das Betreuungsgericht abzuliefern, nachdem er von der Einleitung eines Verfahrens über die Bestellung eines Betreuers Kenntnis erlangt hat. [...]"

Hat ein betroffener Volljähriger keine Bestimmungen bezüglich einer Betreuungsperson getroffen, dann muss das Betreuungsgericht zunächst nach den Regelungen des § 1897 Absatz 5 BGB vorgehen.

> **§ 1897 Abs. 5 BGB**
> „(5) Schlägt der Volljährige niemanden vor, der zum Betreuer bestellt werden kann, so ist bei der Auswahl des Betreuers auf die verwandtschaftlichen und sonstigen persönlichen Bindungen des Volljährigen, insbesondere auf die Bindungen zu Eltern, zu Kindern, zum Ehegatten und zum Lebenspartner, sowie auf die Gefahr von Interessenkonflikten Rücksicht zu nehmen."

Für den Betroffenen in unserem Fallbeispiel käme in dieser Situation sicher die Eltern in erster Linie als Betreuer in Betracht.

Es gibt aber auch Fälle, in denen keine Person aus dem persönlichen Umfeld gefunden wird. Hier gibt es auf der Grundlage der Bestimmungen des BGB weitere Möglichkeiten für eine gesetzliche Betreuung. Da wäre zunächst die Möglichkeit eines **Vereinsbetreuers** nach § 1897 Absatz 2 Satz 1 BGB zu nennen:

> **§ 1897 Abs. 2 S. 1 BGB**
> „(2) Der Mitarbeiter eines nach § 1908 f anerkannten Betreuungsvereins, der dort ausschließlich oder teilweise als Betreuer tätig ist (Vereinsbetreuer), darf nur mit Einwilligung des Vereins bestellt werden. [...]"

Betreuungsvereine können sich als rechtsfähige Vereine nach § 1908 BGB bilden und anerkennen lassen. Wird ein solcher Verein zur Betreuung berufen, dann überträgt dieser die konkrete Wahrnehmung der Aufgaben einem einzelnen Mitglied des Vereins. Darüber muss der Verein dem Betreuungsgericht unmittelbar nach der Betreuungsfestlegung Mitteilung machen.

§ 1897 Absatz 2 Satz 2 BGB bestimmt die Möglichkeit der Betreuung durch eine **Betreuungsbehörde**:

---

§ 1897 Abs. 2 S. 2 BGB

„(2) […] Entsprechendes gilt für Mitarbeiter einer in Betreuungsangelegenheiten zuständigen Behörde, der dort ausschließlich oder teilweise als Betreuer tätig ist (Behördenbetreuer)."

In vielen Landkreisen ist die Zuständigkeit für Betreuungsangelegenheiten dem zuständigen Sozialamt zugeordnet. Eine weitere Betreuungsmöglichkeit bietet ein **Berufsbetreuer**. Er kann unter den Voraussetzungen des § 1897 Absatz 6 bestellt werden:

---

§ 1897 Abs. 6 BGB

„(6) Wer Betreuungen im Rahmen seiner Berufsausübung führt, soll nur dann zum Betreuer bestellt werden, wenn keine andere geeignete Person zur Verfügung steht, die zur ehrenamtlichen Führung der Betreuung bereit ist. Werden dem Betreuer Umstände bekannt, aus denen sich ergibt, dass der Volljährige durch eine oder mehrere andere geeignete Personen außerhalb einer Berufsausübung betreut werden kann, so hat er dies dem Gericht mitzuteilen."

In der Praxis kommen Berufsbetreuer aus nahezu allen Berufen. Dabei überwiegen jedoch die sozialen und juristischen Berufsgruppen. Sozialpädagogische Fachkräfte können durchaus in der Lage sein, als Berufsbetreuer zu arbeiten. Grundvoraussetzung für die Anerkennung als Berufsbetreuer ist, dass wenigstens 10 Betreuungen geführt werden. Einem Berufsbetreuer stehen der Ersatz seiner Auslagen und eine Vergütung zu. Geregelt ist dies im „Gesetz über die Vergütung von Vormündern und Betreuern" (VBVG). Der Betreuer erhält nach dieser Regelung pauschalierte Stundensätze in drei Stufen: 27,00 EUR, 33,50 EUR, 44,00 EUR. Die Einstufung richtet sich nach der beruflichen Qualifizierung des Betreuers. Vermögende Betreute müssen diese Kosten selbst tragen.
Eine eigenständige bundesweit anerkannte Ausbildung zum Berufsbetreuer gibt es nicht. Einzelheiten dazu sind landesrechtlich geregelt. Interessenten für eine solche berufliche Tätigkeit wenden sich am besten an die Betreuungsbehörde der Kreis- oder Stadtverwaltung.

Der gesetzliche Betreuer nimmt gegenüber dem Betreuten die **Rechtsstellung eines gesetzlichen Vertreters** ein. Dazu heißt es in § 1901 BGB:

---

§ 1901 Abs. 1 BGB

„(1) Die Betreuung umfasst alle Tätigkeiten, die erforderlich sind, um die Angelegenheiten des Betreuten nach Maßgabe der folgenden Vorschriften rechtlich zu besorgen."

Die gesetzliche Vertretung bezieht sich dabei nur auf jene Aufgabenkreise, die durch das Gericht festgeschrieben wurden. In allen anderen persönlichen Angelegenheiten kann der Betreute auch weiterhin völlig eigenständig handeln. Auch innerhalb der Aufgabenkreise muss der Betreuer sein Handeln bestimmten **Prinzipien** unterwerfen. Dazu sagt § 1901 BGB weiter aus:

---

§ 1901 Abs. 2, 3 BGB

„(2) Der Betreuer hat die Angelegenheiten des Betreuten so zu besorgen, wie es dessen Wohl entspricht. Zum Wohl des Betreuten gehört auch die Möglichkeit, im Rahmen seiner Fähigkeiten sein Leben nach seinen eigenen Wünschen und Vorstellungen zu gestalten.
(3) Der Betreuer hat Wünschen des Betreuten zu entsprechen, soweit dies dessen Wohl nicht zuwiderläuft und dem Betreuer zuzumuten ist. Dies gilt auch für Wünsche, die der Betreute vor der Bestellung des Betreuers geäußert hat, es sei denn, dass er an diesen Wünschen erkennbar nicht festhalten will. Ehe der Betreuer wichtige Angelegenheiten erledigt, bespricht er sie mit dem Betreuten, sofern dies dessen Wohl nicht zuwiderläuft."

Zu den allgemeinen Aufgaben des Betreuers gehört es auch, dass er innerhalb seines Aufgabenkreises Möglichkeiten nutzt, die Krankheit bzw. Behinderung mit ihren Auswirkungen zu mindern und eine Verschlimmerung möglichst zu vermeiden.

Erkennt der Betreuer, dass die Betreuung nicht mehr erforderlich ist bzw. der **Aufgabenkreis eingeschränkt** werden kann, dann muss er darüber dem Gericht Mitteilung machen. Das Gleiche gilt für die Feststellung, dass der **Aufgabenkreis erweitert** werden muss und dadurch vielleicht auch die Bestellung eines weiteren Betreuers erforderlich wird.

Der Betreuer ist gegenüber dem Gericht über seine Arbeit **rechenschaftspflichtig**.

8.2.3 Betreuungsrecht und medizinische Maßnahmen

Beispiel

Fallsituation
Die volljährige Heimbewohnerin Uta hat eine geistige Behinderung. Zum Aufgabenkreis ihres gesetzlichen Betreuers gehört auch die ärztliche Heilbehandlung. Uta bekam ein blutdrucksenkendes Medikament verschrieben. Sie verweigert gegenüber der sie betreuenden Heilerziehungspflegerin jedoch die Einnahme. Der Betreuer hat der Medikamentengabe zugestimmt.

Grundsätzlich hat der Betreuer auch bei medizinischen Maßnahmen die Wünsche des Betreuten zu berücksichtigen. Ist der Betroffene trotz geistiger Behinderung einwilligungsfähig, dann dürfen Untersuchungen, Behandlungen und Eingriffe nur mit der Einwilligung des Betreuten erfolgen.

Definition

Die Einwilligungsfähigkeit liegt vor, wenn er die betreffenden Maßnahmen in groben Zügen bezüglich ihrer Bedeutung und Tragweite erfassen kann.

Die Geschäftsfähigkeit ist dazu nicht erforderlich. Eine diesbezügliche Entscheidung hat der Bundesgerichtshof getroffen (siehe Entscheidungssammlung des Bundesgerichtshofs in Zivilsachen, BGHZ 29, S. 33).

Wie bei einem Menschen ohne geistige Behinderung ist bei allen medizinischen Maßnahmen eine **vorherige Aufklärung** und eine Information über eventuelle Risiken notwendig. Eine Einwilligung durch den gesetzlichen Betreuer anstelle des zu Betreuenden ist bei einwilligungsfähigen Personen nicht möglich. Dies ergibt sich aus Artikel 2 des GG, in welchem die körperliche Unversehrtheit und das Selbstbestimmungsrecht als höchstpersönliche Rechtsgüter festgeschrieben sind. Für unsere Heimbewohnerin Uta ergibt sich daraus, dass das Medikament nicht mit Zwang oder etwa heimlich verabreicht werden darf. Sollte jedoch eine akute Gefahr für die Gesundheit oder das Leben in einem solchen Fall vorliegen, dann muss der Arzt gerufen werden.

Wie verhält es sich nun bei **einwilligungsunfähigen Menschen**? Für solche Fälle wurden die Befugnisse des Betreuers in § 1904 BGB geregelt:

§ 1904 Abs. 1 BGB
„(1) Die Einwilligung des Betreuers in eine Untersuchung des Gesundheitszustands, eine Heilbehandlung oder einen ärztlichen Eingriff bedarf der Genehmigung des Betreuungsgerichts, wenn die begründete Gefahr besteht, dass der Betreute aufgrund der Maßnahme stirbt oder einen schweren und länger dauernden gesundheitlichen Schaden erleidet. Ohne die Genehmigung darf die Maßnahme nur durchgeführt werden, wenn mit dem Aufschub Gefahr verbunden ist."

Kapitel B | Die Rechtsstellung der Adressaten heilerziehungspflegerischen Handelns

Bei der oben benannten Personengruppe kann der Betreuer in medizinische Maßnahmen einwilligen. Eine Ausnahme stellen die in der Bestimmung des BGB gekennzeichneten genehmigungspflichtigen Sonderfälle dar. Dazu gehören u.a.:

- Herzkatheterisierung
- Entnahme von Gehirn- oder Rückenmarksflüssigkeit
- Herzoperationen
- Transplantationen
- Operationen an Gehirn oder Rückenmark
- Vollnarkose dann, wenn besondere Risikofaktoren vorliegen
- Chemotherapie
- Strahlentherapie
- Dauerkatheder an der Harnblase
- PEG – Magensonde
- Elektroschockbehandlung
- Die Langzeitbehandlung mit Psychopharmaka und Neuroleptika ist wegen der möglichen Spätfolgen, wie z.B. Bewegungsstörungen und Blutbildveränderungen, schwierig zu beurteilen. In der juristischen Literatur und von den Obergerichten wird weitgehend generell von Genehmigungspflicht ausgegangen; in der Praxis herrscht hier eine Grauzone.
- Gefahr von schwerwiegenden Persönlichkeitsveränderungen

Die Genehmigung wird versagt, wenn die Behandlung von vornherein keine Heilung oder Besserung des Gesundheitszustandes verspricht oder der mögliche Erfolg in keinem vertretbaren Verhältnis zu den Risiken der Behandlung steht.

Eine weitreichende medizinische Maßnahme stellt die **Sterilisation** dar.

Beispiel

Fallsituation

Die volljährige Pamela lebt in einer betreuten Wohngemeinschaft. Sie hat dort mit einem Mitbewohner regelmäßige sexuelle Kontakte. Ihre Mutter, die als Betreuerin auch für medizinische Maßnahmen zuständig ist, beantragt beim Betreuungsgericht die Sterilisation.

Der § 1905 BGB legt dazu das Folgende fest:

---

§ 1905 BGB

„(1) Besteht der ärztliche Eingriff in einer Sterilisation des Betreuten, in die dieser nicht einwilligen kann, so kann der Betreuer nur einwilligen, wenn
1. die Sterilisation dem Willen des Betreuten nicht widerspricht,
2. der Betreute auf Dauer einwilligungsunfähig bleiben wird,
3. anzunehmen ist, dass es ohne die Sterilisation zu einer Schwangerschaft kommen würde,
4. infolge dieser Schwangerschaft eine Gefahr für das Leben oder die Gefahr einer schwerwiegenden Beeinträchtigung des körperlichen oder seelischen Gesundheitszustands der Schwangeren zu erwarten wäre, die nicht auf zumutbare Weise abgewendet werden könnte, und
5. die Schwangerschaft nicht durch andere zumutbare Mittel verhindert werden kann.
Als schwerwiegende Gefahr für den seelischen Gesundheitszustand der Schwangeren gilt auch die Gefahr eines schweren und nachhaltigen Leides, das ihr drohen würde, weil betreuungsgerichtliche Maßnahmen, die mit ihrer Trennung vom Kind verbunden wären (§§ 1666, 1666 a), gegen sie ergriffen werden müssten.
(2) Die Einwilligung bedarf der Genehmigung des Betreuungsgerichts. Die Sterilisation darf erst zwei Wochen nach Wirksamkeit der Genehmigung durchgeführt werden. Bei der Sterilisation ist stets der Methode der Vorzug zu geben, die eine Refertilisierung zulässt."

In unserem obigen Fall wird der Antrag auf die Genehmigung einer Sterilisation durch das Betreuungsgericht zunächst sehr gründlich geprüft werden. Pamela wird aufgrund der dargestellten persönlichen und wohnlichen Situation

Das Betreuungsrecht

sicher in der Lage sein, die Tragweite eines solchen Eingriffs zu erfassen. Damit wird wohl kaum von einer Einwilligungsunfähigkeit ausgegangen werden. Es wird zu prüfen sein, ob nicht andere Mittel zur Verhütung einer Schwangerschaft einsetzbar sind. Weiterhin muss für ein solches Genehmigungsverfahren ein spezieller Verfahrensbetreuer bestellt werden (§ 276 FamFG). Sollte sich im Verfahren herausstellen, dass die junge Frau mit einem solchen Eingriff einverstanden ist, dann könnte er erfolgen. Dazu hat natürlich eine gründliche Information und Aufklärung gegenüber Pamela zu erfolgen.

Grundsätzlich muss festgestellt werden, dass Zwangssterilisationen prinzipiell unzulässig sind. Jede Art von Abwehr durch die betroffene Person schließt eine Sterilisation aus.

8.2.4 Das Verhältnis von Betreuungsperson und Heilerziehungspfleger/-in

Beispiel

Fallsituation

Ihre Wohngruppe für Erwachsene mit geistiger Behinderung beabsichtigt eine Urlaubsfahrt durchzuführen. Alle Bewohner der Gruppe sind in der Werkstatt für Menschen mit Behinderung tätig. Die Reise soll u. a. auch die Weiterentwicklung der Gruppendynamik unterstützen. Außerdem haben Sie sich mit dem Mitarbeiterteam das Ziel gesetzt, Prozesse des normalen Jahresrhythmus innerhalb der Normalisierung zu unterstützen. Der Betreuer eines Ihrer Bewohner (Vater des Betroffenen) lehnt dies ab und verweigert die Zahlung des erforderlichen Kostenbeitrags, obwohl der zu Betreuende über ausreichend Barvermögen verfügt. Er begründet sein Verhalten damit, dass sein Sohn durch den Ortswechsel und die Fahrt an sich überfordert sei.

In § 1901 Absatz 2 des BGB (vgl. S. 82) ist festgelegt, dass der Betreuer die Angelegenheiten des zu Betreuenden zu dessen Wohl zu besorgen hat. Dazu gehört auch die Möglichkeit, im Rahmen seiner Fähigkeiten und Wünsche den Lebensalltag zu gestalten. Aus rein rechtlicher Sicht betrachtet müsste der vom Betreuungsgericht vorgegebene Aufgabenkreis für die Betreuung durch den Vater betrachtet werden. Augenscheinlich obliegt ihm die Verwaltung der finanziellen Belange seines Sohnes. Sollte zum Aufgabenkreis auch die Aufenthaltsbestimmung gehören, dann ist das Einverständnis zur Teilnahme an der Ferienfahrt des Betreuers auch erforderlich. Egal wie der Aufgabenkreis ausgestaltet wurde, die Verweigerungshaltung des Vaters berücksichtigt sicher nicht ausreichend die Bedürfnisse des Bewohners.

An dieser Stelle merken wir, dass allein die juristischen Aspekte nicht weiter helfen. Die Heilerziehungspfleger der Wohngruppe sind sicher gut beraten, das Gespräch mit dem Vater zu suchen. Vielleicht rührt die Befürchtung einer Überforderung seines Sohnes daher, weil er noch nie oder selten bisher ohne die Familie gereist ist. In diesem Gespräch kommt es darauf an, zunächst die Argumente des Vaters zu verstehen und ernst zu nehmen. Danach sollte gut überlegt und über die Ziele der Reise sowie die damit verbundenen Entwicklungsmöglichkeiten des Bewohners gesprochen werden. Außerdem darf der Wille des Betroffenen unter keinen Umständen außer Acht gelassen werden. Dies wäre nicht im Sinne des Betreuungsrechts.

Sollte keine Möglichkeit einer Einigung gefunden werden, dann könnte im extremsten Fall der Sohn beim Betreuungsgericht Beschwerde einlegen. Dies hat dann die Rechtmäßigkeit der Vorgehensweise des Betreuers zu prüfen. Auch die Wohneinrichtung hätte dieses Recht.

Für die Zusammenarbeit von Heilerziehungspfleger/-in und gesetzlichem Betreuer ist der **vom Betreuungsgericht festgelegte Aufgabenkreis** die entscheidende Grundlage. Auf dieser agiert der Betreuer als gesetzlicher Vertreter und ist als solcher auch vom Heilerziehungspfleger zu beachten. In diesem Rahmen besteht auch ein Weisungsrecht. Über alle anderen Dinge, die nicht vom Aufgabenkreis erfasst sind, besteht weiterhin das Recht des eigenständigen Handelns des Betroffenen.

Ähnlich wie im Falle von Sorgeberechtigten, sollte zwischen Betreuer und Heilerziehungspfleger ein partnerschaftliches Verhältnis angestrebt werden, welches sich am Wohl und den Entwicklungsressourcen des betroffenen Volljährigen orientiert.

Kapitel B | Die Rechtsstellung der Adressaten heilerziehungspflegerischen Handelns

8.2.5 Unterbringung durch die Betreuungsperson

Definition

Eine Unterbringung ist die zwangsweise, dauerhafte Beschränkung oder Entziehung der persönlichen Freiheit eines Menschen.

Beispiel

Beispiele für die Unterbringung wären u. a.:
- *Einweisung in eine geschlossene Einrichtung*
- *Verhinderung des Verlassens des Hauses*
- *Einschließen im Zimmer*

Für eine solche Maßnahme ist prinzipiell eine **richterliche Anordnung** notwendig. Dieser Fakt muss in Zusammenhang mit Artikel 2 GG gesehen werden, welcher die persönliche Freiheit jedes Menschen garantiert. Im Grundgesetz wird dieses Recht in Artikel 104 weiter präzisiert:

Art. 104 GG

„(1) Die Freiheit der Person kann nur aufgrund eines förmlichen Gesetzes und nur unter Beachtung der darin vorgeschriebenen Formen beschränkt werden. Festgehaltene Personen dürfen weder seelisch noch körperlich misshandelt werden.
(2) Über die Zulässigkeit und Fortdauer einer Freiheitsentziehung hat nur der Richter zu entscheiden. Bei jeder nicht auf richterlicher Anordnung beruhenden Freiheitsentziehung ist unverzüglich eine richterliche Entscheidung herbeizuführen. Die Polizei darf aus eigener Machtvollkommenheit niemanden länger als bis zum Endes des Tages nach dem Ergreifen in eigenem Gewahrsam halten. Das Nähere ist gesetzlich zu regeln."

Beispiel

Fallsituation
Herr W. ist 74 Jahre alt und leidet an starker Altersdemenz. Er bewohnt eine Seniorenwohneinrichtung. Zur Betreuung altersdementer Bewohner hat der Träger der Wohnstätte auch Heilerziehungspfleger eingestellt. Diesen bereitet Herr W. immer größere Schwierigkeiten. Fast täglich verlässt er allein das Haus. Bisher konnte Herr W. immer mithilfe der in der Nähe befindlichen Polizeiwache zurückgebracht werden. Am heutigen Morgen verließ er in einem unbeobachteten Augenblick nur mit dem Schlafanzug bekleidet die Wohnstätte. Erst am Abend wurde er durch die Polizei völlig durchfroren und vom Regen durchnässt in der Stadt aufgefunden. Herr W. zog sich eine schwere Lungenentzündung zu. Die betreuenden Heilerziehungspfleger fühlen sich mit der Situation überfordert. Nach Rücksprache mit dem Betreuer von Herrn W. beantragt dieser eine Unterbringung in dem in der Wohnstätte vorhandenen geschlossenen Bereich.

Wie ist für diesen Fall die gesetzliche Situation? Rechtsgrundlage für den Antrag durch den Betreuer ist der § 1906 BGB. Er legt die grundsätzlichen Bedingungen fest, unter denen eine Unterbringung durch den Betreuer möglich ist. Im Einzelnen heißt es dort:

> **§ 1906 BGB**
>
> „(1) Eine Unterbringung des Betreuten durch den Betreuer, die mit Freiheitsentziehung verbunden ist, ist nur zulässig, solange sie zum Wohl des Betreuten erforderlich ist, weil
> 1. auf Grund einer psychischen Krankheit oder geistigen oder seelischen Behinderung des Betreuten die Gefahr besteht, dass er sich selbst tötet oder erheblichen gesundheitlichen Schaden zufügt, oder
> 2. zur Abwendung eines drohenden erheblichen gesundheitlichen Schadens eine Untersuchung des Gesundheitszustands, eine Heilbehandlung oder ein ärztlicher Eingriff notwendig ist, ohne die Unterbringung des Betreuten nicht durchgeführt werden kann und der Betreute auf Grund einer psychischen Krankheit oder geistigen oder seelischen Behinderung die Notwendigkeit der Unterbringung nicht erkennen oder nicht nach dieser Einsicht handeln kann.
> (2) Die Unterbringung ist nur mit Genehmigung des Betreuungsgerichts zulässig. Ohne die Genehmigung ist die Unterbringung nur zulässig, wenn mit dem Aufschub Gefahr verbunden ist; die Genehmigung ist unverzüglich nachzuholen."

Aus dieser Bestimmung geht deutlich hervor, dass die Unterbringung in einem geschlossenen Wohnbereich prinzipiell mithilfe eines richterlichen Beschlusses möglich ist. Im Falle von Herrn W. muss geprüft werden, ob den Weglauftendenzen bei diesem Bewohner nicht mit anderen Mitteln begegnet werden kann. Hier sind auch die Heilerziehungspfleger gefragt. Vielleicht könnte durch häufigere begleitete Ausgänge einige Abhilfe geschaffen werden. In diesem Zusammenhang wäre auch zu klären, ob es bestimmte Situationen gibt, in denen Herr W. zum Weglaufen tendiert. Auch die qualitative Ausprägung der diagnostizierten Altersdemenz bedarf einer gründlichen Betrachtung. Die geschlossene Unterbringung ist in einem solchen Fall immer die allerletzte Maßnahme.

Wichtig für die Arbeit der Heilerziehungspfleger/-innen erscheint in diesem Zusammenhang die Bestimmung des § 1906 Absatz 4:

> **§ 1906 Abs. 4 BGB**
>
> „(4) Die Absätze 1 und 2 gelten entsprechend, wenn dem Betreuten, der sich in einer Anstalt, einem Heim oder einer sonstigen Einrichtung aufhält, ohne untergebracht zu sein, durch mechanische Vorrichtungen, Medikamente oder auf andere Weise über einen längeren Zeitraum oder regelmäßig die Freiheit entzogen werden soll."

Das BGB meint hier u.a. folgende Freiheitsbeschränkungen:
- Bettgitter
- Verschließen von Zimmer oder Station bzw. Gruppe
- Verwendung von Trickschlössern
- Verhinderung des Ausgangs durch körperliche Gewalt oder psychischen Druck
- Wegnahme von Kleidung oder Hilfsmitteln

Erscheinen solche Freiheitsbeschränkungen für einen längeren Zeitraum oder regelmäßig wiederkehrend notwendig, um die Eigengefährdung des Bewohners zu vermeiden, dann ist dafür immer ein Beschluss durch das zuständige Betreuungsgericht notwendig.

Definition

Ein längerer Zeitraum ist immer dann gegeben, wenn die Freiheitsentziehung länger als einen Tag andauern soll.

Kapitel B | Die Rechtsstellung der Adressaten heilerziehungspflegerischen Handelns

Eine besondere Spezifik weist hier das **Bettgitter** auf. Soll dies nur verhindern, dass der Betroffene aus dem Bett fällt und sich dadurch gefährdet, gilt dies nicht als freiheitsbeschränkende Maßnahme. Soll das prinzipielle Verlassen des Bettes verhindert werden, dann muss von Freiheitsbeschränkung ausgegangen werden.

Im heilerziehungspflegerischen Alltag kann es aber auch Situationen geben, in denen die Freiheitsentziehung auch **ohne Genehmigung** erfolgen darf.

> *Fallsituation*
>
> *In einer Wohneinrichtung für geistig behinderte Erwachsene wird ein Bewohner aufgrund einer verbalen Auseinandersetzung sich selbst gegenüber physisch aggressiv. Er stößt mit dem Kopf gegen die Wände in seinem Zimmer. Dies führte bereits zu einer klaffenden Wunde auf der Stirn. Sein aggressives Verhalten kann weder mit Mitteln der Kommunikation noch mit physischer Einwirkung unterbunden werden. Er wird auf dem Bett mit Gurten fixiert. Für dieses Handeln liegt bisher kein richterlicher Beschluss vor.*

Ein solches Vorgehen ist durch § 34 Strafgesetzbuches (StGB) gedeckt. Nach diesem sind Freiheitsbeschränkungen im Falle eines **rechtfertigenden Notstandes** zulässig:

---

§ 34 StGB

„Wer in einer gegenwärtigen, nicht anders abwendbaren Gefahr für Leben, Leib, Freiheit, Ehre, Eigentum oder ein anderes Rechtsgut eine Tat begeht, um die Gefahr von sich oder einem anderen abzuwenden, handelt nicht rechtswidrig, wenn bei Abwägung der widerstreitenden Interessen, namentlich der betroffenen Rechtsgüter und des Grades der ihnen drohenden Gefahren, das geschützte Interesse das beeinträchtigte wesentlich überwiegt. Dies gilt nur, soweit die Tat ein angemessenes Mittel ist, die Gefahr abzuwenden."

Für die obige Situation muss zwischen folgenden Rechtsgütern abgewogen werden: das Recht auf körperliche Unversehrtheit auf der einen Seite und das Freiheitsrecht auf der anderen Seite. Ist die Verletzung des Freiheitsrechts eher in Kauf zu nehmen als die weitere Körperverletzung durch den Bewohner? Ist die Tat der Freiheitsentziehung ein angemessenes Mittel zur Gefahrenabwehr? Diese Fragen stehen nach dem § 34 StGB im Raum. So wie der Fall dargestellt ist, scheint die Freiheitsentziehung gerechtfertigt. Das Interesse, die körperliche Unversehrtheit zu sichern, überwiegt sicherlich gegenüber dem Interesse, die Freiheit der Person in dieser Situation zu sichern.

Zusammenfassend kann festgestellt werden, dass **kurzfristige Maßnahmen** der Freiheitsentziehung im Sinne des § 34 StGB allgemein immer auf folgende Sachverhalte zutreffen:

- plötzliche Aggressionen des Betroffenen gegenüber anderen Personen (auch Betreuungs- bzw. Pflegekräfte),
- Suizidversuch,
- autoaggressives Handeln,
- Gefahr des Weglaufens mit Gefährdungspotenzial.

Im Rahmen der Zuständigkeit eines gesetzlichen Betreuers ist in Fällen wie dem obigen stets Kontakt zu halten. Er sollte über solche Maßnahmen unbedingt informiert werden. Bei Häufung eines solchen Verhaltens können dann eventuell notwendige gerichtliche Entscheidungen zielgerichteter und schneller herbeigeführt werden. Wichtig ist hierbei aber stets der Gesichtspunkt der Verhältnismäßigkeit. Da, wo es noch Chancen und Möglichkeiten heilerzieherischen Einwirkens gibt, müssen sie im Interesse der zu betreuenden Menschen genutzt werden. Freiheitsentziehung mit dem alleinigen Ziel „mehr Ruhe" im Berufsalltag zu haben, ist nicht im Sinne des Grundgesetzes.

Das Betreuungsrecht

8.3 Anregungen und Materialien

Aufgabe

1. *Beschreiben Sie, welche allgemeinen Funktionen des Rechts für Sie in den Bestimmungen zum Betreuungsrecht erkennbar sind.*

2. *Erklären Sie die verschiedenen Arten einer gesetzlichen Betreuung.*

3. *Artikel 2 Absatz 1 des Grundgesetzes lautet: „Jeder hat das Recht auf die freie Entfaltung seiner Persönlichkeit, soweit er nicht die Rechte anderer verletzt und nicht gegen die verfassungsmäßige Ordnung oder das Sittengesetz verstößt."*
   Erörtern Sie den Beitrag der Bestimmungen des Betreuungsrechts zur Verwirklichung dieses Grundrechts.

Anregung zur vertiefenden Weiterarbeit zum Thema Unterbringung
Eine weitere gesetzliche Möglichkeit zur Unterbringung stellen die Unterbringungsgesetze der Bundesländer dar.
1. Verschaffen Sie sich einen Überblick zum entsprechenden Gesetz Ihres Bundeslandes.
2. Stellen Sie die nach Ihrer Meinung wichtigsten Bestimmungen in einer Übersicht (z. B. Tabelle) zusammen.

C Bildungs- und Förderungseinrichtungen im Vorschulbereich

- *Was verstehen wir unter Frühförderung?*
- *Wie ist die integrative Kindertagesbetreuung in unserer Gesellschaft aus rechtlicher Sicht strukturiert?*
- *Welche Stellung hat das SGB VIII innerhalb des Sozialrechts*

9 Früherkennung, Frühbehandlung, Frühförderung

9.1 Theoretische Zusammenhänge

Das frühe Erkennen von möglichen Entwicklungsrisiken bzw. Entwicklungsstörungen ist für die gute Entwicklung von Kindern besonders bedeutungsvoll. Die entwicklungspsychologische Situation von Kleinkindern bietet gute Möglichkeiten, durch eine möglichst rechtzeitige Intervention bestehende Defizite zu beseitigen oder zumindest zu mindern. In den ersten drei Lebensjahren durchläuft das zentrale Nervensystem einen rapiden Entwicklungsprozess. Während dieser Zeit erfolgt eine postnatale Zunahme der Hirnsubstanz von 80 %. Bis zum sechsten Lebensjahr etwa ist die Gehirnentwicklung weitgehend abgeschlossen.

Zum Zusammenhang von Früherkennung und Frühförderung heißt es bei Antor:

> „Unter Frühförderung wird ein komplexes System der Beratung, Anleitung und Unterstützung für Eltern verstanden, deren Kinder in den ersten Lebensjahren auf Grund individuell und sozial bedingter Entwicklungsauffälligkeiten und –gefährdungen (Risiken, Behinderungen) spezialisierter pädagogischer und therapeutischer Hilfen bedürfen. Gemäß der Bedeutung früher Lernprozesse für die spätere Entwicklung des Kindes und der als Folge der Behinderung veränderten Familiensituation sollte Frühförderung möglichst frühzeitig (rechtzeitig) nach dem Erkennen einer Beeinträchtigung oder einer drohenden Behinderung einsetzen (Früherkennung)."

(Antor, 2006, S. 413)

Im obigen Zitat wird deutlich, dass Frühförderung als „komplexes System" dem Gedanken der Ganzheitlichkeit folgt. Darin spiegeln sich medizinische, therapeutische, pädagogisch/psychologische und pflegerische Aspekte wider. Frühbehandlung und Frühförderung stehen dabei in einem engen Zusammenhang. Die nachfolgende Übersicht zeigt mögliche Maßnahmen innerhalb beider Bereiche:

Beispiele für Maßnahmen innerhalb der Frühbehandlung und Frühförderung			
Medizinische Maßnahmen	Nichtärztliche therapeutische Maßnahmen	Heilpädagogische und psychologische Maßnahmen	Pflegerische Betreuung
▪ apparative oder medikamentöse Therapie ▪ operative Eingriffe ▪ orthopädische Hilfsmittel ▪ psychotherapeutische bzw. psychiatrische Hilfen	▪ Physiotherapie ▪ Ergotherapie ▪ orthopädisches Turnen	▪ Sprachheilbehandlung (Logopädie) ▪ Förderung der Motorik, Sprache, Sozialverhalten ▪ Wahrnehmungstraining	▪ pflegerische Grundversorgung ▪ Behandlungspflege ▪ Umgang mit dem Rollstuhl ▪ Mobilitätstraining

9.2 Praktische Umsetzung

Das Sozialgesetzbuch IX enthält bezüglich der Früherkennung und Frühförderung zunächst in § 26 Absatz 2 u.a. folgende Bestimmung:

---

§ 26 Abs. 2 SGB IX
„Leistungen zur medizinischen Rehabilitation umfassen insbesondere
[…]
2. Früherkennung und Frühförderung behinderter und von Behinderung bedrohter Kinder,
[…]"

Damit erfolgt eine Zuordnung zur medizinischen Rehabilitation, für die in diesem Falle in erster Linie die gesetzlichen Krankenkassen zuständig sind. In § 30 SGB IX erfolgt eine genauere Definierung der medizinischen Leistungen zur Früherkennung und Frühförderung und damit eine Ergänzung der Bestimmungen in § 26 SGB IX:

---

§ 30 SGB IX
„(1) Die medizinischen Leistungen zur Früherkennung und Frühförderung behinderter und von Behinderung bedrohter Kinder nach § 26 Abs. 2 Nr. 2 umfassen auch

1. die medizinischen Leistungen der mit dieser Zielsetzung fachübergreifend arbeitenden Dienste und Einrichtungen,
2. nichtärztliche sozialpädiatrische, psychologische, heilpädagogische, psychosoziale Leistungen und die Beratung der Erziehungsberechtigten, auch in fachübergreifend arbeitenden Diensten und Einrichtungen, wenn sie unter ärztlicher Verantwortung erbracht werden und erforderlich sind, um eine drohende oder bereits eingetretene Behinderung zum frühestmöglichen Zeitpunkt zu erkennen und einen individuellen Behandlungsplan aufzustellen.

Leistungen nach Satz 1 werden als Komplexleistungen in Verbindung mit heilpädagogischen Leistungen erbracht.
(2) Leistungen zur Früherkennung und Frühförderung behinderter und von Behinderung bedrohter Kinder umfassen des Weiteren nichtärztliche therapeutische, psychologische, heilpädagogische, sonderpädagogische, psychosoziale Leistungen und die Beratung der Erziehungsberechtigten durch interdisziplinäre Frühförderstellen, wenn sie erforderlich sind, um eine drohende oder bereits eingetretene Behinderung zum frühestmöglichen Zeitpunkt zu erkennen oder die Behinderung durch gezielte Förder- und Behandlungsmaßnahmen auszugleichen oder zu mildern."

Der Gesetzgeber festigt hier das Wirken der Frühförderstellen, welches sich bereits vor Inkrafttreten des SGB IX in der Praxis als ein interdisziplinäres Zusammenarbeiten unterschiedlicher Berufsgruppen bewährt hat.

Grundlage für die zu erbringenden Leistungen dieser Einrichtungen bilden individuell erstellte Förderpläne, die in engem Zusammenwirken mit dem entsprechenden Fachpersonal (z.B. Ärzte, Logopäden, Psychologen, Heil- und Sonderpädagogen) und den Erziehungsberechtigten erstellt werden. In diesen wird zunächst das Entwicklungsrisiko festgestellt und die Förderung in der Regel bis zum Schuleintritt ausgestaltet.

Frühförderstellen arbeiten ambulant (Betroffene kommen in die Einrichtung) und auch mobil (Frühförderer kommen nach Hause, aber auch in die Kindertagesstätte). Der Erfolg der Arbeit hängt nicht unerheblich von der Mitarbeit der betroffenen Eltern ab. Sie erhalten innerhalb der Tätigkeit der Frühförderstellen konkrete Hinweise und Hilfen zu möglichen Unterstützungen im familiären Alltag. Diese umfassen beispielsweise die Durchführung bestimmter Übungen zur motorischen oder sprachlichen Entwicklung.

Wichtig ist für die Arbeit in der Frühförderung die rechtzeitige Vermittlung von Fachkräften, die so rechtzeitig wie möglich hinzugezogen werden sollten. Nur so können eventuelle Behinderungen erkannt und deren Auswirkungen soweit wie möglich gemindert werden.
Methodisch wird die Arbeit durch gezielte **Einzelförderung** bzw. **Gruppenarbeit** ausgestaltet. In vielen Förderstellen existieren Elterngruppen, Eltern-Kind-Gruppen und Kindergruppen. Durch die dabei möglichen sozialen Kontakte wird nicht unwesentlich zur Überwindung der oft vorhandenen sozialen Isolation der betroffenen Familien beigetragen.

Eine weitere Präzisierung bezüglich der **finanziellen Zuständigkeiten** der Rehabilitationsträger erfolgte durch die „Verordnung zur Früherkennung und Frühförderung behinderter und von Behinderung bedrohter Kinder (Frühförderungsverordnung)" durch das Bundesministerium für Gesundheit und soziale Sicherung (siehe BuchPlusWeb-Material, S. 10).

9.3 Anregungen und Materialien

Erkundungsauftrag
Nehmen Sie innerhalb Ihres schulischen Umfelds Kontakt mit einer Frühförderstelle auf. Erkunden Sie durch Gespräche vor Ort das Leistungsangebot dieser Einrichtung. Weitere Erkundungsschwerpunkte für Ihren Besuch sollten u. a. sein: Bedeutung der Zusammenarbeit mit den Eltern, zuständige Kostenträger für die Leistungen in der Frühförderung, Organisation der Arbeit, Zusammenarbeit mit Kindertagesstätten, vorhandene Berufsgruppen in der Frühförderstelle, mögliche berufliche Perspektiven für Heilerziehungspfleger/-innen in diesem Bereich.
Stellen Sie die Ergebnisse der Erkundung in Form einer Präsentation Ihrer Studiengruppe vor.

Frühförderstellen und sozialpädiatrische Zentren
Leistungen zur Frühförderung werden neben den bereits beschriebenen Frühförderstellen auch durch sozialpädiatrische Zentren erbracht (§ 1 Frühförderungsverordnung).
Erarbeiten Sie sich mithilfe der Bestimmungen in § 119 SGB V und Recherchen im Internet Gemeinsamkeiten und Unterschiede beider Einrichtungen.

Literaturhinweise
Antor, Georg (Hrsg.): Handbuch der Behindertenpädagogik, 2. Auflage, Stuttgart, Kohlhammer Verlag, 2006.
Lachwitz, Klaus: SGB IX – Chance oder Gefahr für die Frühförderung?, Marburg, Lebenshilfe Verlag, 2002.

10 Kindertagesbetreuung

10.1 Theoretische Zusammenhänge

Heilerziehungspfleger und -pflegerinnen haben innerhalb von integrativ arbeitenden Kindergärten ein interessantes Tätigkeitsfeld. In den einzelnen Bundesländern ist der Einsatz von Heilerziehungspflegern und -pflegerinnen in diesen Einrichtungen sehr unterschiedlich geregelt. Die Bandbreite reicht dabei vom Einsatz als Zweitkraft in der Gruppe (z. B. NRW) bis hin zur Tätigkeit auch als Gruppenleiter (z. B. BRB). Bei dieser Arbeit sind Heilerziehungspfleger und -pflegerinnen herausgefordert, Kinder mit und Kinder ohne Behinderung gleichermaßen zu erziehen, zu bilden, zu betreuen und zu fördern. Beide Personengruppen haben bei

Kapitel C | Bildungs- und Förderungseinrichtungen im Vorschulbereich

der Wahrnehmung von Leistungen in der Kindertagesbetreuung die gleichen rechtlichen Ansprüche. Daraus ergibt sich für die Ausbildung die Aufgabe, dass Heilerziehungspfleger und -pflegerinnen ebenso wie Erzieher bzw. Erzieherinnen Kenntnisse über die allgemeinen Aufgaben von Kindertagesbetreuung und deren rechtliche Ausgestaltung haben müssen.

10.1.1 Das SGB VIII

Dieses Gesetz umfasst die Regelungen zur Kinder- und Jugendhilfe und beinhaltet die Vorschriften des ursprünglichen „Gesetzes zur Neuordnung des Kinder- und Jugendrechts" (KJHG). Umgangssprachlich wird häufig noch der alte Begriff „KJHG" verwendet. Das Gesetz gilt seit 1991 für alle Bundesländer. Es ist so wie das SGB IX ein soziales Leistungsgesetz. Es bestimmt in § 1 Absatz 1 SGB VIII Leitvorstellungen hinsichtlich der Erziehung von Kindern und Jugendlichen:

---

§ 1 Abs. 1 SGB VIII

„(1) Jeder junge Mensch hat ein Recht auf Förderung seiner Entwicklung und auf Erziehung zu einer eigenverantwortlichen und gemeinschaftsfähigen Persönlichkeit."

Die oben gekennzeichnete erzieherische Leitvorstellung ist für jeden jungen Menschen in unserer Gesellschaft gültig. § 7 SGB VIII bestimmt in Absatz 1, dass jeder Bürger, der noch nicht das 27. Lebensjahr vollendet hat, als junger Mensch im Sinne dieses Gesetzes gilt. Heilerziehungspfleger und -pflegerinnen können mit diesem Personenkreis neben der Kindertagesbetreuung auch in anderen Leistungsbereichen des SGB VIII arbeiten. Dies gilt z. B. für Einrichtungen zur Hilfe für Kinder und Jugendliche mit einer seelischen Behinderung nach § 35a des Gesetzes. Daraus ergeben sich wichtige Konsequenzen für den in § 8a bestimmten „Schutzauftrag bei Kindeswohlgefährdung". Das Gesetz formuliert u. a. das Folgende:

---

§ 8a Abs. 1, 4 SGB VIII

"(1) Werden dem Jugendamt gewichtige Anhaltspunkte für die Gefährdung des Wohls eines Kindes oder Jugendlichen bekannt, so hat es das Gefährdungsrisiko im Zusammenwirken mehrerer Fachkräfte einzuschätzen. Soweit der wirksame Schutz dieses Kindes oder dieses Jugendlichen nicht in Frage gestellt wird, hat das Jugendamt die Erziehungsberechtigten sowie das Kind oder den Jugendlichen in die Gefährdungseinschätzung einzubeziehen und, sofern dies nach fachlicher Einschätzung erforderlich ist, sich dabei einen unmittelbaren Eindruck von dem Kind und von seiner persönlichen Umgebung zu verschaffen. Hält das Jugendamt zur Abwendung der Gefährdung die Gewährung von Hilfen für geeignet und notwendig, so hat es diese den Erziehungsberechtigten anzubieten.

(4) In Vereinbarungen mit den Trägern von Einrichtungen und Diensten, die Leistungen nach diesem Buch erbringen, ist sicherzustellen, dass

1. deren Fachkräfte bei Bekanntwerden gewichtiger Anhaltspunkte für die Gefährdung eines von ihnen betreuten Kindes oder Jugendlichen eine Gefährdungseinschätzung vornehmen,

2. bei der Gefährdungseinschätzung eine insoweit erfahrene Fachkraft beratend hinzugezogen wird sowie

3. die Erziehungsberechtigten sowie das Kind oder der Jugendliche in die Gefährdungseinschätzung einbezogen werden, soweit hierdurch der wirksame Schutz des Kindes oder Jugendlichen nicht in Frage gestellt wird.

In die Vereinbarung ist neben den Kriterien für die Qualifikation der beratend hinzuzuziehenden insoweit erfahrenen Fachkraft insbesondere die Verpflichtung aufzunehmen, dass die Fachkräfte der Träger bei den Erziehungsberechtigten auf die Inanspruchnahme von Hilfen hinwirken, wenn sie diese für erforderlich halten, und das Jugendamt informieren, falls die Gefährdung nicht anders abgewendet werden kann."

Die Bestimmungen in Absatz 1 richten sich an die Jugendämter als Instanzen der öffentlichen Jugendhilfe. Der Schutz von Kindern und Jugendlichen vor Gefahren und für ihr Wohl ist eine wichtige Aufgabe der Jugendhilfe (vgl. § 1 Absatz 3 Nr. 3 des SGB VIII). Leistungen der Jugendhilfe werden jedoch hauptsächlich von freien Trägern erbracht. Auf diese bezieht sich der Absatz 4 der obigen gesetzlichen Regelung. Die Träger sind dafür verantwortlich, dass in ihren Einrichtungen der Schutzauftrag realisiert wird. Daraus ergibt sich für den Heilerziehungspfleger die Aufgabe, bei einem entsprechenden Verdacht auf Kindeswohlgefährdung entsprechend den Vorgaben des Trägers zu handeln.

> **Beispiel**
>
> *Fallsituation*
>
> *Sie arbeiten als Heilerziehungspflegerin in einer Wohneinrichtung für Kinder und Jugendliche nach § 35a SGB VIII. Zu Ihren Bewohnern gehört auch der 13-jährige Jason. Als er von einem Wochenendaufenthalt bei seinen Eltern zurückkehrt, fallen Ihnen einige Verletzungen auf (Blutergüsse an Armen und Beinen). Auf Nachfragen zu den Verletzungen reagiert der Junge kaum. Er zieht sich von Ihnen zurück. Dies war bisher nicht der Fall. Jason zeigte sich sonst immer sehr kommunikativ und aufgeschlossen.*

In einer solchen Situation ist entsprechend dem Schutzauftrag zu handeln. Der Austausch mit anderen Mitarbeitern über das Beobachtete sollte der erste Schritt sein. Die Träger haben in ihren Handlungsanweisungen meist sehr konkret festgelegt, welcher Personenkreis wann und in welcher Form einzubeziehen ist. Wichtig ist in solchen Situationen auch eine Dokumentation der gemachten Beobachtungen. Ziel muss zunächst immer sein, das vorhandene Gefährdungsrisiko für die betroffenen Kinder und Jugendlichen abzuschätzen und eventuelle Hilfen für die Sorge- bzw. Erziehungsberechtigten in Gang zu setzen. In Fällen, in denen solche Hilfen nicht ausreichend erscheinen oder bei akuter Gefährdung der Betroffenen, muss das Jugendamt informiert werden. Dieses kann dann als mögliche letzte Konsequenz das zuständige Familiengericht anrufen, um unter Umständen das Sorgerecht der Eltern einzuschränken, bzw. es zu entziehen.

Reagieren Heilerziehungspfleger auf mögliche Anzeichen einer Kindeswohlgefährdung nicht oder nur unzureichend, können sie für Verletzungen des Kindeswohls durch Eltern oder andere Erziehungsberechtigte mit zur Verantwortung gezogen werden.

Kindertagesbetreuung als Leistungsangebot des SGB VIII

Der dritte Abschnitt im zweiten Kapitel des Gesetzes trägt die Überschrift „Förderung von Kindern in Tageseinrichtungen und in Kindertagespflege". § 22 SGB VIII beinhaltet Grundsätze der Förderung. In Absatz 1 ist dazu geregelt:

> § 22 Abs. 1 SGB VIII
>
> „(1) Tageseinrichtungen sind Einrichtungen, in denen sich Kinder für einen Teil des Tages oder ganztägig aufhalten und in Gruppen gefördert werden. Kindertagespflege wird von einer geeigneten Tagespflegeperson in ihrem Haushalt oder im Haushalt des Personensorgeberechtigten geleistet. Das Nähere über die Abgrenzung von Tageseinrichtungen und Kindertagespflege regelt das Landesrecht. Es kann auch regeln, dass Kindertagespflege in anderen geeigneten Räumen geleistet wird."

Das Gesetz definiert an dieser Stelle zunächst was unter Tageseinrichtungen bzw. unter Tagespflege zu verstehen ist. Es bestimmt auch, dass die genauere Abgrenzung von Tageseinrichtungen und Tagespflege in der Verantwortung der Bundesländer liegt.

In den Absätzen 2 und 3 werden Ziele und Inhalte der Förderung in diesem Kontext bestimmt.

> § 22 Abs. 2, 3 SGB VIII
> „(2) Tageseinrichtungen für Kinder und Kindertagespflege sollen
> 1. die Entwicklung des Kindes zu einer eigenverantwortlichen und gemeinschaftsfähigen Persönlichkeit fördern,
> 2. die Erziehung und Bildung in der Familie unterstützen und ergänzen,
> 3. den Eltern dabei helfen, Erwerbstätigkeit und Kindererziehung besser miteinander vereinbaren zu können.
> (3) Der Förderungsauftrag umfasst Erziehung, Bildung und Betreuung des Kindes und bezieht sich auf die soziale, emotionale, körperliche und geistige Entwicklung des Kindes. Er schließt die Vermittlung orientierender Werte und Regeln ein. Die Förderung soll sich am Alter und Entwicklungsstand, den sprachlichen und sonstigen Fähigkeiten, der Lebenssituation sowie den Interessen und Bedürfnissen des einzelnen Kindes orientieren und seine ethnische Herkunft berücksichtigen."

Die Zielsetzungen für die Tageseinrichtungen schließen sich unmittelbar an § 1 Absatz 1 SGB VIII an. Durch die Zunahme von Ein-Kind-Familien und dem immer enger werdenden Spiel- und Bewegungsraum der Kinder ist die Erziehung zu eigenverantwortlichen und gemeinschaftsfähigen Persönlichkeiten ohne die Schaffung von besonderen Lebensräumen in Tageseinrichtungen nicht denkbar. Denn gerade hier kann soziales Lernen unter Gleichaltrigen praktiziert werden.
In Absatz 3 wird die Förderung präzisiert. Der Bereich der Bildung ist in jüngster Zeit dabei immer stärker in den Mittelpunkt des öffentlichen Interesses gerückt. Von sozialpädagogischen Fachkräften in der Kindertagesbetreuung wird erwartet, dass sie in der Lage sind, Bildungsangebote zu machen. Dieser Bereich wird auch immer mehr von der Politik als erste Stufe des Bildungssystems verstanden. Der bisherige Gedankengang, dass die Kindertageseinrichtungen in erster Linie Elternschaft und Berufstätigkeit in Einklang bringen sollen, tritt gegenüber dem Bildungsgedanken zurück. Dabei wird auch die Untrennbarkeit von Bildung und Erziehung stärker betont.

In § 22a SGB VIII wird der Integrationsgedanke innerhalb des Vorschulbereichs explizit herausgestellt.

> § 22a Abs. 4 SGB VIII
> „(4) Kinder mit und ohne Behinderung sollen, sofern der Hilfebedarf dies zulässt, in Gruppen gemeinsam gefördert werden. Zu diesem Zweck sollen die Träger der öffentlichen Jugendhilfe mit den Trägern der Sozialhilfe bei der Planung, konzeptionellen Ausgestaltung und Finanzierung des Angebots zusammenarbeiten."

10.1.2 Rechtsanspruch auf Kindertagesbetreuung

Seit dem 1. August 2013 ist in der Kindertagesbetreuung ein grundlegender rechtlicher Wandel eingetreten. Eine lang anhaltende gesellschaftliche Diskussion über die Notwendigkeit des Ausbaus der Kindertagesbetreuung fand damit einen Abschluss. Kindertageseinrichtungen haben durch diese Entwicklung einen noch höheren Stellenwert als familienergänzende Bildungs- und Erziehungsstätten für Kinder bekommen. Dieser ist auch mit qualitativ höheren Ansprüchen an die fachliche Arbeit in diesen Institutionen verbunden. Der § 24 des SGB VIII wurde wie folgt neu gefasst. Die Absätze 1 bis 4 enthalten folgende Regelungen:

---

§ 24 SGB VIII
„(1) Ein Kind, das das erste Lebensjahr noch nicht vollendet hat, ist in einer Einrichtung oder in Kindertagespflege zu fördern, wenn
1. diese Leistung für seine Entwicklung zu einer eigenverantwortlichen und gemeinschaftsfähigen Persönlichkeit geboten ist oder
2. die Erziehungsberechtigten
   a) einer Erwerbstätigkeit nachgehen, eine Erwerbstätigkeit aufnehmen oder Arbeit suchend sind,
   b) sich in einer beruflichen Bildungsmaßnahme, in der Schulausbildung oder Hochschulausbildung befinden oder
   c) Leistungen zur Eingliederung in Arbeit im Sinne des Zweiten Buches erhalten.

Lebt das Kind nur mit einem Erziehungsberechtigten zusammen, so tritt diese Person an die Stelle der Erziehungsberechtigten. Der Umfang der täglichen Förderung richtet sich nach dem individuellen Bedarf.
(2) Ein Kind, das das erste Lebensjahr vollendet hat, hat bis zur Vollendung des dritten Lebensjahres Anspruch auf frühkindliche Förderung in einer Tageseinrichtung oder in Kindertagespflege. Absatz 1 Satz 3 gilt entsprechend.
(3) Ein Kind, das das dritte Lebensjahr vollendet hat, hat bis zum Schuleintritt Anspruch auf Förderung in einer Tageseinrichtung. Die Träger der öffentlichen Jugendhilfe haben darauf hinzuwirken, dass für diese Altersgruppe ein bedarfsgerechtes Angebot an Ganztagsplätzen zur Verfügung steht. Das Kind kann bei besonderem Bedarf oder ergänzend auch in Kindertagespflege gefördert werden.
(4) Für Kinder im schulpflichtigen Alter ist ein bedarfsgerechtes Angebot in Tageseinrichtungen vorzuhalten. Absatz 1 Satz 3 und Absatz 3 Satz 3 gelten entsprechend."

Nach dieser Regelung besteht ein grundsätzlicher Rechtsanspruch auf Kindertagesbetreuung ab dem ersten Lebensjahr bis zum Schuleintritt. Dieser Anspruch besteht unabhängig von der Berufstätigkeit beider Elternteile. Damit wird der eigenständige Bildungs- und Erziehungsauftrag von Tageseinrichtungen betont. Bedeutungsvoll ist auch der in Absatz eins formulierte Anspruch auf Förderung in Kindertageseinrichtungen und in Kindertagespflege für Kinder, die das erste Lebensjahr noch nicht vollendet haben. Der Gesetzgeber will damit die Vereinbarkeit von Beruf und Familie besonders auch für alleinerziehende Elternteile unterstützen. Weiterhin kann mit den formulierten Voraussetzungen, für eine Inanspruchnahme der Leistung durch Familien aus schwierigen sozialen Verhältnissen, besser geholfen werden, Eigenständigkeit und Gemeinschaftsfähigkeit für ihre Kinder zu gewährleisten.

10.2 Praktische Umsetzung

10.2.1 Integrative Kindertagesstätten

Integrationseinrichtungen innerhalb der Kindertagesbetreuung haben in unserer Gesellschaft immer mehr an Bedeutung gewonnen. In diesen Tagesstätten werden Kinder mit und ohne Behinderung gemeinsam betreut. Ziel der Arbeit ist es, eine gemeinsame Teilnahme von allen Kindern an der Kindertagesbetreuung zu ermöglichen. Integration meint in diesem Zusammenhang ein wechselseitiges aufeinander Zugehen von beiden Kindergruppen. Es geht dabei um die Möglichkeit, dass Kinder unabhängig von ihrer körperlichen, geistigen oder psychischen Ausgangslage in ihrer natürlichen Altersgruppe individuelle Hilfen für ihre Entwicklung angeboten bekommen.

In den einzelnen Bundesländern gibt es unterschiedliche **rechtliche Rahmenbedingungen** für die Arbeit von integrativen Kindertagesstätten. So wird im Kindertagesstättengesetz des Landes Brandenburg in § 2 das Folgende bestimmt:

> § 2 Abs. 2 KitaG Brandenburg
> „(2) Kindertagesstätten sind sozialpädagogische familienergänzende Einrichtungen der Jugendhilfe, in denen auch behinderte und von Behinderung bedrohte Kinder tagsüber gefördert, erzogen, gebildet, betreut und versorgt werden. Kindertagesstätten sollen möglichst als Einrichtungen für verschiedene Altersstufen errichtet und betrieben werden."

Die Regelung verdeutlicht, dass Kindertagesstätten prinzipiell integrativ arbeiten können. Der Ansatz zur Inklusion wird durch den so formulierten rechtlichen Rahmen deutlich.

> § 12 Abs. 2 KitaG Brandenburg
> „(2) Kinder mit einem besonderen Förderbedarf nach den §§ 27, 35a des Achten Buches Sozialgesetzbuch oder den §§ 53, 54 des Zwölften Buches Sozialgesetzbuch sind in Kindertagesstätten aufzunehmen, wenn eine diesem Bedarf entsprechende Förderung und Betreuung gewährleistet werden können. Die Gruppengröße und die personelle Besetzung in diesen Gruppen sind den besonderen Anforderungen im Einzelfall anzupassen."

Mit der Bezugnahme auf das SGB VIII und das SGB XII werden Finanzierungsmöglichkeiten für den zusätzlichen Betreuungsbedarf in der integrativen Arbeit aufgezeigt. Diese werden in der Kita-Personalverordnung des Landes Brandenburg in § 4 näher ausgeführt:

> § 4 Kita-Personal VO Brandenburg
> „Werden entsprechend § 12 Absatz 2 des Kindertagesstättengesetzes Kinder mit einem besonderen Förderbedarf betreut, so entscheidet der zuständige Träger der Eingliederungshilfe oder der zuständige örtliche Träger der öffentlichen Jugendhilfe über Art und Umfang des zusätzlich erforderlichen Personals und trägt die hierfür entstehenden Kosten. Bei dem Einsatz des zusätzlichen Personals sind dem speziellen Förderbedarf entsprechende Qualifikationen Voraussetzung."

Das zuständige Sozial- bzw. Jugendamt kommt für die zusätzlichen Personalkosten einer Integrationskindertagesstätte auf. Dies ist in den anderen Bundesländern ähnlich geregelt.
Heilerziehungspfleger/-innen und Heil- bzw. Sonderpädagogen und -pädagoginnen besitzen die notwendigen Qualifikationen, um in einer solchen Einrichtung arbeiten zu können.

10.2.2 Förderkindergärten

Seit etwa Anfang der 1960er-Jahre gibt es Förderkindergärten für Kinder mit geistiger, körperlicher oder Sprachbehinderung sowie blinde oder gehörlose Kinder. Die Aufnahme erfolgt in der Regel ab dem dritten Lebensjahr. In diesen Einrichtungen werden neben der allgemeinen Betreuung auch zusätzliche therapeutische und heilpädagogische Hilfen angeboten. Kindergärten dieser Art werden zumeist als überregional geführt. In ihnen werden die Kinder in kleinen Gruppen von zumeist zwei sozialpädagogischen bzw. heilpädagogischen Fachkräften betreut. Ergänzt wird ihre Tätigkeit durch z. B. Logopäden, Krankengymnasten, Ergotherapeuten.
Förderkindergärten werden auch häufig Förderschulen zugeordnet. Sie dienen dann als schulvorbereitende Einrichtungen. So existierten 1997/98 in Bayern 306 Tagesstätten dieser Art, die von 8 700 Kindern besucht wurden (vgl. Antor, Georg, 2001, S. 377). Die Zahl solcher Einrichtungen ist im Steigen begriffen.

10.3 Anregungen und Materialien

Anregung zur Diskussion
In den letzten Jahren sind die Förderkindergärten innerhalb der Integrations- und Normalisierungsdiskussion verstärkt in die Kritik geraten.

Sie wären im Sinne der Inklusion nicht mehr zeitgemäß. Sie tragen dazu bei, dass durch eine getrennte Betreuung der betroffenen Kinder einer Stigmatisierung Vorschub geleistet wird, sodass die Lebenswelt von Kindern mit und ohne Behinderung unzulässig gespalten wird. Diese Tatsache ist mit der modernen Leitidee der Inklusion nicht mehr vereinbar.

Diskutieren Sie in Ihrer Studiengruppe das Für und Wider von integrativen Kindertagesstätten und von Sonderkindergärten. Stellen Sie Pro- und Contra-Argumente in einer Übersicht zusammen.

Literaturhinweis
Ministerium für Bildung, Jugend und Sport Land Brandenburg: "Gemeinsames Leben behinderter und nichtbehinderter Kinder"
www.mbjs.brandenburg.de/media_fast/4113/brennenstuhl_gemeinsames_leben_behinderter_und_nichtbehinderter_kinder.pdf

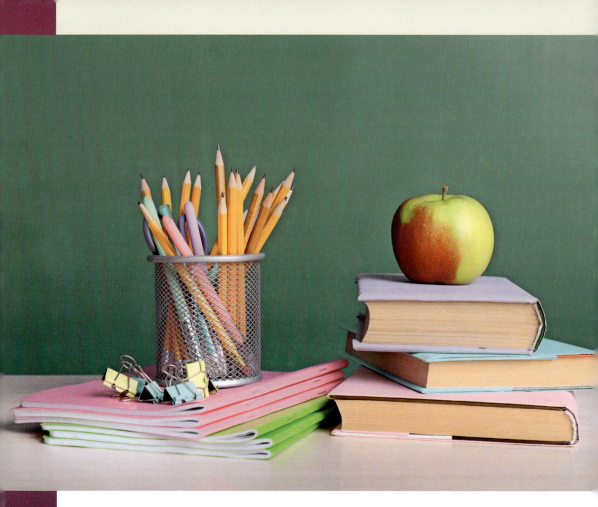

D Schul- und Berufsausbildung für Menschen mit Behinderung

- Wie ist die schulische Bildung für Menschen mit Behinderung geregelt?
- Welche Möglichkeiten der beruflichen Bildung gibt es für Menschen mit Behinderung?
- Wie ist die Arbeit in einer Werkstatt für Menschen mit Behinderung ausgestaltet?

11 Integrationsklassen und Förderschulen

11.1 Theoretische Zusammenhänge

Im vorhergehenden Abschnitt C haben wir hauptsächlich Bildungs- und Fördereinrichtungen des Vorschulbereichs aus rechtlicher Sicht betrachtet. Begeben wir uns jetzt entsprechend der allgemeinen Biographie menschlichen Lebens in unserer Gesellschaft in den Bereich der Schulausbildung. Junge Menschen mit Behinderung und schulische Bildung, wie geht das zusammen?

Zunächst sagt uns ein Blick in das Grundgesetz Artikel 3 das Folgende:

> Art. 3 GG
> „(1) Alle Menschen sind vor dem Gesetz gleich. […]
> (3) Niemand darf wegen seines Geschlechtes, seiner Abstammung, seiner Rasse, seiner Sprache, seiner Heimat und Herkunft, seines Glaubens, seiner religiösen oder politischen Anschauungen benachteiligt oder bevorzugt werden. Niemand darf wegen seiner Behinderung benachteiligt werden."

Diese Aussagen sind eindeutig. Daraus ergeben sich aber auch weitgehende Konsequenzen für die weitere Ausgestaltung unserer Rechtsordnung. Aus den Grundrechten können keine subjektiven Ansprüche eines einzelnen Bürgers abgeleitet werden. Grundrechte beeinflussen jedoch die Rechtsbeziehungen der Bürger untereinander. Alle Rechtsnormen müssen auf dem Hintergrund der Grundrechte ausgelegt werden. Man spricht hierbei von der sogenannten „Drittwirkung" der Grundrechte.

Für den Bereich der Schulbildung bedeutet dies, dass die jeweiligen Schulgesetze der Länder (Bildung ist in unserem föderalistischen Staatssystem Ländersache) dafür sorgen müssen, dass allen Kindern im schulpflichtigen Alter schulische Bildung ermöglicht werden kann.

Als Beispiel soll hier aus dem Brandenburgischen Schulgesetz zitiert werden:

> §36 Abs. 1 SchulG Brandenburg
> „(1) Die allgemeine Schulpflicht gewährleistet die schulische Erziehung und Bildung jedes jungen Menschen." […]
> §37 Abs. 3 SchulG Brandenburg
> „(3) Die Schulpflicht beginnt für Kinder, die bis zum 30. September das sechste Lebensjahr vollendet haben, am 1. August desselben Kalenderjahres."

Der Gesetzestext formuliert eindeutig die **Schulpflicht** für alle Kinder ab einer bestimmten Altersstufe. Somit sind auch Kinder mit einer Behinderung schulpflichtig. Die Gleichheit vor dem Gesetz ist somit gegeben und damit eine Rechtsnorm des Grundgesetzes erfüllt.

Natürlich ist die Erfüllung der Schulpflicht für Kinder mit einer Behinderung nicht unproblematisch. Aus diesem Grunde muss das Schulgesetz eines Landes auch konkret bestimmen, wie die Erfüllung und die Dauer der Schulpflicht ausgestaltet werden können. Im Brandenburgischen Schulgesetz heißt es dazu in §38 Absatz 1 Satz 1:

> §38 Abs. 1 S. 1 SchulG Brandenburg
> „(1) Die Vollzeitschulpflicht dauert zehn Jahre und wird durch den Besuch der Grundschule und einer weiterführenden allgemein bildenden Schule oder einer Förderschule erfüllt. […]"

Grundsätzlich kann hier die Schulpflicht in allgemeinbildenden Schulen oder in Förderschulen erfüllt werden. Dies ist in allen Bundesländern gleichermaßen geregelt.

Für alle Kinder in der Bundesrepublik Deutschland gilt eine Schulpflicht vom 6. bis zum 18. Lebensjahr. Dies gilt auch für Kinder und Jugendliche mit Behinderungen. Bei ihnen kann die Schulpflicht allerdings bis zum 24. Lebensjahr verlängert werden.

Auf der Frage, ob Kinder mit Behinderung oder Entwicklungsstörung besser in Regelschulen oder in Förderschulen unterrichtet werden sollen, liegt gegenwärtig innerhalb der gesamten schulpolitischen Diskussion in unserer Gesellschaft ein Schwerpunkt. Dies um so mehr, weil auch für uns die UN-Konvention über die Rechte von Menschen mit Behinderung seit März 2009 staatliches Recht ist. Dieses Dokument vertritt eindeutig den Gedanken der Inklusion. Alle Bundesländer sind aufgefordert, auch Inklusionskonzepte für die Ausgestaltung ihrer Schulsysteme zu entwickeln. Dabei geht es um die Schaffung von rechtlichen, fachlichen und strukturellen Voraussetzungen für das gemeinsame Lernen aller Kinder entsprechend ihrer individuellen Voraussetzungen.

So hat beispielsweise das Land NRW im Rahmen seines 9. Schulrechtsänderungsgesetzes festgelegt, dass Schülerinnen und Schülern mit sonderpädagogischem Förderbedarf grundsätzlich ein Platz an einer allgemeinen Schule angeboten wird. Eltern, die es wünschen, können aber auch für ihr Kind eine Förderschule wählen.

Im Land Brandenburg läuft seit zwei Jahren an drei Cottbuser Grundschulen ein Modellprojekt zur Inklusion.

In Bayern gibt es im Rahmen der Grundschulen verschieden Klassenformen zur Umsetzung des Inklusionsgedankens: Kooperationsklassen, Partnerklassen, Inklusion einzelner Schülerinnen und Schüler in Regelklassen und Klassen mit festem Lehrertandem an Schulen mit dem Profil "Inklusion". Förderschulen werden als sonderpädagogische Kompetenzzentren im Rahmen der Umsetzung des Inklusionsgedankens verstanden.

Mit den genannten Beispielen wird deutlich, dass mit der Umsetzung der UN-Konvention große Herausforderungen auch für das Bildungssystem bestehen.

11.2 Praktische Umsetzung

Fallsituation

Anja ist sechs Jahre alt und lebt im Land Brandenburg. Sie leidet an Trisomie 21. Bisher besuchte sie eine Integrationskindertagesstätte. Ihre Eltern überlegen, welche Schule Anja besuchen könnte. Sie wenden sich an das zuständige Schulamt.

Wie ist der Werdegang, nachdem sich Anjas Eltern an das zuständige Schulamt gewendet haben? Da Anja im Land Brandenburg wohnt und Bildungsangelegenheiten Ländersache sind, wollen wir zunächst das zutreffende Schulgesetz zurate ziehen.

In §29 des Gesetzes werden Grundsätze der sonderpädagogischen Förderung festgeschrieben. Die Absätze 2 und 3 bestimmen:

> §29 Abs. 2, 3 SchulG BR
> „(2) Sonderpädagogische Förderung sollen Grundschulen, weiterführende allgemein bildende Schulen und Oberstufenzentren durch gemeinsamen Unterricht mit Schülerinnen und Schülern ohne sonderpädagogischen Förderbedarf erfüllen, wenn eine angemessene personelle, räumliche und sächliche Ausstattung vorhanden ist oder nach Maßgabe gegebener Finanzierungsmöglichkeiten geschaffen werden kann."
> (3) Gemeinsamer Unterricht wird in enger Zusammenarbeit mit einer Förderschule oder einer Sonderpädagogischen Förder- und Beratungsstelle organisiert. Er ermöglicht ein wohnungsnahes Schulangebot. Die Formen des gemeinsamen Unterrichts sollen individuell entwickelt werden. Sie können zeitlich befristet oder stufenweise ausgeweitet werden."

Integrationsklassen und Förderschulen

Im Land Brandenburg soll für Schüler und Schülerinnen, die Lern-, Leistungs- und Entwicklungsbeeinträchtigungen aus den unterschiedlichsten Gründen haben, zunächst die Aufnahme in eine Integrationsklasse geprüft werden. Rechtlich ist diese Überprüfung durch die „Sonderpädagogik-Verordnung" des Landes Brandenburg geregelt.

Verdeutlichen wir diesen Sachverhalt an unserem **obigen Fallbeispiel**. Anjas Eltern könnten beim zuständigen Schulamt zunächst den Antrag auf die Einleitung eines Feststellungsverfahrens für den sonderpädagogischen Förderbedarf ihrer Tochter stellen. Das Schulamt beauftragt dann eine Schule, die einen Förderausschuss einberuft. Haben sich Anjas Eltern noch nicht festgelegt, ob sie den Besuch einer Integrationsklasse wünschen, dann wird die zuständige allgemeine Schule mit der Durchführung des Förderausschussverfahrens beauftragt. Mitglieder eines solchen Ausschusses sind u. a. auch die Eltern des betreffenden Kindes.

Nachdem auch unter Mithilfe einer Sonderpädagogin und der bisher betreuenden Erzieherin der integrativen Kindertagesstätte der Förderbedarf festgestellt wurde, können Anjas Eltern über den Schulbesuch endgültig entscheiden. Sie haben die Wahl zwischen einer Integrationsklasse oder einer entsprechenden Förderschule.

In Absatz 3 erwähnt das Brandenburgische Schulgesetz Sonderpädagogische Förder- und Beratungsstellen. Sie beraten und unterstützen u. a. Eltern in der Frage des gemeinsamen Unterrichts. Förder- und Beratungsstellen haben darüber hinaus noch weitere Aufgaben wahrzunehmen.

Hier eine Auswahl dieser:
- Unterstützung von Schulen und Kindertagesstätten in Fragen der gemeinsamen Erziehung,
- Teilnehmen an Sitzungen des Förderausschusses, Erarbeiten von sonderpädagogischen Gutachten,
- Unterstützung der Lehrkräfte bei der Erstellung von Förderplänen,
- Unterstützung der Fachkräfte der Kindertagesstätten und der Eltern beim Übergang von Kindern mit sonderpädagogischem Förderbedarf in die Schule,
- Übernehmen von Aufgaben in der Früherkennung und Frühförderung von noch nicht schulpflichtigen Kindern mit sonderpädagogischem Förderbedarf im Bereich des Hörens, Sehens oder der sprachlichen Entwicklung.

Integrationsklassen im Land Brandenburg haben eine maximale Klassenfrequenz von 23 Schülerinnen und Schülern. Davon dürfen nicht mehr als vier einen sonderpädagogischen Förderbedarf haben. Neben den Lehrerwochenstunden der allgemeinen Schule stehen den Schülerinnen und Schülern noch zusätzliche Lehrerwochenstunden der der Behinderungsart entsprechenden Förderschule zu. Sie liegen zwischen 2,5 und 7,6 Wochenstunden. Für die betroffenen Schülerinnen und Schüler gelten die Rahmenpläne der entsprechenden Förderschule mit ihren Abschlüssen.

Wenn Anjas Eltern zur Auffassung gelangen sollten, dass der Unterricht in einer Förderschule für ihr Kind günstiger wäre, dann ist auch dies möglich. In der Bundesrepublik Deutschland existieren vor allem folgende Förderschultypen:
- Allgemeine Förderschule,
- Förderschule für Sprachauffällige,
- Förderschule für Erziehungshilfe,
- Förderschule für Menschen mit geistiger Behinderung,
- Förderschule für Hörgeschädigte,
- Förderschule für Menschen mit körperlicher Behinderung und
- Förderschule für Sehgeschädigte.

Ähnliche Regelungen für Schülerinnen und Schüler mit sonderpädagogischem Förderbedarf gibt es in allen Bundesländern. Dabei gewinnt in allen Ländern der Integrationsgedanke immer mehr an Bedeutung.

Kapitel D | Schul- und Berufsausbildung für Menschen mit Behinderung

11.3 Anregungen und Materialien

Aufgabe

1. Analysieren Sie das Schulgesetz Ihres Bundeslandes hinsichtlich der sonderpädagogischen Förderung von Schülerinnen und Schülern.

2. Im Schulgesetz des Landes Brandenburg wird von Förder- und nicht von Sonderschulen gesprochen. Wie beurteilen Sie die Verwendung der beiden Begrifflichkeiten?

3. Wie beurteilen Sie Integrationsklassen an allgemeinen Schulen aus der Sicht von Kindern mit und ohne sonderpädagogischen Förderbedarf?

12 Berufliche Bildung

12.1 Theoretische Zusammenhänge

Bundesweit sind alle betrieblichen Berufsausbildungsverhältnisse im Berufsbildungsgesetz (BBiG) und in der Handwerksordnung geregelt. Es handelt sich hierbei um Regelungen über die anerkannten Ausbildungsberufe. Rechtsverbindliche Ausbildungsordnungen werden durch den Bundesminister für Wirtschaft bzw. den zuständigen Fachministern in Form einer Rechtsverordnung erlassen. Nach § 28 BBiG dürfen Jugendliche unter 18 Jahren nur in anerkannten Ausbildungsberufen ausgebildet werden. Die Ausbildung muss auf der Grundlage der zutreffenden Ausbildungsordnung erfolgen. Für die schulische Berufsausbildung, z. B. in den Pflegeberufen oder technischen und sozialen Assistentenberufen, sind die Bundesländer zuständig.

Prinzipiell gelten die eingangs beschriebenen rechtlichen Regelungen auch für Auszubildende mit Behinderung. Von besonderer Bedeutung für diesen Kreis von Auszubildenden ist die Bestimmung des § 14 Absatz 2 BBiG:

> § 14 Abs. 2 BBiG
> „Auszubildenden dürfen nur Verrichtungen übertragen werden, die dem Ausbildungszweck dienen und ihren körperlichen Kräften angemessen sind."

Weitere wichtige grundsätzliche Regelungen für Auszubildende mit Behinderung enthalten die §§ 64 f. BBiG. Nach den dort enthaltenen Regelungen ist Berufsausbildung auch abweichend von den geltenden Ausbildungsordnungen möglich, wenn die Art und die Schwere der Behinderung dies erfordern. So können beispielsweise die zuständigen Kammern (Industrie- und Handelskammer, Handwerkskammer) mit Zustimmung der zuständigen staatlichen Stellen Ausbildungserleichterungen, Verlängerungen der Ausbildungszeit und Prüfungsmodifikationen vereinbaren. Dadurch können behinderungsbedingte Nachteile ausgeglichen werden.

Sind besondere Hilfen und eine spezifische Betreuung notwendig, dann kann die Berufsausbildung von Menschen mit Behinderung auch in Rehabilitationseinrichtungen erfolgen (siehe Abschnitt 12.2).

Das Sozialgesetzbuch IX stellt eine weitere wichtige rechtliche Grundlage für die berufliche Bildung von Menschen mit Behinderung dar. Leistungen zur Teilhabe am Arbeitsleben gehören z. B. dazu (siehe Abschnitt 4.1.2). § 33 SGB IX kennzeichnet diese Leistungen. Dort heißt es in Absatz 3 u. a.:

> §33 Abs. 3 SGB IX
> (3) „Die Leistungen umfassen insbesondere […]
> 2. Berufsvorbereitung einschließlich einer wegen der Behinderung erforderlichen Grundausbildung, […]
> 4. berufliche Ausbildung, auch soweit Leistungen in einem zeitlich nicht überwiegenden Abschnitt schulisch durchgeführt werden, […]"

Arbeitgeber, die einen Auszubildenden mit Behinderung beschäftigen, können im Rahmen des SGB IX ebenfalls Leistungen von den jeweiligen Rehabilitationsträgern erhalten. Dazu heißt es in § 34 des Gesetzes u. a.:

> §34 Abs. 1 SGB IX
> „(1) Die Rehabilitationsträger nach §6 Abs. 1 Nr. 2 bis 5 können Leistungen zur Teilhabe am Arbeitsleben auch an Arbeitgeber erbringen, insbesondere als
> 1. Ausbildungszuschüsse zur betrieblichen Ausführung von Bildungsleistungen,
> 2. Eingliederungszuschüsse,
> 3. Zuschüsse für Arbeitshilfen im Betrieb,
> 4. teilweise oder volle Kostenerstattung für eine befristete Probebeschäftigung.
> Die Leistungen können unter Bedingungen und Auflagen erbracht werden."

12.2 Praktische Umsetzung

12.2.1 Berufsbildungswerke

In Abschnitt 12.1 haben wir festgestellt, dass berufliche Bildung im Behindertenbereich auch in Rehabilitationseinrichtungen erfolgen kann. Diese sollen im Mittelpunkt unserer Darstellungen zur praktischen Umsetzung stehen, weil in diesen auch Arbeitsmöglichkeiten für Heilerziehungspfleger und -pflegerinnen bestehen können.

Nach der schulischen Ausbildung von jungen Menschen mit Behinderung steht vor ihnen wie vor jedem anderen Jugendlichen die Frage nach der beruflichen Ausbildung. Dieses Problem steht auch gesamtgesellschaftlich Jahr für Jahr zu Beginn eines neuen Ausbildungsjahres im Zentrum der politischen Diskussion.

Die Behindertenhilfe hat sich auf diesem Gebiet in den letzten Jahren nicht unerheblich weiterentwickelt. § 35 SGB IX bestimmt Einrichtungen der beruflichen Rehabilitation:

> §35 Abs. 1 SGB IX
> (1) „Leistungen werden durch Berufsbildungswerke, Berufsförderungswerke und vergleichbare Einrichtungen der beruflichen Rehabilitation ausgeführt, soweit Art oder Schwere der Behinderung oder die Sicherung des Erfolges die besonderen Hilfen dieser Einrichtungen erforderlich machen. […]"

Betrachten wir zunächst die Spezifik von **Berufsbildungswerken**. Es handelt sich hierbei um Rehabilitationseinrichtungen zur beruflichen Erstausbildung von Jugendlichen mit Behinderung, die auf besondere Hilfen angewiesen sind. Ihre Ausstattung, Lerninhalte sowie die begleitende Betreuung durch Mediziner, Sonderpädagogen und andere Rehabilitationsfachdienste sind ganz auf die besonderen Belange der Menschen mit Behinderung abgestellt. Diese Einrichtungen streben für die Betroffenen einen Ausbildungsabschluss im Sinne des Berufsbildungsgesetzes an. Es werden aber auch Maßnahmen zur Abklärung einer beruflichen Eignung, der Arbeitserprobung und der berufsvorbereitenden Förderung durchgeführt, wenn die Ausbildungs- oder Berufsreife noch nicht vorhanden ist.

Die Palette der angebotenen **Berufsausbildungen** ist sehr umfangreich. Sie umfasst nach Angaben der „Bundesarbeitsgemeinschaft der Berufsbildungswerke" (**www.bagbbw.de**) zurzeit 230 Berufe im industriellen, kaufmännischen, handwerklichen, landwirtschaftlichen oder hauswirtschaftlichen Bereich. Während der Ausbildung erfolgen auch Praktika in Betrieben. Durch diese Verbindung mit der Arbeitswelt haben die Auszubildenden auch oft die Möglichkeit einen künftigen Arbeitsplatz vermittelt zu bekommen.

Zu den begleitenden Diensten eines Berufsbildungswerkes gehört auch die Vorhaltung von Plätzen in einem Wohnheim. Dort erfolgt eine sozialpädagogische Betreuung in der Freizeit ebenso, wie die Begleitung von weiteren notwendigen Rehabilitationsmaßnahmen. Heilerziehungspfleger/-innen haben hier ein interessantes Betätigungsfeld.

12.2.2 Berufsförderungswerke

Fallsituation
Der 25-jährige Herr A. wird infolge eines privaten Motorradunfalls schwer mehrfach behindert. Er wird aus dem Krankenhaus entlassen und ist arbeitslos. Er möchte unbedingt weiter am Arbeitsleben teilhaben. Seinen bisherigen Beruf als Baumaschinist kann er nicht mehr ausüben.

Eine solche Lebenssituation stellt für die Betroffenen und deren Familien einen tiefen Einschnitt für die weitere Gestaltung ihres gesamten Lebens dar. Bisherige Lebensplanungen sind nicht mehr umsetzbar. Eine völlige Umorientierung ist notwendig. Wie kann es mit der Teilnahme am Arbeitsleben für Herrn A. weitergehen?

In solchen Situationen kommen die in § 35 SGB IX erwähnten **Berufsförderungswerke** zum Tragen. Diese sind Rehabilitationseinrichtungen zur beruflichen Fort- und Weiterbildung sowie zur Umschulung von Erwachsenen mit Behinderung. Betrachten wir für Herrn A. mögliche diesbezügliche Perspektiven. Für ihn müsste der erste Schritt eine berufliche Neuorientierung sein. Dafür hat die „**Bundesarbeitsgemeinschaft Deutscher Berufsförderungswerke**" ein sogenanntes „RehaAssessment" entwickelt. Es handelt sich dabei um ein Beurteilungssystem, um vorhandene persönliche Neigungen und vorhandene Fähigkeiten zu erfassen und mit den Anforderungen eines Arbeitsplatzes oder Berufes zu verknüpfen. Herr A. könnte beispielsweise in Verbindung mit einer allgemeinen Servicestelle Kontakt zu einem Berufsförderungswerk herstellen. Die oben genannte Arbeitsgemeinschaft dieser Einrichtungen (**www.arbeitsgemeinschaft-berufsfoerderungswerke.de**) umfasst den Zusammenschluss von 28 Berufsförderungswerken. Sie halten ca. 15 000 Ausbildungsplätze vor und bieten über 180 verschiedene Ausbildungsgänge und zusätzliche Teilqualifikationen an. Zu ihrem Angebot gehören u. a. sehr umfangreiche begleitende Dienste. So stehen beispielsweise auch hier Wohnheime zur Verfügung, die eine Betreuung und Begleitung durch Sozialarbeiter/-innen, Heilerziehungspfleger/-innen usw. bieten. Die Bildungskonzepte der Einrichtungen konzentrieren sich stark auf den einzelnen Teilnehmer. Dabei geht es neben dem Fachwissen ebenso um die Förderung der sozialen und personalen Kompetenzen. Ziel ist dabei, die berufliche, gesellschaftliche und private Handlungsfähigkeit wiederherzustellen. In vielen Einrichtungen können auch Alleinerziehende mit ihren Kindern aufgenommen werden.

Es gibt einige Berufsförderungswerke, die sich auf verschiedene Behinderungsarten spezialisiert haben. Dazu gehört natürlich auch eine entsprechende bauliche Ausgestaltung.

12.3 Anregungen und Materialien

Aufgabe
Suchen Sie im Internet auf der Seite www.arbeitsgemeinschaft-berufsfoerderungswerke.de Beispiele von Teilnehmern an Ausbildungsmaßnahmen eines Berufsförderungswerkes Ihres Bundeslandes.

Materialien

„Nur wer arbeitet, ist ein Mensch."
(Beck, 2007)

Aufgabe

Welche Bedeutung messen Sie dieser Aussage im Zusammenhang mit der Ausgestaltung der Arbeitsmöglichkeiten für Menschen mit Behinderung zu? Gibt es in diesem Zusammenhang für Sie Konsequenzen hinsichtlich Ihrer künftigen beruflichen Tätigkeit?

13 Werkstätten für Menschen mit Behinderung

13.1 Theoretische Zusammenhänge

Die Werkstatt für Menschen mit Behinderung ist eine Einrichtung zur Teilhabe am Arbeitsleben. § 39 SGB IX sagt hierzu:

§ 39 SGB IX
„Leistungen in anerkannten Werkstätten für behinderte Menschen (§ 136) werden erbracht, um die Leistungs- oder Erwerbsfähigkeit der behinderten Menschen zu erhalten, zu entwickeln, zu verbessern oder wiederherzustellen, die Persönlichkeit dieser Menschen weiterzuentwickeln und ihre Beschäftigung zu ermöglichen oder zu sichern."

Aus dieser Bestimmung wird ersichtlich, dass es in den Werkstätten nicht allein um Beschäftigung für die Betroffenen geht. Oberstes Ziel ist die Persönlichkeitsentwicklung und das Ermöglichen einer sinnvollen Beschäftigung im Arbeitsleben der Gesellschaft.

§ 136 SGB IX sagt zum Begriff und den Aufgaben dieser Einrichtungen weiter:

§ 136 Abs. 1 SGB IX
„(1) Die Werkstatt für behinderte Menschen ist eine Einrichtung zur Teilhabe behinderter Menschen am Arbeitsleben im Sinne des Kapitels 5 Teil 1 zur Eingliederung in das Arbeitsleben. Sie hat denjenigen behinderten Menschen, die wegen Art oder Schwere der Behinderung nicht, noch nicht oder noch nicht wieder auf dem allgemeinen Arbeitsmarkt beschäftigt werden können,
1. eine angemessene berufliche Bildung und eine Beschäftigung zu einem ihrer Leistung angemessenen Arbeitsentgelt aus dem Arbeitsergebnis anzubieten und
2. zu ermöglichen, ihre Leistungs- oder Erwerbsfähigkeit zu erhalten, zu entwickeln, zu erhöhen oder wiederzugewinnen und dabei ihre Persönlichkeit weiterzuentwickeln.
Sie fördert den Übergang geeigneter Personen auf den allgemeinen Arbeitsmarkt durch geeignete Maßnahmen. Sie verfügt über ein möglichst breites Angebot an Berufsbildungs- und Arbeitsplätzen sowie über qualifiziertes Personal und einen begleitenden Dienst."

Die Werkstätten sind zuständig für Menschen mit Behinderung eines bestimmten Einzugsgebietes. Ursache, Art und Schwere der Behinderung spielen dabei keine Rolle.

Der Staat versucht im Sinne des **Normalisierungsprinzips** möglichst vielen Menschen mit Behinderungen eine Arbeitsmöglichkeit in der freien Wirtschaft zu ermöglichen. Deshalb verpflichtet der Gesetzgeber private und öffentliche Arbeitgeber mit mindestens 20 Arbeitsplätzen auf 5 % der Plätze schwerbehinderte Menschen zu beschäftigen (§ 71 SGB IX). Kommen Arbeitgeber dieser Pflicht nicht nach, dann müssen diese eine sogenannte Ausgleichsabgabe zahlen. Diese liegt zwischen 105,00 EUR und 260,00 EUR entsprechend einer festgelegten Beschäftigungsquote (§ 77 SGB IX).

Trotz dieser Regelungen haben es Menschen mit Behinderung noch immer recht schwer, in der freien Wirtschaft eine entsprechende berufliche Tätigkeit zu finden. Diese Lücke soll die WfbM schließen helfen.

Literaturhinweis
Heinrich Greving / Ulrich Scheibner: „Die Werkstattkonzeption: Jetzt umdenken und umgestalten", BHP Verlag, Berlin 2014

13.2 Praktische Umsetzung

Entsprechend ihres Rehabilitationsauftrages verfügen die WfbM über eine besondere Struktur. Diese ist in der Werkstättenverordnung (WVO) festgelegt. Nachfolgend sollen diese Strukturelemente kurz erläutert werden.

Eingangsverfahren (§ 3 WVO)
Soll ein Mensch mit Behinderung in die Werkstatt aufgenommen werden, muss er zunächst das Eingangsverfahren durchlaufen. Die wichtigste Aufgabe dieses Verfahrens besteht in der Überprüfung, ob die Werkstatt die geeignete Einrichtung zur Teilhabe am Arbeitsleben für den Einzelnen ist. Weiterhin soll festgestellt werden, welche Bereiche der Werkstatt und welche Leistungen zur Teilhabe am Arbeitsleben in Betracht kommen. Dazu ist ein Eingliederungsplan zu erstellen. Die Dauer des Eingangsverfahrens liegt zwischen vier Wochen und drei Monaten.
In diesem Strukturbereich ist die Tätigkeit von Heilerziehungspflegern und -pflegerinnen sowie Erziehern und Erzieherinnen mit einer entsprechenden **Zusatzqualifikation** denkbar. Sie müssen besondere Fähigkeiten in der Beobachtung, der Auswertung dieser und dem Erstellen von Förderplänen besitzen.

Berufsbildungsbereich (§ 4 WVO)
Der Berufsbildungsbereich schließt sich dem Eingangsverfahren an. Hier soll an der Entwicklung der Leistungsfähigkeit des Betroffenen gearbeitet werden. Dabei geht es um das Erlernen jener Tätigkeiten, die für den Arbeitsbereich der Werkstatt typisch sind. Ein individueller Förderplan stellt in diesem Bereich das Folgedokument des Eingliederungsplanes dar. Dabei spielen die Einschätzung u. a. des Sozialverhaltens, des lebenspraktischen Bereichs (z. B. räumliche Orientierung, Umgang mit Geld, Zeitbegriff), Kommunikationsfähigkeit, kognitive Fähigkeiten, das Arbeitsverhalten und motorische Fähigkeiten eine Rolle.

Der Berufsbildungsbereich erstreckt sich über maximal zwei Jahre. Am Ende soll der Betroffene in der Lage sein, wenigstens ein Mindestmaß wirtschaftlich verwertbarer Leistungen zu erbringen (§ 40 Absatz 1 SGB IX).

Arbeitsbereich (§ 5 WVO)

Zu diesem Strukturbereich bestimmt der § 41 SGB IX u.a. das Folgende:

---

§ 41 Abs. 1 SGB IX

„(1) Leistungen im Arbeitsbereich einer anerkannten Werkstatt für behinderte Menschen erhalten Menschen, bei denen

1. eine Beschäftigung auf dem allgemeinen Arbeitsmarkt oder
2. Berufsvorbereitung, berufliche Anpassung und Weiterbildung oder berufliche Ausbildung (§ 33 Abs. 3 Nr. 2 bis 4)

wegen Art oder Schwere der Behinderung nicht, noch nicht oder noch nicht wieder in Betracht kommen und die in der Lage sind, wenigstens ein Mindestmaß an wirtschaftlich verwertbarer Arbeitsleistung zu erbringen."

Im Arbeitsbereich werden Menschen mit Behinderung entsprechend ihrer Neigung und Eignung beschäftigt. Weiterhin bieten die Werkstätten auch arbeitsbegleitende Maßnahmen an. Diese sollen der Erhaltung und Verbesserung der im Berufsbildungsbereich erworbenen Leistungsfähigkeit dienen (z. B. sportliche Betätigung). Das SGB IX bestimmt in § 41 Absatz 2 Nr. 3 auch die Förderung des Übergangs auf den allgemeinen Arbeitsmarkt als zu erbringende Leistung des Arbeitsbereichs. In der Praxis ist dies aber nur schwer realisierbar.

Viele WfbM haben sich zu mittelständischen Wirtschaftsunternehmen entwickelt. Die vorherrschenden Rechtsformen sind dabei die gemeinnützige Gesellschaft mit beschränkter Haftung (gGmbH) und der eingetragene Verein (e.V.). Das größte Problem für diese Einrichtungen ist die Beschaffung von entsprechender Arbeit. Dabei sind sie oft Zulieferer für Unternehmen auf dem allgemeinen Arbeitsmarkt. Diese können ihre erteilten Aufträge an die WfbM auf die Ausgleichsabgabe anrechnen lassen. Von Vorteil ist auch, dass die Werkstätten nur 7 % Mehrwertsteuer in ihre Kalkulation einbeziehen müssen. Ansonsten müssen sie ihre entstehenden Kosten soweit wie möglich durch ihre eigenen wirtschaftlichen Arbeitsergebnisse decken.

Die Menschen mit Behinderung stehen im Arbeitsbereich zu den WfbM in einem **arbeitnehmerähnlichen Verhältnis** (§ 138 SGB IX). Grundlage bildet ein zwischen dem Menschen mit Behinderung und dem Träger der Werkstatt abzuschließender Werkstattvertrag. Auf dessen Grundlage hat der Betroffene auch Anspruch auf ein Arbeitsentgelt, das sich u.a. auch an der individuellen Arbeitsleistung orientiert.

Zuständig für die Leistungen in den WfbM können verschiedene Rehabilitationsträger sein. Diese sind entsprechend ihrer Leistungsgesetze und den individuellen Leistungsvoraussetzungen der Menschen mit Behinderung zu erbringen.

13.3 Anregungen und Materialien

Aufgabe

1. *Weisen Sie nach, dass die WfbM einen wichtigen Beitrag zur Realisierung des § 1 SGB IX leisten.*

2. *Setzen Sie sich mit folgender These auseinander: „Die WfbM stellen für den allgemeinen Arbeitsmarkt eine Konkurrenz dar, die Unternehmen besonders in wirtschaftlich schweren Zeiten in Bedrängnis bringen können."*

3. *Studieren Sie die Werkstätten-Mitwirkungsverordnung (WMVO). Stellen Sie anhand dieser die Mitwirkungsmöglichkeiten von Menschen mit Behinderung am Leben in der WfbM dar.*

E Das Rechtsverhältnis von Betreuten zur Wohneinrichtung und deren Mitarbeitern und Mitarbeiterinnen

- Welche Bedeutung hat das Wohn- und Betreuungsvertragsgesetz (WBVG) für die Arbeit in der Behindertenhilfe?

- In welchen Wohnformen leben Menschen mit Behinderung?

- Was regelt das Erbrecht?

- Welche Bedeutung hat der Datenschutz in der Behindertenhilfe?

14 Das Wohn- und Betreuungs- vertragsgesetz (WBVG)

14.1 Theoretische Grundlagen

Bis zum 30. September 2009 wurde das Heimrecht in der Bundesrepublik Deutschland durch das Heimgesetz des Bundes geregelt. Mit der Föderalismusreform vom 1. September 2006 ist die Zuständigkeit für die ordnungsrechtlichen Vorschriften der Heimgesetzgebung vom Bund auf die Länder übergegangen. Alle Bundesländer haben mittlerweile eigene Gesetze und Rechtsverordnungen auf dem Gebiet des Heimrechts erlassen.

Das bisher gültige Heimgesetz enthielt auch vertragsrechtliche Regelungen im Rahmen des Heimrechts. Die Zuständigkeit für diese zivilrechtlichen Bestimmungen liegt weiterhin beim Bund. Daraus ergab sich die Notwendigkeit einer Neuregelung auf Bundesebene.

Ein großer Teil der Berufsgruppe der Heilerziehungspfleger und -pflegerinnen ist in Wohneinrichtungen für Menschen mit Behinderung aller Altersstufen tätig. Die Bewohnerinnen und Bewohner dieser Einrichtungen bedürfen eines besonderen Schutzes. Sie sind auf die Hilfe und Betreuung der dort tätigen Fachkräfte ganz besonders angewiesen. Bewohnerinnen und Bewohner von Wohneinrichtungen der Behindertenhilfe haben dort oftmals ihr Zuhause. Heilerziehungspfleger/-innen müssen sich deshalb der Tatsache stets bewusst sein, dass ihr Arbeitsort in diesen Fällen die unmittelbare Wohnung der zu Betreuenden ist. Aus dieser Tatsache heraus ergeben sich besonders hinsichtlich Einfühlungsvermögen und Achtung der Privatsphäre der ihnen anvertrauten Menschen große Herausforderungen für eine entsprechende Lebensweltgestaltung. Aus diesem Grunde ist es wichtig, einen Überblick über den entsprechenden rechtlichen Rahmen auf Bundes- und Landesebene zu haben.

Auf die Landesebene kann an dieser Stelle nur exemplarisch eingegangen werden.

Die Gesetze zur Regelung des Heimrechts auf Bundes- und Länderebene sind vom Zweck her Schutzgesetze. In den Bestimmungen der einzelnen Bundesländer werden unter diesem Aspekt entsprechende Ziele oder Zwecke der gesetzlichen Regelungen formuliert. So heißt es z. B. in § 1 des „Landesgesetzes über Wohnformen und Teilhabe" des Landes Rheinland-Pfalz:

---

§ 1 Abs. 1 LWTG
„(1) Ziel des Gesetzes ist es, ältere Menschen, volljährige Menschen mit Behinderung und pflegebedürftige volljährige Menschen
1. in ihrer Würde, Privat- und Intimsphäre zu achten,
2. vor Gefahren für ihre körperliche und seelische Gesundheit zu schützen,
3. zu fördern, ihr Leben selbstbestimmt und an ihrem Wohl und ihren Wünschen orientiert gestalten zu können,
4. in der Teilhabe am Leben in der Gesellschaft und bei der Mitwirkung in der Einrichtung, in der sie leben, zu stärken,
5. in ihrer durch Kultur, Religion oder Weltanschauung begründeten Lebensweise und hinsichtlich ihrer geschlechtsspezifisch unterschiedlichen Bedarfe zu achten und
6. zu motivieren, ihre Rechte bei der Inanspruchnahme von Einrichtungen und anderen Unterstützungsangeboten wahrzunehmen."

Die in diesem und auch in den anderen Ländern formulierten Ziele tragen dazu bei, dass Sozialstaatsprinzip nach Artikel 20 Absatz 1 des Grundgesetzes für den gekennzeichneten Personenkreis auszugestalten. Heilerziehungspfleger/-innen haben durch ihre tägliche Arbeit wesentlichen Einfluss auf die Qualität der Umsetzung der in den Gesetzen verankerten Standards für das Leben von Menschen mit Behinderung in den jeweiligen Wohneinrichtungen.

14.2 Praktische Umsetzung

14.2.1 Verträge nach dem WBVG

Das neue Wohn- und Betreuungsvertragsgesetz regelt das Vertragsrecht zwischen Bewohnerinnen und Bewohnern von Wohnformen mit Betreuung einerseits und Trägern solcher Wohnformen andererseits. Dieses Vertragsrecht ist Teil des Zivilrechts. Es gilt im gesamten Bundesgebiet.

§ 1 des Gesetzes regelt den Anwendungsbereich:

---

§ 1 Abs. 1 WBVG

„(1) Dieses Gesetz ist anzuwenden auf einen Vertrag zwischen einem Unternehmer und einem volljährigen Verbraucher, in dem sich der Unternehmer zur Überlassung von Wohnraum und zur Erbringung von Pflege- oder Betreuungsleistungen verpflichtet, die der Bewältigung eines durch Alter, Pflegebedürftigkeit oder Behinderung bedingten Hilfebedarfs dienen. Unerheblich ist, ob die Pflege- oder Betreuungsleistungen nach den vertraglichen Vereinbarungen vom Unternehmer zur Verfügung gestellt oder vorgehalten werden. Das Gesetz ist nicht anzuwenden, wenn der Vertrag neben der Überlassung von Wohnraum ausschließlich die Erbringung von allgemeinen Unterstützungsleistungen wie die Vermittlung von Pflege- oder Betreuungsleistungen, Leistungen der hauswirtschaftlichen Versorgung oder Notrufdienste zum Gegenstand hat."

Der Anwendungsbereich des WBVG ergibt sich nicht, wie vorher im Heimgesetz, aus der Wohnform Heim, in welche der Bewohner aufgenommen wird. An dessen Stelle treten vertragliche Vereinbarungen, die die Überlassung von Wohnraum mit Pflege- oder Betreuungsleistungen zum Gegenstand haben. Die Vertragsparteien werden als Verbraucher und Unternehmer bezeichnet. Durch die Verwendung dieser beiden Begrifflichkeiten wird auf die §§ 13 und 14 des BGB Bezug genommen. Die dort vorhandene gesetzliche Definition der Begriffe vermeidet Abgrenzungsschwierigkeiten zwischen den vorhandenen verschiedenen Wohnformen.

Vor Vertragsschluss im Rahmen des WBVG sind dem Unternehmer umfangreiche Informationspflichten auferlegt worden. Dazu heißt es in § 3 des Gesetzes:

---

§ 3 Abs. 1 WBVG

„Der Unternehmer hat den Verbraucher rechtzeitig vor Abgabe von dessen Vertragserklärung in Textform und in leicht verständlicher Sprache über sein allgemeines Leistungsangebot und über den wesentlichen Inhalt seiner für den Verbraucher in Betracht kommenden Leistungen zu informieren."

Zur Information durch den Unternehmer gehören u. a. Angaben zur Lage des Gebäudes und dessen Ausstattung, Art, Inhalt und Umfang der im Vertrag enthaltenen Leistungen, Darstellung des Wohnraums und der Betreuungs- und Pflegeleistungen. Der Verbraucher trifft durch den Abschluss eines Vertrages im Rahmen des WBVG für sich sehr weitreichende Entscheidungen über seinen künftigen Lebensmittelpunkt und seine weitere Lebensführung. Solche Entscheidungen sind dann in der Zukunft oft nur schwer zu korrigieren. Die in § 3 bestimmten Informationspflichten sollen dem Verbraucher helfen, zwischen verschiedenen Angeboten besser auswählen zu können.

Bei einer nachweislichen Verletzung der Informationspflichten durch den Unternehmer kann der Vertrag laut § 6 Absatz 2 Satz 2 des WBVG durch den Verbraucher fristlos gekündigt werden.

Verträge auf der Grundlage des Wohn- und Betreuungsgesetzes werden grundsätzlich auf unbestimmte Zeit geschlossen. Befristungen sind nach § 4 Absatz 1 möglich, wenn diese nicht den Interessen des Verbrauchers widersprechen.

Das Wohn- und Betreuungsvertragsgesetz regelt in § 11 weitere Kündigungsmöglichkeiten durch den Verbraucher. Dort heißt es u. a.:

> § 11 Abs. 1, 2 WBVG
> „(1) Der Verbraucher kann den Vertrag spätestens am dritten Werktag eines Kalendermonats zum Ablauf desselben Monats schriftlich kündigen. Bei einer Erhöhung des Entgelts ist eine Kündigung jederzeit zu dem Zeitpunkt möglich, zu dem der Unternehmer die Erhöhung des Entgelts verlangt. [...]
> (2) Innerhalb von zwei Wochen nach Beginn des Vertragsverhältnisses kann der Verbraucher jederzeit ohne Einhaltung einer Frist kündigen. Wird dem Verbraucher erst nach Beginn des Vertragsverhältnisses eine Ausfertigung des Vertrags ausgehändigt, kann der Verbraucher auch noch bis zum Ablauf von zwei Wochen nach der Aushändigung kündigen."

Das im Gesetz formulierte Kündigungsrecht für den Verbraucher innerhalb der ersten zwei Wochen nach Beginn des Vertragsverhältnisses wurde neu eingeführt. Hierdurch wird dem Verbraucher eine Art von Probewohnen ermöglicht. Erkennt der Verbraucher während dieser Zeit, dass die im Vertrag vereinbarten Leistungen nicht seinen Vorstellungen entsprechen, dann kann er kündigen.

Eine Kündigung durch den Unternehmer ist nur aus wichtigem Grund möglich. Ein außerordentliches Kündigungsrecht wie für den Verbraucher besteht nicht. Dazu sagt der § 12 Absatz 1 des WBVG das Folgende:

> § 12 Abs. 1 WBVG
> „(1) Der Unternehmer kann den Vertrag nur aus wichtigem Grund kündigen. Die Kündigung bedarf der Schriftform und ist zu begründen. [...]"

Als wichtige Gründe werden im Gesetz u. a. genannt: Einstellung des Betriebs durch den Unternehmer, schuldhafte Verletzung der vertraglichen Pflichten durch den Verbraucher.

14.2.2 Mitwirkungsrechte von Bewohnerinnen und Bewohnern

Die bisher in § 10 des Heimgesetzes geregelten Mitwirkungsrechte von Bewohnerinnen und Bewohnern sind jetzt Bestandteil der jeweiligen Gesetze der Bundesländer. Inhaltlich setzen die Länder dabei ähnliche Schwerpunkte. Exemplarisch soll an dieser Stelle auf einige grundsätzliche Regelungen in Nordrhein-Westfalen eingegangen werden. Dieses Bundesland regelt Fragen der Mitwirkung von Bewohnerinnen und Bewohnern innerhalb der „Durchführungsverordnung zum Wohn- und Teilhabegesetz". Dort wird in § 6 Absatz 1 geregelt:

> § 6 Abs. 1 WTG-DV (Verordnung)
> „(1) Bewohnerinnen- und Bewohnerbeiräte (Beiräte) haben die Interessen der Bewohner zu vertreten. Beiräte sind über alle wichtigen Angelegenheiten zu informieren, die das Leben in der Betreuungseinrichtung betreffen. Sie können mitbestimmen, wenn es um die Grundsätze der Verpflegungsplanung, die Freizeitgestaltung und die Hausordnung in der Betreuungseinrichtung geht."

In dieser Festlegung werden einige Aspekte der Betreuung einer Mitbestimmung der Bewohnerbeiräte unterstellt. Dies entspricht u. a. den Intentionen der Selbstbestimmung und gleichberechtigten Teilhabe von Menschen mit Behinderung im SGB IX.

Kapitel E | Das Rechtsverhältnis von Betreuten zur Wohneinrichtung und deren Mitarbeitern und Mitarbeiterinnen

In § 7 der oben genannten Rechtsverordnung des Landes Nordrhein-Westfalen werden dem Betreiber und der jeweiligen Einrichtungsleitung einer Betreuungseinrichtung konkrete Pflichten hinsichtlich der Wahl und Arbeit von Bewohnerbeiräten auferlegt:

---

§ 7 Abs. 1, 2 WTG-DV (Verordnung)

„(1) Der Betreiber der Betreuungseinrichtung hat dafür zu sorgen, dass Beiräte gewählt werden können, sie über das Wohn- und Teilhabegesetz und die Mitwirkung und Mitbestimmung in einer Betreuungseinrichtung Bescheid wissen.

(2) Die Betreuungseinrichtung stellt dem Beirat unentgeltlich Räume zur Verfügung. Sie trägt auch die angemessenen Kosten für den Beirat. Der Beirat bekommt einen Platz für einen Schaukasten oder ein schwarzes Brett. Er bekommt auch die Möglichkeit, Mitteilungen an die Bewohner zu versenden."

Heilerziehungspfleger und -pflegerinnen können innerhalb ihrer Betreuungstätigkeit die Arbeit von Beiräten unterstützen. Bewohner und Bewohnerinnen, die in diesen Gremien tätig sein wollen oder tätig sind, können durch eine entsprechende Wertschätzung und aktive Unterstützung im Alltag der Wohneinrichtung in ihrer Persönlichkeitsentwicklung nicht unwesentlich positiv beeinflusst werden. Dies setzt eine gute Sachkenntnis über die Aufgaben der Beiräte voraus.

Die Bundesländer bestimmen innerhalb des Landesrechts auch die konkreten Wahlmodalitäten für Bewohnerbeiräte. In Einrichtungen, in denen aus objektiven Gründen eine Wahl dieser Interessenvertretungen nicht möglich ist, legen die Länder andere Möglichkeiten zur Interessenvertretung von Bewohnerinnen und Bewohnern fest. In Nordrhein-Westfalen kann dies ein Vertretungsgremium sein, welches sich aus interessierten Angehörigen und rechtlichen Betreuern zusammensetzen kann. Im Land Brandenburg können dies sogenannte Ombudspersonen sein, die durch die entsprechende Gebietskörperschaft bestimmt werden können.

Die Mitwirkungsrechte der jeweiligen Interessenvertretungen beziehen sich besonders auf folgende Bereiche:
- Änderung der Kostensätze,
- Maßnahmen zur Verhinderung von Unfällen,
- Unterkunft und Betreuung,
- Maßnahmen der sozialen Betreuung und Teilhabe am Leben in der Gemeinschaft.

14.2.3 Leistungen an Träger und Beschäftigte

Für Heilerziehungspfleger und -pflegerinnen waren die Bestimmungen des § 14 im Heimgesetz von nicht zu unterschätzender Bedeutung. Es wurde geregelt, welche Geld- oder geldwerten Leistungen über das zu entrichtende vertragliche Entgelt hinaus für den Träger oder die Mitarbeiter zulässig oder verboten waren. Die Inhalte des § 14 im Heimgesetz sind jetzt auch Bestandteil der jeweiligen landesrechtlichen Bestimmungen geworden. So regelt der § 14 Absatz 2 des „Brandenburgischen Pflege- und Betreuungswohngesetzes" das Folgende:

---

§ 14 Abs. 2 BbgPBWoG

„(2) Der Leitung, den Beschäftigten und den sonstigen Mitarbeiterinnen und Mitarbeiter ist es untersagt, sich von oder zugunsten von Bewohnerinnen und Bewohnern neben der vom Leistungsanbieter erbrachten Vergütung Geld- oder geldwerte Leistungen für die Erfüllung der Pflichten aus dem Vertrag versprechen oder gewähren zu lassen. Absatz 1 Satz 2 Nummer 2 gilt entsprechend."

Zweck einer solchen Vorschrift ist es, die Bewohner vor finanzieller Ausnutzung oder Benachteiligung zu schützen. Weiterhin soll der soziale Frieden in einer Wohneinrichtung nicht untergraben werden. Eine gleiche Betreuung für alle Bewohner unabhängig ihrer finanziellen Lage soll gesichert sein. Für den einzelnen Mitarbeiter bedeutet dies, dass regelmäßige Geld- oder geldwerte Leistungen nicht angenommen werden dürfen. Dazu gehört auch der Verzicht auf

Das Wohn- und Betreuungsvertragsgesetz (WBVG)

vertraglich vereinbarte Leistungen durch den Bewohner. In Absatz 1 Satz 2 Nummer 2 der oben zitierten Vorschrift des Landes Brandenburg werden sogenannte „geringwertige Aufmerksamkeiten" aus diesem Verbot herausgenommen. Darunter fallen die zugesteckte Tafel Schokolade, die Packung Kaffee oder der zugesteckte Zehneuroschein. Dazu gibt es aber einige Faustregeln, die im Einzelfall weiterhelfen können: Geldbeträge einmalig bis zu 25,00 EUR und mehrmals jährlich bis zu 50,00 EUR gelten als unbedenklich. Kaffee oder Süßigkeiten im entsprechenden Rahmen verstoßen ebenfalls nicht gegen diese Regelung. Dienstrechtlich kann aber der Unternehmer die Annahme jeglicher Aufmerksamkeiten untersagen. Er muss an dieser Stelle den sozialen Frieden unter den Mitarbeitern im Auge haben. In manchen Einrichtungen werden solche Zuwendungen innerhalb des gesamten Mitarbeiterteams „verwertet" (z. B. Gemeinschaftskasse).

> **Definition**
>
> *Geld- oder geldwerte Leistungen sind jede Zuwendung von Geld oder anderen Sachen, die Geldwert besitzen.*

14.3 Anregungen und Materialien

> **Aufgaben**
>
> 1. *Sie arbeiten als Heilerziehungspfleger in einem Wohnheim für Volljährige mit geistiger Behinderung. Weisen Sie nach, dass Sie durch Ihre Arbeit wesentlich zur Erfüllung des mit jedem Bewohner abgeschlossenen Heimvertrages beitragen.*
>
> 2. *Eine Bewohnerin des in Aufgabe 1 genannten Heims versucht sehr häufig, Ihnen Süßigkeiten zuzustecken. Welche Gründe könnte dies haben? Wie könnten Sie reagieren?*

Materialien
- Heimgesetz des jeweiligen Bundeslandes

Literaturhinweis
Thomas Hülshoff / Stefan Pöhler (Hrsg.), Der Weg entsteht im Gehen – Praktische Projektarbeit in der Behindertenpädagogik, Freiburg, Lambertus Verlag, 2002.

In diesem Buch ist ein Projektbericht über die Schulung von 17 Heimbeiräten aus 4 verschiedenen Heimen für Menschen mit geistiger Behinderung enthalten. Es wird u. a. dargestellt, wie Praktikanten einer Fachhochschule im Rahmen dieser Schulung den Heimbeiräten Inhalte ihrer Aufgaben näherbrachten. Einiges daraus ist sicher im Sinne der ständigen Evaluierung und Innovation heilerziehungspflegerischer Arbeit in Heimeinrichtungen verwendbar bzw. regt zumindest zum Nachdenken über entsprechende Möglichkeiten in der eigenen Praxis an.

15 Wohnformen für Menschen mit Behinderung

15.1 Theoretische Zusammenhänge

Kann die Familie genügend Sicherheit und einen ausreichenden Entwicklungsraum bieten oder müssen die staatliche Verwaltung bzw. andere gesellschaftliche Kräfte einspringen? Wie kann ein menschenwürdiges Wohnen und Leben für Menschen mit Behinderung in der Gesellschaft gewährleistet werden? Diese und ähnliche Fragen müssen immer wieder neu gestellt und beantwortet werden. Betrachtet man die Entwicklung der Wohnsituation dieser Menschen in den letzten ca. 30 Jahren, dann kann man sagen, dass sich das Leben und Wohnen von Menschen mit Behinderung in der Bundesrepublik Deutschland als sehr vielgestaltig darstellt. Wohnheim, betreute Wohngruppe, Außenwohngruppe, Trainingswohngruppe sind nur einige Begriffe, die zeigen, dass es **die** Wohnform für den gekennzeichneten Personenkreis nicht gibt.

Ein Blick zurück in die Geschichte verdeutlicht, dass eine organisierte Versorgung von Menschen mit Behinderung außerhalb der eigenen Familie eine sehr lange Tradition hat. Eng verbunden ist diese historische Entwicklung mit der Ausbreitung des Christentums. Die ersten christlichen Gemeinden übernahmen Aufgaben der Versorgung und Betreuung der Betroffenen. In den späteren Jahren waren es Klöster und Ordensgemeinschaften, die sich für Menschen mit Behinderung einsetzten. Dadurch begann der Prozess der Institutionalisierung und Professionalisierung.

Im Rahmen der Unterbringung von Menschen mit Behinderungen entstanden **Sondereinrichtungen**. Dabei ging es um ein Fernhalten von der „normalen" Gesellschaft in Anstalten bzw. Siechenhäusern. Ursache dafür war u. a. auch die im Mittelalter verbreitete Ansicht, dass Kranke und Behinderte vom Teufel verhext seien. Kontakte von Schwangeren mit diesen Menschen beispielsweise wurden für gefährlich gehalten, weil dadurch missgestaltete Kinder auf die Welt kommen würden (vgl. Forster/Schönewiese, 1976).

Die **Entwicklung der Naturwissenschaften und der Medizin** sorgten aber dafür, dass Behinderungen immer mehr als Krankheit und weniger als Gottesstrafe oder Werk des Teufels angesehen wurden. Es entstanden medizinische Einrichtungen, in denen versucht wurde, ganz spezielle Krankheiten und Behinderungen zu therapieren. Mit dieser Entwicklung ging das Erfassen in medizinische Kategorien einher (vgl. Foucault, 1976).

Bis ins 19. Jahrhundert hinein lebten Menschen mit Behinderung in **Großfamilien**, wenn sie nicht in einer Anstalt untergebracht waren. Diese Familien waren zumeist als handwerkliche bzw. bäuerliche Lebensgemeinschaft organisiert. Die jeweiligen Erben mussten die Versorgung der Alten und Kranken sicherstellen, da diese ein entsprechendes lebenslanges Wohn-, Versorgungs- und Pflegerecht hatten. Durch die **Industrialisierung** zerfiel die Struktur der Großfamilie. Eine außerfamiliäre Unterbringung und Versorgung wurde dadurch immer notwendiger. „Anstalten für Schwachsinnige" entstanden, die bis zum Ersten Weltkrieg zahlenmäßig stark anstiegen. Träger solcher Einrichtungen waren vor allem Kirchen und kirchliche Stiftungen. Trotz der guten Absichten und einer Verbesserung der Lebensbedingungen für die Betroffenen war eine gesellschaftliche Ausgrenzung, deren Wirkungen wir noch bis in die Gegenwart bemerken, zwangsläufig die Folge.

Nach der unheilvollen Zeit des Nationalsozialismus entwickelten sich die Anstalten zu heilpädagogischen Einrichtungen. Durch den Ausbau der Werkstätten für Menschen mit Behinderung in den 1960er-Jahren wurden Wohnheime notwendig. Viele Eltern konnten aus Altersgründen die Versorgung ihrer inzwischen volljährigen Kinder nicht mehr allein sicherstellen. **Heute** gibt es in der Bundesrepublik Deutschland verschiedene offene und geschlossene Formen des Wohnens. Im offenen Bereich handelt es sich u. a. um betreute Wohngruppen, Wohngemeinschaften und Gastfamilien. Wohnstätten im geschlossenen Bereich stellen ein breites Spektrum von Angeboten bereit (z. B. Therapie, Ausbildung, Arbeit, Wohnen).

Nachfolgend wollen wir einige ausgewählte Wohnformen vor allem aus rechtlicher Sicht betrachten.

15.2 Praktische Umsetzung

15.2.1 Betreutes Wohnen

Eine allgemein verbindliche Definition des betreuten Wohnens gibt es nicht. Es kann aber davon ausgegangen werden, dass die Formen des Wohnens auch für Menschen mit Behinderung primär durch eine selbstständige Lebensführung gekennzeichnet sind. Hilfen und Leistungen, die über eine sogenannte Grundbetreuung hinausgehen, werden nur nach ausdrücklicher Anforderung und bei Wahlfreiheit gegenüber den Leistungserbringern in Anspruch genommen.

Folgende allgemeine **Merkmale** für das betreute Wohnen sind nach Storm gültig (vgl. Davids/Storm, 1995, S. 7 f):
- Menschen mit Behinderung leben in Gruppen von 2 bis 7 Personen in einem normalen Wohnhaus
- die Wohnung liegt nicht auf dem Gelände des Trägers bzw. in einem nicht nur vom Träger genutzten Haus
- die Betreuung durch professionelle Helfer erfolgt zu festgelegten Zeiten
- Hausarbeiten und Besorgungen werden von den Bewohnern allein oder gemeinsam mit den Betreuern erledigt
- Regeln für das Zusammenleben erstellen die Bewohner mit Behinderung gemeinsam mit ihren Betreuern

In der nachfolgenden Übersicht werden verschiedene **Formen** des betreuten Wohnens charakterisiert. Diese Angaben stützen sich auf aktuelle Angaben verschiedener Träger von heilerziehungspflegerischen Wohneinrichtungen (u.a. Caritas, SoVD).

Formen betreuten Wohnens	Kennzeichen
Wohngemeinschaft	<ul><li>Zusammenleben mehrerer Personen, die keine Familie sind</li><li>leben aufgrund ihres übereinstimmenden Willens zusammen</li><li>Regelung der Mithilfe für Angelegenheiten des täglichen Lebens erfolgt eigenverantwortlich</li><li>für Menschen mit Behinderung mögliche Wohnform, wenn Bewohner den Einsatz von Helfern selbst organisieren können</li></ul>
Wohngruppe	<ul><li>kleine Wohneinheit von einem Träger organisiert</li><li>Zusammensetzung wird entscheidend vom Träger bestimmt</li><li>zusammenlebende Personen wären mit Verantwortung und Pflichten zur Selbstversorgung überfordert</li><li>Bewohner wirken aber entsprechend ihrer Fähigkeiten bei der Selbstversorgung und dem Leben in der Gruppe mit</li></ul>
Außenwohngruppe	<ul><li>Wohngruppe eines Trägers von Wohnstätten</li><li>Bewohner verfügen über ein hohes Maß an lebenspraktischen Fähigkeiten</li><li>Wohngruppe ist räumlich von der Kerneinheit getrennt</li><li>Bewohner benötigen regelmäßiges Förderangebot nur in Teilbereichen</li><li>Betreuung ist mit geringerem Personaleinsatz möglich</li></ul>
Trainingswohngruppe	<ul><li>vom Träger zur Verfügung gestellte Wohnung</li><li>dient dem Training der Verselbstständigung zum Wechsel in eine selbständigerer Wohnform</li><li>Betreuung umfasst zielgerichtetes Training für ein künftig selbständigeres Leben</li></ul>
Betreutes Einzelwohnen	<ul><li>wohnen in eigener Wohnung</li><li>ambulante Betreuung durch Fachkräfte im eigenen Wohnumfeld</li><li>Betreuung richtet sich nach dem tatsächlichen Bedarf</li></ul>

Rechtlich gesehen ist nach dem Inkrafttreten des Wohn- und Betreuungsvertragsgesetzes der in diesem Gesetz formulierte Anwendungsbereich für die jeweilige Wohneinrichtung von Bedeutung. Wie bereits in Abschnitt 14.2.1 dargestellt, steht nicht mehr die Definition der Wohneinrichtung Heim im Mittelpunkt des Anwendungsbereichs des Gesetzes, sondern der jeweilige abzuschließende Vertrag mit den definierten grundlegenden Inhalten.

15.2.2   Gruppengegliederte Wohnheime

Wohneinrichtungen dieser Art haben eine lange Tradition. In den 1960er-Jahren wurden sie noch als Großwohnheime für etwa 80 bis 100 Bewohner gebaut. Heute liegen die Standardgrößen deutlich darunter. Angestrebt werden Wohnheime mit möglichst nicht mehr als drei Gruppen. In diesen sollten nicht mehr als sechs bis acht Bewohner leben. Heute noch existierende größere Wohneinrichtungen werden zunehmend dezentralisiert. Es hat sich in der Praxis gezeigt, dass die Überschaubarkeit dieser Heime für die Qualität der Betreuung eine wichtige Rolle spielt, da in kleineren Gruppen wesentlich besser auf die Bedürfnisse des einzelnen Bewohners eingegangen werden kann.

Rechtsgrundlage für die abzuschließenden Verträge von Wohnheimen ist seit dem 1. Mai 2010 das WBVG.

15.2.3   Leben in der Gastfamilie

Innerhalb der Kinder- und Jugendhilfe ist die Aufnahme von Kindern in eine fremde Familie (Pflegefamilie) allgemein bekannt als Unterstützungsmaßnahme der Hilfen zur Erziehung. Weniger bekannt ist die Aufnahme von erwachsenen Menschen mit geistiger Behinderung in Familien. Dieses Konzept der Familienpflege bietet für die Betroffenen gegenüber Heimeinrichtungen wesentliche Vorteile. Durch das familiäre Eingebundensein kann die Teilhabe am Leben in der Gesellschaft besonders individuell und auch wirksam gestaltet werden. Das Finden von Familien, die sich dieser anspruchsvollen Aufgabe stellen, ist allerdings nicht einfach.

In der Bundesrepublik Deutschland versuchen in den letzten Jahren besonders **psychiatrische Krankenhäuser** solche Gastfamilien zu finden. Langzeitpatienten soll dadurch ein individuelleres Wohnen ermöglicht werden. Gleichzeitig kann damit auch die Rehabilitation von Menschen mit Behinderung wirkungsvoll unterstützt werden.

Unmittelbare Rechtsgrundlage für die Beteiligten ist ein **Pflegevertrag**. An diesem beteiligt sind neben der Gastfamilie und dem aufzunehmenden Bewohner auch das zuständige Sozialamt und das zuständige Krankenhaus bzw. die Klinik. Auch dieser Vertrag ist wieder ein Mischvertrag. In ihm sind die Unterkunft und sonstige zu erbringende Leistungen durch die Gastfamilie geregelt. Diese erhält neben der fachlichen Begleitung auch ein angemessenes Pflegegeld.

Rechtsgrundlagen für die **Finanzierung** der Gastfamilien bilden u. a. der § 54 Absatz 1 SGB XII (Leistungen der Eingliederungshilfe) und der § 55 SGB IX (Leistungen zur Teilhabe am Leben in der Gemeinschaft). So bestimmt der § 55 SGB IX u. a. das Folgende:

> § 55 SGB IX
> „(1) Als Leistungen zur Teilhabe am Leben in der Gemeinschaft werden die Leistungen erbracht, die den behinderten Menschen die Teilhabe am Leben in der Gemeinschaft ermöglichen oder sichern oder sie so weit wie möglich unabhängig von Pflege machen und nach den Kapiteln 4 bis 6 nicht erbracht werden.
> (2) Leistungen nach Absatz 1 sind insbesondere
> [...]
> 6. Hilfen zu selbstbestimmtem Leben in betreuten Wohnmöglichkeiten
> [...]"

Gegenüber einer Unterbringung im Heim ist diese Wohnform natürlich weitaus kostengünstiger. In den Materialien des Abschnittes 15.3 gibt es dazu ein Beispiel aus Nordrhein-Westfalen.

15.2.4 Menschen mit Behinderung in stationären Einrichtungen der Altenhilfe

Die Anzahl von Menschen mit Behinderung in stationären Einrichtungen der Altenhilfe hat in den letzten Jahren stark zugenommen. Es handelt sich hier zumeist um Menschen mit Altersdemenz. Für diese wird eine fachgerechte Betreuung in den Einrichtungen immer notwendiger. Altenpfleger und Altenpflegerinnen allein können diese Arbeit aus meist sehr objektiven Gründen (Inhalte der Ausbildung, Personalnot) nicht leisten. Deshalb wird die Altenhilfe künftig ein nicht zu unterschätzender Arbeitsbereich für Heilerziehungspfleger/-innen sein.

In Einrichtungen der Altenhilfe ist es oft schwierig, die Bedürfnisse von Bewohnern mit und ohne Behinderung in ausreichendem Maße zu berücksichtigen. Manche Einrichtungen nehmen zumindest eine teilweise räumliche Trennung (z. B. durch spezielle Betreuungsangebote am Tage) beider Bewohnergruppen vor. Dies hat einen etwas ausgrenzenden Charakter gegenüber den Bewohnern mit Behinderung. Gleichzeitig muss jedoch bedacht werden, dass die Bewohner ohne Behinderung ein Recht darauf haben, ihre Kontaktpersonen im Heim eigenverantwortlich und ihren Bedürfnissen entsprechend auszuwählen. In der Altenhilfe tätige Heilerziehungspfleger und -pflegerinnen müssen sich in diesem Spannungsfeld bewegen können.

15.2.5 Betreuungs- und Aufsichtspflicht in Wohneinrichtungen für Volljährige

In Abschnitt 7 haben wir bereits Grundsätzliches zur Betreuungs- und Aufsichtspflicht gesagt. An dieser Stelle wollen wir auf einige Besonderheiten im Zusammenhang mit der Betreuung von volljährigen Menschen mit Behinderung in Wohneinrichtungen hinweisen. Dazu nachfolgendes Beispiel:

> **Fallsituation**
> Sie arbeiten in einem gruppengegliederten Wohnheim für volljährige Menschen mit geistiger Behinderung. Zu den von Ihnen betreuten Bewohnern gehört auch Herr D. Er arbeitet tagsüber in einer Werkstatt. Herr D. neigt mitunter zu aggressivem Verhalten gegenüber Mitbewohnern. Eines Abends beginnt er während einer heftigen verbalen Auseinandersetzung auf einen Mitbewohner einzuschlagen. Es gelingt Ihnen, mithilfe eines weiteren Betreuers Herrn D. zu überwältigen. Sie schließen ihn in sein Zimmer ein, um so eine weitere Bedrohung anderer Heimbewohner zu unterbinden.

Wie ist die dargestellte Handlungsweise des Betreuungspersonals rechtlich zu beurteilen? Zunächst bleibt festzustellen, dass die Gefahr von Zwangsanwendung und damit die Verletzung von Persönlichkeitsrechten in der Heilerziehungspflege sehr groß sein können. Dies ist besonders immer dann der Fall, wenn es gilt, Selbstgefährdungen und Gefährdungen anderer betreuter Personen zu vermeiden.
Bereits in Kapitel 8 (vgl. S. 86) wurde auf Art. 104 GG verwiesen, der die Einschränkung der persönlichen Freiheit von gesetzlich verankerten Bestimmungen abhängig macht. Grundsätzlich gilt gemäß § 239 StGB:

> § 239 Abs. 1 StGB
> „(1) Wer einen Menschen einsperrt oder auf andere Weise der Freiheit beraubt, wird mit Freiheitsstrafe bis zu fünf Jahren oder mit Geldstrafe bestraft."

Formal gesehen liegt also nach dieser Vorschrift der Straftatbestand der Freiheitsberaubung vor. Die Bewegungsfreiheit des Herrn D. wurde wesentlich eingeschränkt, indem er eingesperrt wurde. Prüfen wir weiter, ob es eine gesetzliche Regelung gibt, die eine solche Freiheitsbeschränkung ermöglichen könnte. Dazu ziehen wir erneut den § 34 StGB (Rechtfertigender Notstand) heran (vgl. S. 88). In unserem Fall wäre jetzt zu prüfen, ob es sich um einen „rechtfertigenden Notstand" handelt. Dies wäre der Fall, wenn durch das Verhalten von Herrn D. eine gegenwärtige Gefahr für Leib oder Leben der Mitbewohner begründet würde, die nicht anders abgewendet werden konnte. Wäre dies gegeben, dann wäre das Verhalten der Betreuungsperson angemessen und der Tatbestand der Freiheitsberaubung nicht erfüllt. Unser Beispiel stellt eine sogenannte **Fixierung** dar, die unter bestimmten Umständen zulässig ist. Beispiele für Fixierungen wurden bereits im Zusammenhang mit der Unterbringung nach § 1906 BGB (vgl. S. 87) genannt. Die Zulässigkeit solcher Fixierungen ist unter folgenden Voraussetzungen gegeben:

- Einwilligung des Betroffenen
- Vorliegender rechtfertigender Notstand nach § 34 StGB
- bei richterlich genehmigter oder beschlossener Unterbringung

Für Heilerziehungspfleger/-innen muss die Anwendung jeglicher Freiheitsentziehung im Rahmen ihrer Betreuungs- und Aufsichtspflicht das wirklich letzte Mittel sein. Es sollte klar sein, dass eine aus sozialer Fürsorglichkeit vorgenommene Fixierung ohne Willen der Betroffenen eine Straftat darstellt.

Der Grad der Wahrnehmung von Betreuungs- und Aufsichtspflicht richtet sich auch gegenüber volljährigen Menschen mit Behinderung nach den in Abschnitt 7.2.1 erläuterten Kriterien. Betrachten wir ein weiteres Beispiel:

> **Beispiel**
>
> *Fallsituation*
>
> *Eine Gruppe von Volljährigen mit geistiger Behinderung, die tagsüber in der Werkstatt arbeiten, verlässt regelmäßig nach Rücksprache mit dem Betreuungspersonal die Wohnstätte, um in die Stadt zu gehen. Manchmal gehen die Bewohner auch in eine Kneipe, um etwas zu essen oder auch ein Bierchen zu trinken. Während eines solchen Ausflugs überquert der geistig beeinträchtigte M. unachtsam die Straße. Es kommt zu einem Zusammenstoß mit einem Radfahrer, der sich dabei erheblich verletzt. Er verlangt vom Träger der Wohnstätte Schadenersatz wegen Verletzung der Aufsichtspflicht.*

Der betroffene Radfahrer wendet sich an den Träger der Einrichtung. Er kommt wahrscheinlich gar nicht auf die Idee, dass der Schadensverursacher selbst zur Verantwortung gezogen werden könnte. Dadurch wird erkennbar, dass das Handeln im Rahmen der Aufsichtspflicht auch mit in der Gesellschaft vorherrschenden Auffassungen über die Rechtssituation von Menschen mit Behinderung in einem Spannungsverhältnis steht. Eine Verletzung der Aufsichtspflicht wäre allerdings in diesem Falle nur dann gegeben, wenn die Schwere der Behinderung ein selbstständiges Orientieren im öffentlichen Straßenverkehr unmöglich machen würde. Die Wahrnehmung der Betreuungs- und Aufsichtspflicht gegenüber volljährigen Menschen mit Behinderung muss sich streng an den Notwendigkeiten des geistigen und körperlichen Zustands der zu Beaufsichtigenden (§ 832 Abs. 1 BGB, siehe Abschnitt 7.1.2) orientieren. Sie umfasst in diesem Rahmen besonders:

- die umfassende Information über den zu Beaufsichtigenden hinsichtlich des gesamten Persönlichkeitsbildes,
- eine der vorhandenen Aufnahmefähigkeit angepasste Unterrichtung des zu Beaufsichtigenden über mögliche Gefährdungen einschließlich deren Folgen,
- ein notwendiges Maß an Überwachung,
- die Weitergabe von notwendigen Informationen an andere Betreuungskräfte bei der planmäßigen Ablösung durch Kollegen.

Es wäre also im Beispiel zu prüfen, inwieweit die Betreuungspersonen diesen Pflichten nachgekommen sind. Hier könnte besonders „das Maß der notwendigen Überwachung" ein wichtiges Beurteilungskriterium sein. Ist diesbezüglich nichts zu beanstanden, dann trifft den Träger keine Haftungsverpflichtung.

Der **Informationsaustausch** zwischen den Betreuungspersonen einer Bewohnergruppe ist eine wichtige Aufgabe innerhalb der Betreuungs- und Aufsichtspflicht. Diesbezüglicher schriftlicher und mündlicher Informationsaustausch können dazu beitragen, dass bei auftretenden Konfliktsituationen eine schnelle Klärung herbeigeführt werden kann. Dazu gehört auch die sofortige Dokumentation von eventuell vorgenommenen Fixierungen. Diese können eventuelle später notwendig gewordene gerichtliche Entscheidungen sehr unterstützen.

Wohnformen für Menschen mit Behinderung

15.3 Anregungen und Materialien

Aufgaben

1. Sie arbeiten in einem Wohnheim für Erwachsene mit geistiger Behinderung. Herr M. ist ein neuer Bewohner in Ihrer Gruppe. Er kam vor zwei Tagen zu Ihnen. Die Eltern, bei denen er bisher wohnte, fühlten sich inzwischen mit seiner Pflege und Betreuung überfordert. Herr M. hat nun einen Termin bei seinem behandelnden Neurologen. Dieser hat seine Praxis ganz in der Nähe Ihrer Wohneinrichtung. Sie haben zurzeit alleine Dienst. Neben Herrn M. befinden sich zwei weitere Bewohner Ihrer Gruppe im Wohnbereich. Sie überlegen, ob Sie Herrn M. allein zum Neurologen schicken könnten.

   Wie würden Sie sich entscheiden? Formulieren Sie auf der Grundlage Ihrer Kenntnisse über die Betreuungs- und Aufsichtspflicht eine rechtlich begründete Argumentation für Ihr Handeln in der obigen Situation.

2. Welche Informationen wären im Rahmen der Betreuungs- und Aufsichtspflicht für die Bewohner in der Fallsituation von S. 119 für den selbständigen Aufenthalt in der Stadt notwendig? Stellen Sie diese stichpunktartig zusammen.

Materialien

Der nachfolgende Artikel vermittelt einige Informationen zur Betreuung von Menschen mit Behinderung in einer Gastfamilie.

> *„Gastfamilien für behinderte Menschen – eine Alternative zum Wohnen im Heim*
> *Landschaftsverbände suchen Familien*
>
> *Wickede (lwl). Morgens, kurz nach acht in einem Einfamilienhaus in Wickede (Kreis Soest). ‚Ich habe Kaffee aufgesetzt!' ruft Monika Fritsche aus der Küche nach oben. Kurz danach kommen Recep C. und Horst H. die Treppe herunter und setzen sich an den Frühstückstisch. Sie plaudern ein wenig, starten gemeinsam in den neuen Tag. Dass die beiden Männer chronisch psychisch krank sind, ist das Einzige, was den Haushalt von einer ganz normalen Familie unterscheidet.*
>
> *Vor vier Jahren entschlossen sich Monika und Dieter Fritsche, behinderte Menschen in ihr Haus aufzunehmen. Seitdem ist das Ehepaar aus Wickede eine von rund 50 Gastfamilien in Westfalen-Lippe, die in das Konzept der so genannten Familienpflege eingebunden sind. […] Gemeinsam mit den Wohlfahrtsverbänden will der LWL mehr Familien dafür interessieren, behinderte Menschen aufzunehmen. „Bislang leben rund 50 behinderte Menschen in Westfalen-Lippe in einer Gastfamilie, Ende des Jahres sollen es nach den Vorstellungen des Kommunalverbandes bereits über 100 in Westfalen-Lippe sein. Im Rheinland bestehen 140 Familienpflegeverhältnisse. ‚Für behinderte Menschen bedeutet die Familienpflege ein Stück mehr Integration', begründet Thomas Profazi vom LWL in Münster den neuen Vorstoß. Er schätzt, dass langfristig mehrere hundert Gastfamilien zu einem neuen Zuhause werden könnten. In Westfalen-Lippe leben rund 19.000 behinderte Menschen in Heimen (NRW: 42.000).*
>
> *Die bisherigen Erfahrungen zeigten, dass sowohl die behinderten Menschen als auch die aufnehmenden Familien das „neue Familienmitglied" als Gewinn betrachteten, so Profazi weiter. Wichtig sei eine kontinuierliche Begleitung durch ein Team von professionellen Betreuern, die auch bei Problemen oder Krisen sofort helfen könnten.*
>
> *Recep C. kam zu Monika und Dieter Fritsche, als sich seine Tochter nicht mehr um ihn kümmern konnte. ‚Nach dem Tod meiner Frau bin ich krank geworden', sagt der 57-Jährige leise. In der Westfälischen Klinik für Psychiatrie Warstein erfuhr der gebürtige Türke von der Möglichkeit, in einer Gastfamilie zu leben. Nach einem Wochenende ‚Probewohnen' bei den Fritsches war ihm klar: ‚Wir passen zusammen.' Den passenden Patienten zur passenden Familie zu finden: ‚Das ist meist das Schwierigste', weiß Waltraud Brune, die in der Klinik Warstein die ambulanten Dienste leitet. Nicht jeder behinderte Mensch könne von der Familienpflege profitieren. ‚Aber wenn die Chemie stimmt, ist die Familie für manche viel besser als ein Heim oder eine Wohngruppe – sie kann ein ruhiger Fleck im Leben werden.'*

Regelmäßig schaut eine Betreuerin bei Recep C. und Horst H. vorbei. Der 60-Jährige kam vor anderthalb Jahren als zweiter ‚Familienzuwachs' nach Wickede. Seitdem wohnen die Männer Tür an Tür im ersten Stock. In den Zimmern, die seit dem Auszug der beiden Söhne des Ehepaars Fritsche leer standen. ‚Eine soziale Ader sollte man für die Familienpflege schon mitbringen', räumt Monika Fritsche ein. Ansonsten sei nur das wichtig, was jede Familie ausmache: sich zu helfen, Rücksicht zu nehmen, füreinander da zu sein.

Bei schönem Wetter geht Recep C. ein wenig mit Lisa spazieren, der sieben Monate alten Dackelhündin. Horst H. schlendert oft rüber zur Tankstelle, manchmal sitzt er stundenlang vor seinem Radio. Wenn Monika Fritsches Enkelin Michelle am Wochenende durchs Haus fegt, freut sich Recep schon Tage vorher. Im November war er mit Dieter und Monika sogar im Urlaub, in der Türkei. Zum ersten Mal in seinem Leben, erzählt Recep C. lächelnd, habe er da im Meer gebadet.

Die Betreuung in der Familie statt im Heim hat auch einen finanziellen Aspekt: Nach Schätzungen des Landschaftsverbandes kostet die Familienpflege den LWL monatlich für einen Betreuten mindestens 1 000 Euro weniger als die Unterbringung im Heim. So schlage die Versorgung eines Menschen, der tagsüber eine Werkstatt für Behinderte besuche und abends in seine Gastfamilie zurückkehre, mit rund 2 000 Euro pro Monat zu Buche. Darin ist ein Betreuungsgeld von 772 Euro enthalten, das die Gastfamilien bekommen. 3 500 Euro dagegen wären im Vergleich für den selben Menschen als Heimbewohner zu zahlen. [...]"

(Landschaftsverband Westfalen-Lippe: Gastfamilien sollen für behinderte Menschen eine Alternative zum Wohnen im Heim werden, Pressemitteilung vom 18.02.03, unter: http://www.lwl.org/pressemitteilungen/mitteilung.php?urlID=13407, [06.10.2011])

TIPP

Der LWL hat zum Thema auf seiner Internetseite weitere Informationen bereitgestellt: www.lwl.org/LWL/Soziales/Behindertenhilfe/gastfamilien

16 Erbrecht

16.1 Theoretische Zusammenhänge

Das Erbrecht ist ein wichtiger Bestandteil unseres Zivilrechts. Es ist als Fünftes Buch (§§ 1922 bis 2385 BGB) Bestandteil des BGB. Es regelt die Fragen, wem das Vermögen einer Person nach ihrem Tode zufällt. Menschen mit Behinderungen können selbst Erbe werden bzw. selbst Vermögen besitzen. Daraus ergibt sich für Heilerziehungspfleger /-innen die Notwendigkeit, Grundwissen zu diesem Rechtsbereich zu haben. Berührungspunkte im Rahmen der Berufstätigkeit sind möglich.

16.1.1 Begriff „Erbe sein" – Erbfähigkeit

Mit dem Tode einer Person tritt ein Erbfall ein. Die verstorbene Person wird im Erbrecht als Erblasser bezeichnet. Derjenige, auf welchen das Vermögen des Erblassers übergeht, wird als Erbe bezeichnet. Werden mehrere Personen Erbe, dann entsteht eine Erbengemeinschaft. Nach § 2032 BGB steht dann der Nachlass den Erben gemeinschaftlich zu. § 1922 BGB bestimmt das „Erbe sein" wie folgt:

§ 1922 Abs. 1 BGB
„(1) Mit dem Tode einer Person (Erbfall) geht deren Vermögen (Erbschaft) als Ganzes auf eine oder mehrere andere Person/en (Erben) über."

Der Begriff „Erbe sein" könnte kurzgefasst also wie folgt definiert werden:

Merke
Ein Erbe tritt stets die Gesamtrechtsnachfolge des Erblassers in dem ihm zugewiesenen Teil an.

Dies bedeutet, dass auch die vorhandenen Verbindlichkeiten des Erblassers zur Erbschaft gehören. Hat der Erblasser beispielsweise Verbindlichkeiten gegenüber einer Bank in Form eines Krediets, dann muss der Erbe die sich daraus ergebenden Verbindlichkeiten übernehmen.
Als nächstes steht die Frage an, wer berechtigt ist, Erbe zu sein. Dazu bestimmt § 1923 BGB:

> § 1923 BGB
> „(1) Erbe kann nur werden, wer zur Zeit des Erbfalls lebt.
> (2) Wer zur Zeit des Erbfalls noch nicht lebte, aber bereits gezeugt war, gilt als vor dem Erbfall geboren."

Absatz 2 dieser Regelung bestimmt also bezüglich der Erbfähigkeit eine Ausnahme. Bereits gezeugtes, aber noch nicht geborenes menschliches Leben (der Embryo) ist erbfähig.

16.1.2 Erbfolgen (Überblick)

Betrachten wir als Nächstes die Frage, wie man in unserer Gesellschaft Erbe werden kann. Dazu gilt es, zwischen der **gesetzlichen** und der **gewillkürten Erbfolge** zu unterscheiden. Nachfolgende Tabelle gibt dazu eine Übersicht.

Gesetzliche Erbfolge	Gewillkürte Erbfolge
<ul><li>tritt immer dann ein, wenn keine rechtsgültige letztwillige Verfügung des Erblassers vorliegt</li><li>gesetzliche Erben können sein: Verwandte, Ehepartner, Staat</li></ul>	<ul><li>tritt immer dann ein, wenn eine rechtsgültige letztwillige Verfügung (Testament, Erbvertrag) des Erblassers vorhanden ist</li><li>Erblasser kann Erbfolge selbst festlegen</li><li>Grenzen für den Erblasser bezüglich der Festlegung einer Erbfolge setzt nur das Pflichtteilsrecht (§ 2303 BGB)</li></ul>

16.2 Praktische Umsetzung

16.2.1 Die gesetzliche Erbfolge

Liegt keine letztwillige Verfügung des Erblassers vor, dann tritt diese Erbfolge ein. Sie folgt dem **Familienprinzip**. Das BGB bestimmt für die jeweiligen Verwandtschaftsverhältnisse verschiedene Erbordnungen. Dem Ehegatten wird in der gesetzlichen Erbfolge ein besonderes Erbrecht zuerkannt. Verdeutlichen wir dies an einem Beispiel:

Beispiel
Fallsituation
Herr M. verstirbt. Er hinterlässt seine Ehefrau, eine Tochter, einen Sohn und eine Enkeltochter (Kind des Sohnes). Eine letztwillige Verfügung ist nicht vorhanden.

Es tritt in diesem Falle die gesetzliche Erbfolge in Kraft. Zunächst muss festgestellt werden, wer Erbe wird. Dabei hilft uns der § 1924 BGB weiter:

> § 1924 BGB
> „(1) Gesetzliche Erben der ersten Ordnung sind die Abkömmlinge des Erblassers.
> (2) Ein zurzeit des Erbfalls lebender Abkömmling schließt die durch ihn mit dem Erblasser verwandten Abkömmlinge von der Erbfolge aus."

Abkömmlinge und damit Erben der ersten Ordnung sind die Kinder, Enkel und Urenkel des Erblassers. In unserem Beispiel wären dies Tochter und Sohn des Herrn M. sowie die Enkeltochter. Diese ist nach Absatz 2 des § 1924 allerdings vom Erbe ausgeschlossen. Somit stehen als Erben Tochter und Sohn zunächst einmal fest. Nach § 1924 Absatz 4 erben Kinder zu gleichen Teilen. Um die Erbteile genau zu bestimmen, müssen wir noch die hinterlassene Ehefrau erbrechtlich betrachten. Dazu sagt § 1931 BGB:

> § 1931 Abs. 1 BGB
> „(1) Der überlebende Ehegatte des Erblassers ist neben verwandten der ersten Ordnung zu einem Viertel, neben Verwandten der zweiten Ordnung oder neben Großeltern zur Hälfte der Erbschaft als gesetzlicher Erbe berufen. Treffen mit Großeltern Abkömmlinge von Großeltern zusammen, so erhält der Ehegatte auch von der anderen Hälfte den Anteil, der nach § 1926 den Abkömmlingen zufallen würde."

Das gesetzliche Erbrecht des **Ehegatten** steht außerhalb der Erbordnungen. Er hat nach obiger Bestimmung ein besonderes Erbrecht. Die Höhe des gesetzlichen Erbteils beträgt für Frau M. ein Viertel. Lebten die Ehegatten im gesetzlichen Güterstand der Zugewinngemeinschaft, was hier der Fall sein soll, dann erhöht sich der Anteil des Ehegatten um ein weiteres Viertel. Damit können wir festhalten, dass Frau M. die Hälfte und die beiden Kinder jeweils ein Viertel des Erbes erhalten. Alle drei bilden die bereits erwähnte Erbengemeinschaft.

Betrachten wir zum besseren Verständnis der gesetzlichen Erbfolge einen weiteren Fall.

Fallsituation
Ein Erblasser hinterlässt einen Sohn und seine Eltern. Ein Testament bzw. ein Erbvertrag sind nicht vorhanden.

Zuerst stellen wir wieder fest, dass nach § 1924 Absatz 1 BGB der Sohn Erbe 1. Ordnung ist. Bezüglich der noch lebenden Eltern des Erblassers müssen wir § 1925 BGB zurate ziehen.

> § 1925 Abs. 1 BGB
> „(1) Gesetzliche Erben der zweiten Ordnung sind die Eltern des Erblassers und deren Abkömmlinge."

Diese Festlegung bestimmt Eltern, Geschwister, Neffen und Nichten zu Erben der 2. Ordnung. Der Erbe einer vorhergehenden Erbordnung schließt vorhandene mögliche Erben einer nachfolgenden Ordnung stets vom Erbe aus. Für unseren Fall bedeutet dies, dass der Sohn Alleinerbe wird.
In der nachfolgenden Tabelle geben wir eine Übersicht zu den gesetzlichen Erben der 1. bis 4. Ordnung:

Erben 1. Ordnung	Kinder, Enkel, Urenkel; § 1924 BGB
Erben 2. Ordnung	Vater, Mutter, Brüder, Schwestern, Neffen, Nichten; § 1925 BGB
Erben 3. Ordnung	Großvater, Großmutter, Onkel, Tante, Cousin, Cousine; § 1926 BGB
Erben 4. Ordnung	Urgroßvater, Urgroßmutter, Großonkel, Großtante; § 1928 BGB

16.2.2 Die gewillkürte Erbfolge

Wenden wir uns jetzt den Erbfällen zu, in denen der Erblasser eine letztwillige Verfügung hinterlassen hat. Dazu wählen wir den folgenden Ausgangsfall:

> **Fallsituation**
>
> *Herr L., 58 Jahre alt, lebt in einer Rehabilitationseinrichtung für Alkoholabhängige. Aufgrund seiner Alkoholabhängigkeit hat er seit einem Jahr einen gesetzlichen Betreuer. Zu dessen Aufgaben gehören u. a. die Aufenthaltsbestimmung und die Vermögenssorge. Er ist seit zehn Jahren Witwer. Herr L. verlor vor zwölf Jahren seine Ehefrau durch einen von ihm mitverschuldeten Verkehrsunfall. Als er plötzlich verstirbt, findet man in seinem Zimmer ein handschriftliches Testament. Es wurde einen Monat zuvor geschrieben. In diesem bestimmt er die Tochter seiner früheren Ehefrau zur Alleinerbin. Er hinterlässt noch einen Bruder, der nach der gesetzlichen Erbfolge Alleinerbe werden würde. Dieser will das Testament anfechten. Er ist der Meinung, dass Herr L. aufgrund seiner Betreuung und seines geistigen Zustandes kein gültiges Testament errichten kann.*

Zunächst wollen wir feststellen, auf welche Art und Weise ein Testament errichtet werden kann. Das BGB legt dazu in § 2064 grundsätzlich fest:

> § 2064 BGB
> „Der Erblasser kann ein Testament nur persönlich errichten."

In dieser Regelung kommt klar zum Ausdruck, dass für den Erblasser bei der Errichtung eines Testaments keine andere Person handeln kann. Auch ein gesetzlicher Betreuer kann für den Betreuten kein Testament erstellen. Bleibt die Frage, ob Herr L. überhaupt fähig war, von dieser grundsätzlichen Bestimmung wirksam Gebrauch zu machen. Dazu sagt § 2229 BGB aus:

> § 2229 Abs. 1, 2, 4 BGB
> „(1) Ein Minderjähriger kann ein Testament erst errichten, wenn er das 16. Lebensjahr vollendet hat.
> (2) Der Minderjährige bedarf zur Errichtung eines Testaments nicht der Zustimmung seines gesetzlichen Vertreters.
> [...]
> (4) Wer wegen krankhafter Störung der Geistestätigkeit, wegen Geistesschwäche oder wegen Bewusstseinsstörungen nicht in der Lage ist, die Bedeutung einer von ihm abgegebenen Willenserklärung einzusehen und nach dieser Einsicht zu handeln, kann ein Testament nicht errichten."

Das BGB bestimmt das 16. Lebensjahr als Altersgrenze für die grundsätzliche **Testierfähigkeit**. Diese Bestimmung beinhaltet noch eine Besonderheit hinsichtlich der Form der Errichtung eines Testaments für diesen Personenkreis (siehe unten). Für Herrn L. ist Absatz 4 der obigen Regelung wichtig. Aus dieser geht hervor, dass eine Störung der Geistestätigkeit nicht automatisch die Testierunfähigkeit zur Folge hat. Nur wenn die geistige Störung es dem Erblasser unmöglich macht, die Bedeutung seiner gemachten Willenserklärungen im Testament auch zu verstehen, dann wäre ein

Testament nicht möglich. Im Falle von Herrn L. müsste jetzt der das Testament anfechtende Bruder den Nachweis der Testierunfähigkeit führen. Dies dürfte nicht einfach sein, weil dies von vielen Faktoren abhängig ist. Es müsste u.a. geprüft werden, wie der Geisteszustand des Erblassers zum Zeitpunkt der Errichtung des Testaments war. Ein weiterer Punkt der Überprüfung müssten die in der Verfügung gemachten sprachlichen Äußerungen hinsichtlich ihrer Form und ihres Inhalts sein.

Betrachten wir als Nächstes die **Form** des Testaments. Im Fall ist beschrieben, dass nach dem Ableben des Herrn L. das Testament in Form einer handschriftlichen Äußerung aufgefunden wurde. Ist eine solche Form ausreichend?

Das BGB bestimmt in § 2231 zunächst zwei Formen von sogenannten ordentlichen Testamenten:

> § 2231 BGB
> „ Ein Testament kann in ordentlicher Form errichtet werden
> 1. zur Niederschrift eines Notars,
> 2. durch eine vom Erblasser nach § 2247 abgegebenen Erklärung."

Ordentliche Testamentsformen sind danach das notarielle (öffentliche) und das eigenhändige Testament. § 2232 legt fest, wie der Erblasser das notarielle Testament errichten kann:

> § 2232 BGB
> „Zur Niederschrift eines Notars wird ein Testament errichtet, indem der Erblasser dem Notar seinen letzten Willen erklärt oder ihm eine Schrift mit der Erklärung übergibt, dass die Schrift seinen letzten Willen enthalte. Der Erblasser kann die Schrift offen oder verschlossen übergeben; sie braucht nicht von ihm handgeschrieben zu sein."

Diese Form eines Testaments ist die sicherste. Der Erblasser erhält durch den **Notar** eine fachliche Beratung hinsichtlich aller Fragen der Ausgestaltung der letztwilligen Verfügung. Der Notar sichert durch eine entsprechende sprachliche Gestaltung auch die Eindeutigkeit der gemachten Willenserklärungen ab. Dies kann wesentlich dazu beitragen, mögliche Missverständnisse erst gar nicht aufkommen zu lassen. Auch die Testierfähigkeit des Erblassers muss der Notar vor Abfassung des Testaments prüfen und schriftlich bestätigen. Dies geschieht mit entsprechenden Aussagen im Testament. Nach der Formulierung der letztwilligen Verfügung wird es vom Erblasser unterschrieben. Es ist jedoch **gebührenpflichtig**. Die Höhe der Gebühr richtet sich nach der Größe des zu vererbenden Vermögens. Der Notar muss das Testament dann an das zuständige Nachlassgericht übergeben. Es wird dort hinterlegt. Über die Hinterlegung erhält der Erblasser einen schriftlichen Nachweis. Bei Eintritt des Erbfalls erfolgt dann eine vom Nachlassgericht angeordnete Testamentseröffnung, zu welcher die möglichen Erben geladen werden.
§ 2233 BGB bestimmt in Absatz 1, dass Minderjährige entsprechend der Regelungen in § 2229 nur ein notarielles Testament errichten dürfen.

Für Herrn L. wäre das notarielle Testament sinnvoll gewesen. In solchen Situationen können in der Rehabilitationseinrichtung tätige Heilerziehungspfleger und -pflegerinnen beratend und helfend zur Seite stehen. Dazu sind diesbezügliche rechtliche Grundkenntnisse unbedingt erforderlich.

Wie verhält es sich jetzt mit dem eigenhändigen Testament? Dazu legt das BGB in § 2247 konkrete Formvorschriften fest:

> § 2247 BGB
> „(1) Der Erblasser kann ein Testament durch eine eigenhändig geschriebene und unterschriebene Erklärung errichten.
> (2) Der Erblasser soll in der Erklärung angeben, zu welcher Zeit (Tag, Monat und Jahr) und an welchem Ort er sie niedergeschrieben hat.
> (3) Die Unterschrift soll den Vornamen und den Familiennamen des Erblassers enthalten. Unterschreibt der Erblasser in anderer Weise und reicht diese Unterzeichnung zur Feststellung der Urheberschaft des Erblassers und der Ernstlichkeit seiner Erklärung aus, so steht eine solche Unterzeichnung der Gültigkeit des Testaments nicht entgegen.
> (4) Wer minderjährig ist oder Geschriebenes nicht zu lesen vermag, kann ein Testament nicht nach obigen Vorschriften errichten.
> (5) Enthält ein nach Absatz 1 errichtetes Testament keine Angabe über die Zeit der Errichtung und ergeben sich hieraus Zweifel über seine Gültigkeit, so ist das Testament nur dann als gültig anzusehen, wenn sich die notwendigen Feststellungen über die Zeit der Errichtung anderweits treffen lassen. Dasselbe gilt entsprechend für ein Testament, das keine Angabe über den Ort der Errichtung enthält."

Hat Herr L. in seinem Schriftstück die geforderten Angaben gemacht, ist es der Form nach rechtsgültig. Bei handschriftlichen Testamenten gibt es keine Bestimmungen darüber, in welchem Format etwa ein solches zu erstellen ist. Auch eventuelle Verunreinigungen, die die Leserlichkeit nicht wesentlich beeinflussen, haben keinen Einfluss auf die formale Gültigkeit. Die wichtigste Voraussetzung ist und bleibt aber die Handschriftlichkeit vom ersten bis zum letzten Wort. Ordentliche Testamente nach § 2231 BGB können von **Ehegatten** auch als gemeinschaftliche Testamente errichtet werden. Die rechtlichen Grundlagen dazu sind in den §§ 2265 ff. BGB enthalten.

Um weitere Fragen der gewillkürten Erbfolge darzustellen, wollen wir unseren Ausgangsfall von Seite 125 wie folgt abwandeln:

Fallsituation
Wir nehmen an, dass nach dem Ableben von Herrn L. ein weiteres Testament auftaucht. Dieses ist ein notarielles Testament, welches beim zuständigen Nachlassgericht hinterlegt wurde. In diesem bestimmte Herr L. vor 6 Jahren seinen Bruder und die Stieftochter zu gemeinsamen Erben.

Welche der beiden letztwilligen Verfügungen ist gültig? § 2258 Absatz 1 BGB bestimmt dazu das Folgende:

> § 2258 Abs. 1 BGB
> „(1) Durch die Errichtung eines Testaments wird ein früheres Testament insoweit aufgehoben, als das spätere Testament mit dem früheren in Widerspruch steht."

Somit hat Herr L. durch sein später erstelltes handschriftliches Testament das vorherige notarielle widerrufen. Damit gilt das zuletzt verfasste.

Eine weitere Möglichkeit des **Widerrufs** eines Testaments ist dessen Vernichtung. Wird ein öffentliches Testament durch den Erblasser aus der Verwahrung des Nachlassgerichtes genommen, dann gilt dies als Widerruf. Eine Neuerrichtung ist erforderlich. Über diese Tatsache muss der Erblasser durch die herausgebende Stelle aktenkundig belehrt werden (§ 2256 BGB).

Im Überblick zu den Erbfolgen (Abschnitt 16.1.2) haben wir erwähnt, dass innerhalb der Erbregelungen einer letztwilligen Verfügung das **Pflichtteilsrecht** zu beachten ist. Diesem wollen wir uns jetzt zuwenden.

> **Fallsituation**
> Nehmen wir an, Herr L. hätte außer dem Bruder und der Stieftochter noch einen leiblichen Sohn hinterlassen. In seinem gültigen Testament bestimmt er die Stieftochter zur Alleinerbin. Der Sohn findet im Testament keinerlei Erwähnung.

Nach § 2303 BGB ist der Sohn Pflichtteilsberechtigter:

> § 2303 BGB
> „(1) Ist ein Abkömmling des Erblassers durch Verfügung von Todes wegen von der Erbfolge ausgeschlossen, so kann er von dem Erben den Pflichtteil verlangen. Der Pflichtteil besteht in der Hälfte des Wertes des gesetzlichen Erbteils.
> (2) Das gleiche Recht steht den Eltern und dem Ehegatten des Erblassers zu, wenn sie durch Verfügung von Todes wegen von der Erbfolge ausgeschlossen sind. Die Vorschrift des § 1371 bleibt unberührt."

Dem Sohn steht in diesem Falle das Recht zu, von der Alleinerbin seinen Pflichtteil einzufordern. Er wird dadurch **nicht zum Erben**. Der Sohn tritt somit nicht in die Gesamtrechtsnachfolge des Vaters ein. Der Pflichtteil kann immer nur die Form von Geld haben („der Hälfte des Wertes"). Dazu ist es erforderlich, dass zunächst der Wert des möglichen Erbes nach der gesetzlichen Erbfolge zu ermitteln ist. Immobilien gehen dort mit ihrem aktuellen Wert ein. Eigentümer dieser wird der Erbe.

Ändern wir unseren Ausgangsfall ein weiteres Mal ab:

> **Fallsituation**
> Herr L. hinterlässt seinen Bruder und die bereits erwähnte Stieftochter. In seinem gültigen Testament bestimmt er den Bruder zum Alleinerben. Die Stieftochter soll eine festgelegte Geldsumme aus seinem Barvermögen erhalten.

Die Zuwendung der Geldsumme an die Stieftochter ist ein **Vermächtnis** (§§ 2147ff. BGB).

> Um ein Vermächtnis handelt es sich immer dann, wenn der Erblasser einer Person Vermögenswerte vermacht, ohne diese als Erben zu bestimmen.

Mit der Erfüllung eines Vermächtnisses ist in der Regel der Erbe beschwert (§ 2147 BGB). In unserem Falle müsste der Bruder als Erbe für die Übergabe der festgelegten Geldsumme sorgen.

Neben den bisher abgehandelten ordentlichen Testamentsformen gibt es noch die Möglichkeiten der Errichtung eines **Nottestaments**. Dieses wollen wir nur kurz erwähnen, weil es eine Sonderform darstellt, die im Berufsalltag von Heilerziehungspflegern und -pflegerinnen sicher eher eine untergeordnete Rolle spielt. Zu unterscheiden ist hier zwischen dem Nottestament vor dem Bürgermeister, dem Nottestament vor drei Zeugen und dem Nottestament auf See. Regelungen dazu enthalten die §§ 2249 bis 2252 BGB.

16.3 Anregungen und Materialien

Aufgaben

1. Herr P., 38 Jahre alt, ist schwer geisteskrank. Er lebt seit drei Jahren in einer Wohneinrichtung für Volljährige mit geistiger Behinderung. Seine Eltern verunglückten vor einigen Tagen bei einem Verkehrsunfall tödlich. Sie waren bisher gemeinsam gesetzlicher Betreuer ihres Sohnes für alle persönlichen Angelegenheiten. In ihrem Testament bestimmten sie ihren Sohn zum Alleinerben. Zur Erbschaft gehören u. a. ein Mehrfamilienhaus und ca. 100 000 Euro Barvermögen.
   a) Nehmen Sie unter Einbeziehung der geltenden rechtlichen Regelung zur Erbfähigkeit von Herrn P. Stellung.
   b) Welches Problem taucht im obigen Erbfall auf? Wie kann es gelöst werden?

2. Ein Erblasser hinterlässt seine Ehefrau, einen Sohn und eine Enkeltochter (Kind der bereits verstorbenen Tochter). Bestimmen Sie unter Einbeziehung der zutreffenden Rechtsgrundlagen die Erben und die prozentuale Größe ihrer Erbteile.

Literaturhinweis

Bei der Abfassung von Testamenten zugunsten von Menschen mit geistiger Behinderung gibt es einige Dinge, die der besonderen Beachtung bedürfen. Nachfolgend benannte Internetseite enthält Informationen und weitere Links zu diesem Thema: www.behinderte-kinder.de/betreuung/erben.htm

17 Datenschutz in Einrichtungen der Behindertenhilfe

17.1 Theoretische Grundlagen

Die Tatsache, dass sich unsere moderne Gesellschaft immer mehr in eine „Informationsgesellschaft" verwandelt hat, bringt immer wieder neue Notwendigkeiten des Schutzes persönlicher Daten hervor. In Sekundenschnelle und rund um den Erdball lassen sich Daten aus verschiedenen Beständen in fast unbegrenztem Volumen beliebig verknüpfen, kombinieren und auswerten. Wir nehmen dabei an einer wirklichen sozialen und technischen Revolution teil.

In der Bundesrepublik Deutschland gibt es kein grundgesetzlich verbürgtes Grundrecht auf Schutz von personenbezogenen Daten aller Bürgerinnen und Bürger. Bestrebungen, ein solches einzuführen, gibt es allerdings immer wieder. Einige Landesverfassungen enthalten jedoch ein Recht auf Datenschutz. Als Beispiele können hier der Artikel 4 Absatz 2 der nordrhein-westfälischen, Artikel 2 der saarländischen, Artikel 11 der brandenburgischen und Artikel 33 der sächsischen Verfassung genannt werden.

Das Bundesverfassungsgericht hat mehrfach den verfassungsrechtlichen Datenschutz aus dem **allgemeinen Persönlichkeitsrecht** nach Artikel 2 Absatz 1 GG in Verbindung mit Artikel 1 Absatz 1 GG („Die Würde des Menschen ist unantastbar.") abgeleitet. So formulierte in einem Urteil vom 15.12.1983 das Bundesverfassungsgericht, dass das allgemeine Persönlichkeitsrecht

Kapitel E | Das Rechtsverhältnis von Betreuten zur Wohneinrichtung und deren Mitarbeitern und Mitarbeiterinnen

> *„... auch die aus dem Gedanken der Selbstbestimmung folgende Befugnis des einzelnen, grundsätzlich selbst zu entscheiden, wann und innerhalb welcher Grenzen persönliche Sachverhalte offenbart werden. Dies entspricht auch der Menschenwürde (Art. 1 I S. 1 GG)".*
> **(BVerfGE 61, 1ff.)**

Inhaltlich gehört dazu auch das Recht des Einzelnen darüber zu entscheiden, welches Bild sich staatliche Dienststellen von ihm machen. Das Bundesverfassungsgericht bestimmt dies als „Recht auf informationelle Selbstbestimmung". Dieses Recht beinhaltet für den Bürger aber auch grundsätzliche Einschränkungen. Er muss solche Einschränkungen im Interesse der Allgemeinheit in Kauf nehmen. Artikel 2 GG macht dies möglich, indem die freie Persönlichkeitsentfaltung seine Grenzen u. a. in der Respektierung der verfassungsmäßigen Ordnung hat.

Die zentrale und bedeutendste Vorschrift auf dem Gebiet des Datenschutzes ist das 1. **Bundesdatenschutzgesetz** (BDSG) vom 20. Dezember 1990. Es wurde durch Gesetz zuletzt am 14. August 2009 geändert. Diese Vorschrift ist eine Weiterentwicklung des ursprünglichen Datenschutzgesetzes von 1977.

17.2 Praktische Umsetzung

17.2.1 Die Geheimhaltungspflicht

Heilerziehungspfleger/-innen haben es in ihrer beruflichen Tätigkeit mit Menschen zu tun, die auch bezüglich des Umgangs mit Informationen über ihre persönlichen Verhältnisse auf einen besonderen Schutz angewiesen sind. Mitarbeitern und Mitarbeiterinnen der Behindertenhilfe werden viele Informationen bekannt, die nicht für unbefugte Dritte bestimmt sind. Diesbezüglich gibt es für diese eine Geheimhaltungspflicht.

Fallsituation

Heilerziehungspflegerin Michaela sitzt mit einigen Freundinnen am Wochenende in einem Lokal zusammen. Dort berichtet sie über ihre Arbeit in der zurückliegenden Woche. Dabei nennt sie auch Bewohner namentlich und äußert sich sehr ausführlich über Art und Schwere der Behinderung. Gleichzeitig erzählt sie auch von einem Bewohner, der kürzlich Erbe eines größeren Vermögens geworden ist.

In der obigen Situation verstößt die Heilerziehungspflegerin schwer gegen die Geheimhaltungspflicht. Namentliche Äußerungen über Bewohner einer Einrichtung bezüglich ihrer Person bzw. deren sozialer Verhältnisse sind nicht zulässig. Eine Verletzung der Verschwiegenheitspflicht kann zivilrechtliche Folgen (Schadenersatzansprüche), arbeitsrechtliche Konsequenzen (auch Kündigung ist möglich) und gegebenenfalls auch strafrechtliche Folgen haben.

Die Geheimhaltungspflicht betrifft auch die jeweiligen Träger einer Einrichtung. Es ist ihnen untersagt, personengebundene Daten an Außenstehende weiterzugeben. Diese dürfen nur im Rahmen der zu erfüllenden Betreuungsaufgaben öffentlich gemacht werden. Eine Einschränkung der Geheimhaltungspflicht ergibt sich jedoch aus § 138 Absatz 1 StGB. Sie bezieht sich auf eine Anzeigepflicht hinsichtlich des Bekanntwerdens einer geplanten Straftat durch einen Betreuten. In diesem Zusammenhang ist allerdings auch das Zeugnisverweigerungsrecht zu nennen. Heilerziehungspfleger/-innen dürfen in einem Zivilprozess Gebrauch davon machen, wenn sie von der Schweigepflicht entbunden wurden (§§ 383 Absatz 1 Nr. 6 ZPO, 15 FGG).

Im Strafrecht gibt es eine eigene Vorschrift für die Verletzung von Privatgeheimnissen (§ 203 StGB). Heilerziehungspfleger/-innen werden bei den dort genannten Personengruppen zwar nicht explizit genannt, sie sind jedoch nach Absatz 3 in diese Strafbestimmung einbezogen, wenn sie als Mitarbeiter einer der dort genannten Personengruppen ein Privatgeheimnis verletzen. In solchen Fällen muss allerdings die Vorsätzlichkeit der Tat gegeben sein und der Betroffene bzw. sein gesetzlicher Vertreter muss einen Strafantrag stellen (§§ 205 Abs. 1, 77 StGB).

17.2.2 Datenschutz

Einrichtungen der Behindertenhilfe erbringen Leistungen, die zum Sozialleistungsrecht gehören. Daraus ergeben sich wichtige Konsequenzen für den Datenschutz. § 35 Absatz 1 Satz 1 SGB I definiert den Begriff „Sozialgeheimnis":

> § 35 Abs. 1 SGB I
> „Jeder hat Anspruch darauf, dass die ihn betreffenden Sozialdaten (§ 67 Abs. 1 Zehntes Buch) von den Leistungsträgern nicht unbefugt erhoben, verarbeitet oder genutzt werden (Sozialgeheimnis)."

Leistungsträger im Sinne der obigen Bestimmung sind z. B. Kranken- und Rentenkassen, Träger der Sozialhilfe und natürlich auch die Träger von Einrichtungen der Behindertenhilfe. Was unter Sozialdaten zu verstehen ist, regelt § 67 SGB X:

> § 67 SGB X
> „(1) Sozialdaten sind Einzelangaben über persönliche oder sachliche Verhältnisse einer bestimmten oder bestimmbaren natürlichen Person (Betroffener), die von einer in § 35 des Ersten Buches genannten Stelle im Hinblick auf ihre Aufgaben nach diesem Gesetzbuch erhoben, verarbeitet oder genutzt werden."

Nachfolgende Übersicht verdeutlicht, welche persönlichen Angaben von Leistungsberechtigten im Rahmen des Sozialrechts erfasst werden:

Einzelangaben	Persönliche Verhältnisse	Sachliche Verhältnisse
■ Name ■ Alter ■ Ausweisnummer	■ Beruf ■ Krankheiten ■ Charaktereigenschaften ■ Familienstand ■ Erscheinungsbild	■ Einkommen ■ Vermögen ■ Verträge

Wer obige Angaben innerhalb des Sozialrechts erfassen darf, ergibt sich u. a. aus § 35 Absatz 2 SGB I:

> § 35 Abs. 2 SGB I
> „(2) Eine Erhebung, Verarbeitung und Nutzung von Sozialdaten ist nur unter den Voraussetzungen des Zweiten Kapitels des Zehnten Buches zulässig."

Im Zusammenhang mit der obigen Vorschrift ergibt sich aus § 78 SGB X, dass Einrichtungen für Menschen mit Behinderungen Daten erheben dürfen und genau wie öffentliche Stellen an den Sozialdatenschutz gebunden sind.

Nachfolgende Tabelle benennt Tätigkeiten, die im Zusammenhang mit der Erhebung, Verarbeitung und Nutzung von Daten verbunden sind:

Datenerhebung	Datenverarbeitung	Datennutzung
■ durch Befragung ■ durch Beobachtung	■ Daten speichern ■ Daten verändern ■ Daten übermitteln ■ Daten sperren ■ Daten löschen	■ jegliche Verwendung von Daten

In Einrichtungen der Behindertenhilfe dürfen jedoch nur solche Daten erhoben werden, die zur Erfüllung der dortigen Aufgaben notwendig sind.

> **Aufgabe**
>
> Welche Daten müssen nach Ihrer Meinung von Bewohnern eines gruppengegliederten Heimes für Kinder und Jugendliche mit geistiger Behinderung erhoben werden?

Auch bei der **Weitergabe von Daten** an andere Stellen gibt es Wichtiges zu beachten.

> **Beispiel**
>
> *Fallsituation*
> In der Stadt M klagt ein Vater auf Umgang mit seinem Kind, weil die Mutter nach der Trennung den Umgang bisher verweigerte. Das betreffende Kind wohnt zurzeit in einer Wohneinrichtung für Kinder mit Verhaltensstörung. Das Jugendamt soll für das Familiengericht einen Bericht erstellen, der die Entscheidungsfindung unterstützt. Der zuständige Mitarbeiter bittet in diesem Zusammenhang auch um ein Gespräch mit der Leiterin der Einrichtung und Ihnen als verantwortliche Gruppenleiterin.

In Vorbereitung auf dieses Gespräch muss von den beiden Mitarbeiterinnen bedacht werden, welche Informationen an den Mitarbeiter des Jugendamtes gegeben werden dürfen und welche nicht. Auskünfte über selbst beobachtetes Verhalten im Zusammenhang mit Kontakten zur Mutter bzw. geäußerter Befindlichkeiten bezüglich des Verhältnisses zum Vater sind ohne Bedenken möglich. Von der Mutter anvertraute Informationen, die im Vertrauen auf die Verschwiegenheit der Mitarbeiter erfolgten, dürfen nur mit ihrer Zustimmung weitergegeben werden. Tritt jedoch nach § 34 StGB ein „rechtfertigender Notstand" ein, können Informationen auch ohne Einwilligung der Mutter weitergegeben werden. Dies wäre der Fall, wenn beispielsweise entwürdigende Erziehungsmaßnahmen beobachtet wurden oder wenn meldepflichtige übertragbare Krankheiten aufgetreten sind.

17.3 Anregungen und Materialien

> **Aufgaben**
>
> 1. Das zuständige Sozialamt fordert von einer Wohneinrichtung Informationen bezüglich der finanziellen Verhältnisse eines Bewohners ein. Seine Unterbringung wird im Rahmen der Eingliederungshilfe nach den §§ 53ff. SGB XII finanziert.
>   Darf die Einrichtung diesbezügliche Informationen geben?
>
> 2. Sie arbeiten in einer Rehabilitationseinrichtung für drogenabhängige Jugendliche und junge Erwachsene. Die Eltern des 18-jährigen Patrick wünschen nach einem Gespräch mit ihrem Sohn von Ihnen als zuständigem Betreuer genauere Informationen über seinen gegenwärtigen gesundheitlichen und psychischen Zustand.
>   Was müssen Sie bei einem Gespräch mit den Eltern diesbezüglich beachten?

Literaturhinweise
Zum Datenschutz sind u. a. folgende Bücher erschienen:
Geis, Ivo (Hrsg.): Datenschutzrecht, München, Beck Verlag, 2007.
Gola, Peter/Klug, Christoph: Grundzüge des Datenschutzrecht, München, Beck Verlag, 2003.

F Strafrechtliche Aspekte in der heilerziehungspflegerischen Arbeit

- *Welche Funktionen hat die Strafe im Sinne des Strafrechts?*
- *Was ist eine Straftat?*
- *Wie ist die strafrechtliche Verantwortung für Menschen mit Behinderung geregelt?*
- *Welche strafrechtlichen Aspekte kann es im Berufsalltag von Heilerziehungspflegern und Heilerziehungspflegerinnen geben?*

18 Das Wesen des Strafrechts

18.1 Theoretische Zusammenhänge

18.1.1 Funktionen der Strafe

In jeder menschlichen Gesellschaft werden bestimmte Taten mit Strafe belegt. Das friedliche Zusammenleben von Menschen in einer Gesellschaft soll damit gefördert werden. Es geht hierbei besonders um den Schutz von elementaren Rechtsgütern. Dazu zählen u. a.:
1. das Leben
2. die körperliche Unversehrtheit
3. das Eigentum
4. das Vermögen

Die Auffassung darüber, welche Taten durch die Gesellschaft bestraft werden, unterliegt einem **gesellschaftlichen Wandlungsprozess**. So haben sich beispielsweise die Auffassungen zur Abtreibung und zur Homosexualität in der Bundesrepublik Deutschland grundsätzlich verändert. Gesellschaftliche Veränderungen bringen für das Strafrecht auch immer wieder neue Herausforderungen mit sich. Denken wir hierbei nur an die Entwicklungen innerhalb der modernen Medienwelt oder auf dem Gebiet der Genforschung. Änderungen innerhalb des Strafrechts finden jedoch immer erst dann statt, wenn die demokratische Mehrheit von deren Notwendigkeit überzeugt ist.

Betrachten wir jetzt die **Zwecke** des Strafrechts genauer. Sie dienen in erster Linie dazu, die Rechtsordnung des Staates anzuerkennen und zu erhalten. Es sind dies im Einzelnen:

Zweck des Strafrechts

- Abschreckung der Allgemeinheit
  Es werden ganz allgemein bei Verletzungen von Rechtsvorschriften Strafen angedroht. Damit sollen die Bürgerinnen und Bürger von der Begehung strafbarer Handlungen abgeschreckt werden.

- Abschreckung des Täters
  Dem Straftäter soll in jedem Einzelfall gezeigt werden, dass sein Handeln von der Gesellschaft verfolgt und geahndet wird. Es soll versucht werden, ihn von der weiteren Begehung von Straftaten abzuhalten.

- Sühne
  Der Begriff Sühne beinhaltet den Gedanken der Versöhnung. Durch die Bestrafung eines Straftäters „versöhnt" sich die Gesellschaft mit diesem. Sie betrachtet die Strafe als gerechtfertigte Reaktion auf die erfolgte Verletzung von Rechtsgütern.

- Schutz der Gesellschaft
  Die größere Zahl von Bürgerinnen und Bürgern in unserer Gesellschaft beachtet die geltenden Gesetzesvorschriften. Sie sollen vor den einzelnen Straftätern geschützt werden. Dadurch soll das Funktionieren der Rechtsordnung gesichert werden.

- Resozialisierung
  Der Grundgedanke der Resozialisierung beinhaltet die soziale Wiedereingliederung von Personen in die Gesellschaft, die bestimmte Normen durch ihr abweichendes Verhalten verletzt haben. Diese Menschen sollen ihr Fehlverhalten erkennen lernen und unter Mithilfe und Kontrolle der Gesellschaft die Chance eines Neuanfangs erhalten. Am Prozess der Resozialisierung sind u. a. Polizei, Gerichte, Vollzugsanstalten, Jugendämter, Sozialarbeiter und Sozialpädagogen beteiligt.

Vom Strafrecht abzugrenzen ist das **Ordnungswidrigkeitsrecht**. Es geht dabei um die Tatsache, dass nicht jeder Verstoß gegen ein rechtliches Verbot Sanktionen nach sich ziehen muss, die in Freiheit, Ansehen und Vermögen der betroffenen Person eingreifen. Solche Sanktionierungen sind immer mit Einflüssen auf den gesamten Lebenslauf von Menschen verbunden. Des Weiteren soll nicht jeder Rechtsverstoß kriminalisiert werden. Man stelle sich nur vor, ein jedes Falschparken wäre eine kriminelle Handlung, die strafrechtlich verfolgt wird. Allerdings sollen mit Geldbußen versehene Ordnungswidrigkeiten eine erzieherische Wirkung haben.

> **Beispiele für Ordnungswidrigkeiten**
> - *Falschparken*
> - *ungenügende Sicherung von Baumaßnahmen*
> - *Verunstalten von geschütztem Kulturgut*
> - *Nichteinhaltung von öffentlichen Ruhezeiten (z. B. durch Rasenmähen am sonntäglichen Nachmittag)*
>
> **Beispiele für strafbare Handlungen**
> - *Diebstahl, einschließlich des Versuchs*
> - *Körperverletzung*
> - *Betrug*
> - *Verletzung von Privatgeheimnissen*

Die nachfolgende Übersicht zeigt die wichtigsten Unterschiede zwischen einer strafbaren Handlung und einer Ordnungswidrigkeit auf.

Ordnungswidrigkeit	Strafbare Handlung
▪ rechtswidrige und vorwerfbare Handlungen, die nicht als Kriminalunrecht eingestuft werden, ▪ werden mit einer Geldbuße versehen	▪ Handlungen, die massiv auf die Verletzung von Grundwerten der Gesellschaft gerichtet sind ▪ werden mit Geld- oder Freiheitsstrafe geahndet

18.1.2 Inhalte des Strafrechts

Das Strafrecht wird dem öffentlichen Recht zugeordnet (vgl. Abschnitt 2.1.4). Es ist zwischen dem materiellen Strafrecht und dem formellen Strafrecht zu unterscheiden. Zum **materiellen Strafrecht** gehören alle Gesetze, die für eine Tat im Sinne des Gesetzes eine Bestrafung verlangen. Es geht dabei um die Fragestellungen: Welche Art von Handlung ist zu bestrafen? Welche Strafe hat die Tat zur Folge?
Das **formelle Strafrecht** regelt den Gang eines Strafverfahrens und die Strafvollstreckung.

Wichtige Rechtsgrundlagen des materiellen Strafrechts	Wichtige Rechtsgrundlagen des formellen Strafrechts
▪ Strafgesetzbuch (StGB) ▪ Straßenverkehrsgesetz ▪ Waffengesetz ▪ Betäubungsmittelgesetz	▪ Strafprozessordnung (StPO) ▪ Gerichtsverfassungsgesetz (GVG) ▪ Jugendgerichtsgesetz (JGG) ▪ Gerichtskostengesetz

Beide Hauptgebiete des Strafrechts bilden eine Einheit. So beschreibt z. B. das StGB die Tatbestände, die der Strafbarkeit unterliegen und die möglichen Strafen dazu. In der Strafprozessordnung wird der Ablauf des Strafverfahrens von der Anzeige bis zur Strafvollstreckung geregelt.

Das **StGB** ist die wichtigste Rechtsgrundlage des materiellen Strafrechts. Es unterteilt sich in den Allgemeinen Teil (§§ 1 bis 79 b) und den Besonderen Teil (§§ 80 bis 358). Der Allgemeine Teil des StGB kennzeichnet Grundsätzliches zu

Kapitel F | Strafrechtliche Aspekte in der heilerziehungspflegerischen Arbeit

den strafwürdigen Handlungen. Dazu gehören z.B. die Unterscheidung von Verbrechen und Vergehen (§12), Täterschaft, Anstiftung, Beihilfe (§§25 bis 27) und das Wesen von Notwehr (§32). Im Besonderen Teil erfolgen Tatbestandsbeschreibungen für konkrete strafbare Handlungen und die damit verbundenen Rechtsfolgen. Dazu gehören u.a. Landesverrat (§94), Hausfriedensbruch (§123), Mord (§211), Diebstahl (§242) und Betrug (§263).

18.1.3 Die Straftat

> **Definition**
>
> *Unter Strafe verstehen wir im Strafrecht eine durch Strafgesetz angedrohte Rechtsfolge für ein bestimmtes Verhalten.*

Voraussetzung für Strafe ist eine **tatbestandsmäßige, rechtswidrige und schuldhafte Handlung**. Der Begriff „Handlung" steht hier für ein menschliches Verhalten, welches in einem Tun oder Unterlassen bestehen kann. Wichtig dabei ist, dass es sich um ein gewolltes menschliches Verhalten handelt, welches in der Absicht erfolgt, einen bestimmten Erfolg zu erzielen.

Tatbestand
Eine oben gekennzeichnete strafbare Handlung muss die im StGB gekennzeichneten Tatbestandsmerkmale erfüllen. Beispiele für Tatbestände im StGB sind: Beleidigung (§185), Totschlag (§212), Sachbeschädigung (§303).

Rechtswidrigkeit
Das Vorliegen der Rechtswidrigkeit ist eine weitere Voraussetzung für die Strafbarkeit einer Handlung. Die Erfüllung des Tatbestands stellt immer auch eine Rechtswidrigkeit dar. Sie fehlt jedoch, wenn es für die vorliegende Handlung einen Rechtfertigungsgrund gibt (z.B. §32 StGB Notwehr, §34 StGB rechtfertigender Notstand, §218a StGB Indikation zum Schwangerschaftsabbruch).

Schuld
Eine strafbare Handlung muss schuldhaft erfolgt sein. Schuld kann durch Vorsatz oder Fahrlässigkeit gegeben sein. Sie werden als Schuldformen bezeichnet.

> **Definition**
>
> *Vorsatz heißt, dass die gegebene Handlung mit Wissen und Wollen der handelnden Person erfolgte, um einen bestimmten Erfolg zu erzielen.*

Dabei sind folgende vier Stufen von Bedeutung: Entschluss zur Handlung, Vorbereitung der Handlung, Ausführung und Erfolg. Fehlt der Erfolg jedoch, kommt eine sog. Versuchsstrafbarkeit in Betracht. Voraussetzung ist, dass die anderen drei Merkmale des Vorsatzes gegeben sind und das Gesetz die Strafbarkeit des Versuchs ausdrücklich vorschreibt (vgl. §§22, 23 StGB).

> **Definition**
>
> *Fahrlässigkeit liegt dann vor, wenn eine objektiv gegebene Sorgfaltspflicht nicht beachtet wurde.*

Das Wesen des Strafrechts

Weiterhin fällt unter Fahrlässigkeit auch eine rechtswidrige Erfüllung des Tatbestands, wenn der eingetretene Erfolg so nicht erkennbar oder gewollt war.
Alle drei oben beschriebenen Merkmale müssen gegeben sein, um eine Handlung als strafbar einzustufen.

Aufgaben

Karsten L. und Werner W. brechen in das Einfamilienhaus der Familie K. ein. Sie entwenden einen Computer, die Musikanlage und Schmuck. Die Familie befindet sich zur Tatzeit im Urlaub. Über diesen Sachverhalt wurden L. und W. von Herrmann H. informiert. Dieser wohnt in der unmittelbaren Nachbarschaft von Familie K.
1. *Stellen Sie anhand der Bestimmungen des StGB fest, ob L. und W. eine strafbare Handlung begehen.*
2. *Prüfen Sie, welche Formen der Täterschaft bzw. der Teilnahme bei den obigen Personen vorliegen.*
Lösungshilfen: §§ 242, 244, 25 bis 27 StGB

Das StGB unterteilt die Straftaten in Vergehen und Verbrechen ein. § 12 StGB sagt dazu aus:

§ 12 StGB
„(1) Verbrechen sind rechtswidrige Taten, die im Mindestmaß mit Freiheitsstrafe von einem Jahr oder darüber bedroht sind.
(2) Vergehen sind rechtswidrige Taten, die im Mindestmaß mit einer geringeren Freiheitsstrafe oder mit Geldstrafe bedroht sind."

Bei einem Verbrechen muss die Tat mit mindestens einem Jahr Freiheitsstrafe bedroht sein. Alle übrigen Straftaten werden als Vergehen eingestuft. Es kommt dabei nicht auf die im Einzelfall verhängte Strafhöhe an, sondern auf die im Gesetz angedrohte Strafe.

Aufgabe

Stellen Sie fest, ob die im obigen Beispiel vorliegende strafbare Handlung ein Vergehen oder ein Verbrechen ist. Begründen Sie Ihre Aussage.

18.2 Praktische Umsetzung

Beispiel

Hans arbeitet als Heilerziehungspfleger in einer Wohneinrichtung für Volljährige mit geistiger Behinderung. Zu seiner Wohngruppe, für die er verantwortlich ist, gehört auch der 25-jährige Ronald. Er arbeitet tagsüber in einer Werkstatt. Ronald bekam vor einigen Tagen zu seinem Geburtstag eine CD geschenkt, die er sich schon lange gewünscht hat. Er kann sich die Musik dieser CD nicht oft genug anhören. An einem Abend nach 22.00 Uhr hat er seine Musik sehr laut. Mehrere Mitbewohner beschweren sich bei Hans darüber. Sie möchten ihre Ruhe haben, außerdem geht ihnen das Hören der immer gleichen CD auf die Nerven. Hans geht in Ronalds Zimmer und bittet um Ruhe. Dieser kommt kurzzeitig der Aufforderung nach, dann dreht er aber die Lautstärke wieder voll auf. Dieser Vorgang wiederholt sich einige Male. Als Hans zum wiederholten Mal das Zimmer betritt, macht er seine Drohung wahr und nimmt die CD mit aus dem Zimmer. Als er sich zur Tür wendet, greift Ronald ihn von hinten an und schlägt Hans mit einer Flasche auf den Kopf. Als Ergebnis dieser Auseinandersetzung erleidet Hans eine schwere Gehirnerschütterung. Ronalds Nasenbein wird durch einen von Hans geführten Faustschlag gebrochen.

Kapitel F | Strafrechtliche Aspekte in der heilerziehungspflegerischen Arbeit

Der oben beschriebene Fall muss unter verschiedenen Gesichtspunkten betrachtet werden. Zunächst wenden wir uns dem Handeln des Bewohners zu. Dabei geht es um Fragen der Schuldfähigkeit. Das Vorgehen des Heilerziehungspflegers betrachten wir dann unter dem Gesichtspunkt der Betreuungs- und Aufsichtspflicht. Es geht dabei auch um eine eventuelle strafrechtliche Verantwortlichkeit, die wir bereits in Abschnitt 7.2 kurz angerissen haben.

18.2.1 Strafrechtliche Verantwortlichkeit von Menschen mit geistiger Behinderung

Zunächst muss analysiert werden, ob Ronald den Tatbestand einer Straftat beging. Ziehen wir dazu den § 223 StGB zurate.

Dort heißt es:

> § 223 Abs. 1 StGB
> „(1) Wer eine andere Person körperlich misshandelt oder an der Gesundheit schädigt, wird mit Freiheitsstrafe bis zu fünf Jahren oder mit Geldstrafe bestraft."

Der § 223 StGB regelt den Tatbestand der Körperverletzung. Dieser ist im vorliegenden Falle augenscheinlich erfüllt, indem Ronald Hans mit der Flasche auf den Kopf schlug und ihn so verletzte. Wir müssen sogar noch den § 224 Abs. 1 StGB hinzuziehen. Dieser regelt die gefährliche Körperverletzung:

> § 224 Abs. 1 StGB
> „(1) Wer die Körperverletzung
> 1. durch Beibringung von Gift oder anderen gesundheitsschädlichen Stoffen,
> 2. mittels einer Waffe oder eines anderen gefährlichen Werkzeugs,
> 3. mittels eines hinterlistigen Überfalls,
> 4. mit einem anderen Beteiligten gemeinschaftlich oder
> 5. mittels einer das Leben gefährdenden Behandlung
> begeht, wird mit Freiheitsstrafe von sechs Monaten bis zu zehn Jahren, in minder schweren Fällen mit Freiheitsstrafe von drei Monaten bis zu fünf Jahren bestraft."

Auch dieser Tatbestand scheint erfüllt, da die Tat mit einem gefährlichen Werkzeug (Flasche) ausgeführt wurde. Die Rechtswidrigkeit ist ebenfalls gegeben, da ohne einen Rechtfertigungsgrund in das Rechtsgut „Gesundheit" eingegriffen wurde. Bleibt das Vorliegen von Schuld zu prüfen. Ronald schlug mit Absicht zu. Somit könnte man von einem vorsätzlichen Handeln sprechen. Bezüglich der Schuld muss zunächst § 20 StGB herangezogen werden:

> § 20 StGB
> „Ohne Schuld handelt, wer bei Begehung der Tat wegen einer krankhaften seelischen Störung, wegen einer tief greifenden Bewusstseinsstörung oder wegen Schwachsinns oder einer schweren anderen seelischen Abartigkeit unfähig ist, das Unrecht der Tat einzusehen oder nach dieser Einsicht zu handeln."

Unter diesem Gesichtspunkt muss das Handeln von Ronald geprüft werden. Hierbei kommt es wesentlich auf die Einsichtsfähigkeit des Täters an. Die Steuerungsfähigkeit des Handelns spielt aber auch eine Rolle. Fehlt entweder die Einsichtsfähigkeit oder die Steuerungsfähigkeit, dann liegt Schuldunfähigkeit vor. Eine strafrechtliche Verfolgung des Täters ist dann nicht möglich, weil ein Teil des Straftatbestandes fehlt. Bei Menschen mit einer geistigen Behinderung muss in jedem Einzelfall immer überprüft werden, ob die Schwere der psychischen Störung die oben gekennzeichneten Folgen hat.

138

Neben der völligen Schuldunfähigkeit wäre auch die verminderte Schuldfähigkeit nach § 21 StGB zu prüfen. Diese ist im Gesetz wie folgt gekennzeichnet:

> **§ 21 StGB**
> „Ist die Fähigkeit des Täters, das Unrecht der Tat einzusehen oder nach dieser Einsicht zu handeln, aus einem der in § 20 bezeichneten Gründe bei der Begehung der Tat erheblich vermindert, so kann die Strafe nach § 49 Abs. 1 gemildert werden."

Sollte eine verminderte Schuldfähigkeit in unserem Beispiel festgestellt werden können, dann wäre eine strafrechtliche Folge in abgeschwächter Form möglich. Allerdings müsste es sich hier um eine erhebliche Minderung der Einsichtsfähigkeit bzw. Steuerungsfähigkeit handeln.

Bis zum Beweis des Gegenteils wäre Ronald schuldfähig. Diese Tatsache ist für Heilerziehungspfleger/-innen im Berufsalltag mitunter von Wichtigkeit. Es kann in erzieherischer Hinsicht und hinsichtlich des Schutzes der ihnen anvertrauten Menschen einfach notwendig sein, dass Straftaten z. B. in Wohneinrichtungen verfolgt werden. Auch Menschen mit geistiger Behinderung müssen lernen, im Rahmen ihrer geistigen Möglichkeiten Recht oder Unrecht ihres Handelns einzusehen und das Verhalten entsprechend zu steuern. Geistige Behinderung als alleinige Tatsache reicht nicht aus, um von einer Strafverfolgung abzusehen. Dies wird in der öffentlichen Diskussion oftmals außer Acht gelassen.

18.2.2 Strafrechtliche Probleme im Arbeitsfeld der Heilerziehungspflege

18.2.2.1 Körperverletzung, Misshandlung von Schutzbefohlenen

Die obige Teilüberschrift ruft vielleicht Empörung oder Schrecken hervor. Das bewusste, vielleicht sogar geplante Begehen von Straftaten gegenüber den Ihnen anvertrauten Menschen ist, bis auf wirklich ganz wenige Ausnahmen, außerhalb der Wahrscheinlichkeit. Sicher können wir davon ausgehen, dass die überwiegende Mehrheit der in der Behindertenhilfe tätigen Mitarbeiter ihre Arbeit als eine grundlegend humanistisch bzw. religiös geprägte Tätigkeit ansieht. Wenn wir uns dem Thema „Straftaten in der Heilerziehungspflege" zuwenden, dann mit der Absicht, das tägliche berufliche Handeln auch unter diesem Aspekt im Auge zu behalten und so mögliche Gefährdungen aufzuzeigen.

Kommen wir auf unseren Heilerziehungspfleger Hans aus dem Fallbeispiel zurück. Sein Faustschlag gegenüber dem Bewohner ist zunächst als Körperverletzung zu werten, da er ihm durch seinen Faustschlag die Nase brach, was eine Verletzung darstellt. Die Situation, in der dieses Handeln geschah, bedarf allerdings einer näheren Betrachtung. Hans wurde von Ronald tätlich angegriffen. In diesem Zusammenhang müssen wir den § 32 StGB beachten:

> **§ 32 StGB**
> „(1) Wer eine Tat begeht, die durch Notwehr geboten ist, handelt nicht rechtswidrig.
> (2) Notwehr ist die Verteidigung, die erforderlich ist, um einen gegenwärtigen rechtswidrigen Angriff von sich oder einem anderen abzuwenden."

Bei Notwehr entfällt die Eigenschaft der Rechtswidrigkeit eines Handelns. Dadurch ist eine Straftat nicht gegeben und eine strafrechtliche Verfolgung nicht möglich. Im Falle von Hans müssen wir die Frage stellen: War der Faustschlag erforderlich, um Ronalds rechtswidrigen Angriff abzuwehren? Die Tatsache, dass der Angriff von hinten erfolgte und damit besonders gefährlich war, scheint dafür zu sprechen. Hans wäre keine Straftat anzulasten.

Gerade die Gefahr der Begehung einer Körperverletzung und der Freiheitsentziehung scheinen im heilerzieherischen Alltag häufiger gegeben zu sein. Stresssituationen können hier eine nicht unwesentliche Rolle spielen. Bei provozierendem bzw. herausforderndem Verhalten müssen Heilerziehungspfleger/-innen sehr oft ein gutes Nervenkostüm besitzen, um ihr Handeln unter Kontrolle zu halten. Jegliche körperliche oder sonstige Gewaltanwendung ist grundsätzlich ein Tabu (siehe auch Abschnitt 15.2.5).

Kapitel F | Strafrechtliche Aspekte in der heilerziehungspflegerischen Arbeit

In diesem Zusammenhang wollen wir noch auf den § 225 StGB verweisen. Er definiert den Straftatbestand der „Misshandlung von Schutzbefohlenen":

§ 225 Abs. 1 StGB
„(1) Wer eine Person unter achtzehn Jahren oder eine wegen Gebrechlichkeit oder Krankheit wehrlose Person, die
1. seiner Fürsorge oder Obhut untersteht,
2. seinem Hausstand angehört,
3. von dem Fürsorgepflichtigen seiner Gewalt überlassen worden oder
4. ihm im Rahmen eines Dienst- oder Arbeitsverhältnisses untergeordnet ist,
quält oder roh misshandelt, oder wer durch böswillige Vernachlässigung seiner Pflicht, für sie zu sorgen, sie an der Gesundheit schädigt, wird mit Freiheitsstrafe von sechs Monaten bis zu zehn Jahren bestraft."

Aufgabe

Konstruieren Sie eine Fallsituation aus dem heilerziehungspflegerischen Alltag, die den Tatbestand der „Misshandlung von Schutzbefohlenen" nach Ihrer Meinung erfüllen könnte.

18.2.2.2 Sexuelle Selbstbestimmung von Menschen mit Behinderung

Für diesen Bereich sind verschiedene Straftatbestände des StGB von Bedeutung. Zunächst wäre der § 174 StGB zu nennen. In diesem geht es um den **sexuellen Missbrauch von minderjährigen Schutzbefohlenen**:

§ 174 StGB
„(1) Wer sexuelle Handlungen
1. an einer Person unter sechzehn Jahren, die ihm zur Erziehung, zur Ausbildung oder zur Betreuung in der Lebensführung anvertraut ist,
2. an einer Person unter achtzehn Jahren, die ihm zur Erziehung, zur Ausbildung oder zur Betreuung in der Lebensführung anvertraut oder im Rahmen eines Dienst- oder Arbeitsverhältnisses untergeordnet ist, unter Missbrauch einer mit dem Erziehungs-, Ausbildungs-, Betreuungs-, Dienst- oder Arbeitsverhältnis verbundenen Abhängigkeit oder
3. an seinem noch nicht achtzehn Jahre alten leiblichen oder angenommenen Kind
vornimmt oder an sich von dem Schutzbefohlenen vornehmen lässt, wird mit Freiheitsstrafe von drei Monaten bis zu fünf Jahren bestraft.
(2) Wer unter den Voraussetzungen des Absatzes 1 Nr. 1 bis 3
sexuelle Handlungen vor dem Schutzbefohlenen vornimmt oder
den Schutzbefohlenen dazu bestimmt, dass er sexuelle Handlungen vor ihm vornimmt,
um sich oder den Schutzbefohlenen hierdurch sexuell zu erregen, wird mit Freiheitsstrafe bis zu drei Jahren oder mit Geldstrafe bestraft.
(3) Der Versuch ist strafbar."

Das Rechtsgut, welches durch diese Vorschrift geschützt wird, ist die normale und ungestörte sexuelle Entwicklung von Kindern und Jugendlichen im Rahmen eines Abhängigkeitsverhältnisses. Der Tatbestand ist immer dann erfüllt, wenn es um eine Handlung jeglicher Art bezogen auf das Geschlechtliche gegenüber einem Minderjährigen geht, die durch ein Tun oder Unterlassen erfüllt sein kann.

§ 174 a StGB berührt einen weiteren Aspekt der **sexuellen Selbstbestimmung**, diesmal der von sonstigen Schutzbefohlenen.

---

§ 174 a StGB
„(1) Wer sexuelle Handlungen an einer Gefangenen oder auf behördliche Anordnung verwahrten Person, die ihm zur Erziehung, Ausbildung, Beaufsichtigung oder Betreuung anvertraut ist, unter Missbrauch seiner Stellung vornimmt oder an sich von der gefangenen oder verwahrten Person vornehmen lässt, wird mit Freiheitsstrafe von drei Monaten bis zu fünf Jahren bestraft.
(2) Ebenso wird bestraft, wer eine Person, die in einer Einrichtung für kranke oder hilfsbedürftige Menschen aufgenommen und ihm zur Beaufsichtigung oder Betreuung anvertraut ist, dadurch missbraucht, dass er unter Ausnutzung der Krankheit oder Hilfsbedürftigkeit dieser Person sexuelle Handlungen an ihr vornimmt oder an sich von ihr vornehmen lässt.
(3) Der Versuch ist strafbar."

Diese Vorschrift schützt das Rechtsgut der sexuellen Freiheit von Gefangenen, behördlich Verwahrten oder Kranken und Hilfsbedürftigen in Einrichtungen. Voraussetzung für die Erfüllung des Tatbestandes hier ist der Missbrauch der beruflichen Stellung durch den Täter und gilt somit auch für Heilerziehungspfleger/-innen.

Der § 179 StGB bestimmt den Tatbestand des **sexuellen Missbrauchs von widerstandsunfähigen Personen**.

---

§ 179 StGB
„(1) Wer eine andere Person, die
1. wegen einer geistigen oder seelischen Krankheit oder Behinderung einschließlich einer Suchtkrankheit oder wegen einer tief greifenden Bewusstseinsstörung oder
2. körperlich
zum Widerstand unfähig ist, dadurch missbraucht, dass er unter Ausnutzung der Widerstandsunfähigkeit sexuelle Handlungen an ihr vornimmt oder an sich von ihr vornehmen lässt, wird mit Freiheitsstrafe von sechs Monaten bis zu zehn Jahren bestraft.
(2) Ebenso wird bestraft, wer eine widerstandsunfähige Person (Absatz 1) dadurch missbraucht, daß er sie unter Ausnutzung der Widerstandsunfähigkeit dazu bestimmt, sexuelle Handlungen an einem Dritten vorzunehmen oder von einem Dritten an sich vornehmen zu lassen.
(3) In besonders schweren Fällen ist auf Freiheitsstrafe nicht unter einem Jahr zu erkennen.
(4) Der Versuch ist strafbar."

Hier schützt das Gesetz Personen, die ihren sexuellen Widerstandswillen nicht bilden oder körperlich betätigen können. Die Bestrafung erfolgt, weil der Täter die Widerstandsunfähigkeit des Opfers zur sexuellen Betätigung ausnutzt und somit missbraucht.

Erwähnt werden sollen an dieser Stelle noch die **§§ 176 und 182 StGB**. In diesen sind die Tatbestände des sexuellen Missbrauchs von Kindern bzw. Jugendlichen allgemein festgeschrieben.

18.2.2.3 Sterbehilfe

Die Sterbehilfe steht immer wieder im Mittelpunkt des öffentlichen Interesses. Die Meinungen von Juristen, Philosophen, Medizinern und Politikern gehen hier noch immer weit auseinander. Es ist in der Rechtsprechung auch noch immer nicht abschließend geklärt, wann Bemühungen um die Verhinderung des Todeseintritts beendet werden dürfen. Zur Beurteilung der Sterbehilfe muss Artikel 2 GG herangezogen werden (vgl. S. 18). Vor diesem Hintergrund ist die Sterbehilfe im Rahmen des verfassungsrechtlichen Schutzes des Lebens und dem allgemeinen Persönlichkeitsrecht zu bewerten. Jedoch darf das Recht auf Leben keinen Zwang zum Leben nach sich ziehen. Dies würde dem Selbstbestimmungsrecht des Menschen im Sinne des Grundgesetzes widersprechen. Die Frage des Sterbens in Würde hat nämlich auch zum Inhalt, dass der betroffene Mensch sich selbstbestimmt für den Abbruch oder das Unterlassen von lebensverlängernden Maßnahmen entscheiden darf. Lösungen im Sinne einer aktiven Sterbehilfe wie beispielsweise in den Niederlanden bergen allerdings erhebliche Möglichkeiten des Missbrauchs in sich.

Nach diesen allgemeinen Überlegungen wollen wir nun die rechtlichen Probleme der Sterbehilfe differenzierter darstellen.

Aktive Sterbehilfe

Aktive Sterbehilfe kann auch „Tötung auf Verlangen" sein. Dies ist immer dann der Fall, wenn bei der betroffenen Person durch einen Außenstehenden der Sterbevorgang eingeleitet wird (z. B. durch die Verabreichung der tödlichen Dosis eines Medikaments). Dazu legt § 216 StGB fest:

> § 216 StGB
> „(1) Ist jemand durch das ausdrückliche und ernstliche Verlangen des Getöteten zur Tötung bestimmt worden, so ist auf Freiheitsstrafe von sechs Monaten bis zu fünf Jahren zu erkennen.
> (2) Der Versuch ist strafbar."

Ausgangspunkt muss dabei aber ein **eindeutiger und ernstzunehmender Wunsch** des Betroffenen sein. Bei psychisch Kranken, die beispielsweise an Depressionen leiden, wäre ein solches Verlangen sicher nicht ernstzunehmen. Eine unter solchen Umständen erfolgte Tötung könnte zumindest als Totschlag, unter Umständen auch als Mord, eingeordnet werden. Daraus würden sich schwerwiegende strafrechtliche Folgen ableiten.

Passive Sterbehilfe

Bei dieser Form der Hilfe werden lebenserhaltende bzw. -verlängernde Maßnahmen unterlassen. Der Unterschied zur aktiven Sterbehilfe besteht darin, dass der Sterbevorgang bereits eingesetzt hat. Er wird von außen nur nicht aufgehalten. Im Rahmen einer Tötung auf Verlangen wird der Sterbevorgang hingegen erst ausgelöst.

Sofern eine Heilung nicht mehr möglich ist, sollte jedem Menschen aufgrund seines Selbstbestimmungsrechtes die Entscheidungsfreiheit gegeben sein, ob er lebenserhaltende Maßnahmen wünscht oder nicht.

Indirekte Sterbehilfe

Eine solche Hilfe ist erlaubt und unter Umständen auch geboten. Sie liegt vor, wenn eine ärztlich gebotene „schmerzmildernde" oder „bewusstseinsdämpfende Medikation" bei einem „tödlich Kranken" bzw. Sterbenden den Eintritt des Todes unbeabsichtigt als „unvermeidbare Nebenfolge" beschleunigt (vgl. Tröndle/Fischer „Beckscher Kurzkommentar Strafgesetzbuch und Nebengesetze" (2004), vor §§ 211 bis 216, Randnotiz 18).

Behandlungsabbruch

Diese Form der Sterbehilfe liegt vor, wenn die medizinische Behandlung eingestellt wird. Dazu gehört auch die künstliche Ernährung z. B. mithilfe einer PEG-Magensonde. Ein solcher Abbruch unterscheidet sich von der passiven Sterbehilfe dadurch, dass zurzeit des Behandlungabbruchs keine „unmittelbare Todesnähe" vorliegt (vgl. Oberlandesgericht Frankfurt/M, „Neue Juristische Wochenschrift", 1998, Heft 37, S. 2747, 2748). Die Todesgefahr wird erst durch die Einstellung der Behandlung herbeigeführt, die sich dann am Ende realisiert (vergleichbar mit der aktiven Sterbehilfe).

Nach der derzeitigen Rechtsprechung ist der Behandlungsabbruch dann zulässig, wenn keine Prognose auf Heilung besteht und der tatsächliche oder mutmaßliche Wille der betroffenen Person den Wunsch zum Abbruch erkennen lässt. In diesem Zusammenhang spielt die **Patientenverfügung** eine wichtige Rolle. Darunter ist die schriftliche Erklärung einer Person zu verstehen, die eine Ablehnung der Behandlung mit dem Ziel der Lebensverlängerung bei Folgen eines Unfalls oder bei bestimmten Erkrankungen zum Inhalt hat. Gültigkeit besitzen solche Erklärungen nur, wenn die Betroffenen zum Zeitpunkt der Formulierung in vollem Umfang einsichtsfähig sind.

Das Wesen des Strafrechts

Aufgabe

Bereiten Sie in Ihrer Klasse eine Pro- und Kontra-Diskussion zum Thema der aktiven Sterbehilfe vor.

18.2.2.4 Suizid

Im allgemeinen Sprachgebrauch spricht man von Selbsttötung bzw. Selbstmord. Dieser ist an sich straffrei, da nur die Tötung eines anderen Menschen unter Strafe steht. Von der kriminalisierenden Bezeichnung Selbstmord sollte deshalb Abstand genommen werden. Heilerziehungspfleger/-innen können sich jedoch in Bezug auf einen Suizid strafbar machen.

Beispiel

Fallsituation

Ein Heilerziehungspfleger betritt in einer Wohneinrichtung für psychisch Kranke das Zimmer eines Bewohners. Dieser liegt regungslos auf dem Bett. Der Pfleger erkennt, dass der Bewohner in einem Glas Tabletten aufgelöst und daraus getrunken hat.

Betreuungspersonen haben gegenüber den Bewohnern eine **Garantenstellung**. Daraus ergibt sich die Verpflichtung zur Hilfe. Würde in einer solchen Situation wie oben der Heilerziehungspfleger nicht alles Notwendige tun, um medizinische Hilfe zur Rettung des Bewohners zu organisieren, dann wäre dies im Falle des Eintritts des Todes „Tötung durch Unterlassen". Diese wäre auch gegeben, wenn zuvor beispielsweise das Beschaffen der Tablettendosis bemerkt worden wäre („Sammeln" von Tabletten). Grundsätzlich muss angemerkt werden, dass Heilerziehungspfleger/-innen auch schon bei einem vermuteten Suizid oder dessen Vorbereitung zum Handeln verpflichtet sind.

Die ausschließliche rechtliche Sicht genügt bei den Themen Sterbehilfe und Suizid innerhalb heilerziehungspflegerischer Arbeit nicht. Das Problem der **Sterbebegleitung** als ethische Verpflichtung muss mithilfe der Träger von Einrichtungen im Berufsalltag stets aufs Neue thematisiert werden. Dazu gehören auch Fortbildungsangebote zur Auseinandersetzung mit der Todesproblematik an sich.

18.3 Anregungen und Materialien

Aufgaben

1. *Wohneinrichtungen für Menschen mit geistiger Behinderung stoßen beim Umgang mit herausfordernden Verhaltensweisen, bei denen es zu Selbst- oder Fremdaggression kommt, oft an die Grenzen ihrer Belastbarkeit. Es kommt dann oft zum Einsatz von Psychopharmaka und zu räumlichen oder mechanischen Einschränkungen der Bewegungsfreiheit.*
   Bewerten Sie diese Handlungsweisen unter der Sicht der §§ 239, 32 und 34 StGB.

2. *Setzen Sie sich mit folgender These auseinander:*
   „Auch für einen Menschen mit geistiger Behinderung sind strafrechtliche Folgen für sein Handeln möglich."

Literaturhinweis

In der Fachzeitschrift „Geistige Behinderung" Heft 4/2003 der „Bundesvereinigung Lebenshilfe für Menschen mit geistiger Behinderung e.V." ist ein Artikel unter folgender Überschrift erschienen: „Es geht doch ohne Psychopharmaka. Mehr Lebensqualität für Menschen mit herausforderndem Verhalten" (Steiger, 2003, S. 317–328). In diesem wird an Beispielen aufgezeigt, dass durch ein sehr individuell geplantes heilerziehungspflegerisches Handeln der Einsatz von Psychopharmaka wesentlich verringert bzw. gänzlich unterbleiben kann.

Kapitel F | Strafrechtliche Aspekte in der heilerziehungspflegerischen Arbeit

19 Einführung in das Jugendstrafrecht

19.1 Theoretische Zusammenhänge

Im Bereich der Heilerziehungspflege können Kinder und Jugendliche in Wohneinrichtungen nach den §§ 34 und 35 a SGB VIII betreut werden. Von den Minderjährigen werden u. a. auch Handlungen vorgenommen, die als Straftaten gelten und somit unter Strafe gestellt sind. Grundkenntnisse über die Besonderheiten des Jugendstrafrechts gehören deshalb zum Inhalt der Ausbildung von Heilerziehungspflegern und -pflegerinnen.

> **Beispiel**
>
> **Fallsituationen**
> 1. *Markus ist 14 Jahre alt. Er besucht eine allgemeine Förderschule. Gemeinsam bummelt er mit seinem gleichaltrigen Freund Toralf durch ein Kaufhaus. Toralf erzählt Markus, dass er schon mehrfach in Supermärkten „etwas mitgehen" ließ. Er meint, das seien Mutproben, die schließlich jeder einmal machen müsse. Außerdem gibt es so viel, dass es auf eine mitgenommene „Kleinigkeit" überhaupt nicht ankomme. Markus will nicht als feige gelten und versucht, eine CD seiner Lieblingsband an der Kasse vorbei zu schleusen. Dabei wird er gestellt.*
> 2. *Frank und Christoph sind 17 Jahre alt. Beide wurden zweimal auf der Grundlage des Jugendgerichtsgesetzes wegen einer Straftat zur Verantwortung gezogen. Einmal wegen Körperverletzung und ein zweites Mal wegen Raubes. Vor einigen Tagen schlugen sie jetzt einen älteren Bürger nieder und verletzten ihn erheblich (Armbruch und Gehirnerschütterung). Der Mann ist Besitzer eines Kiosks. Die Jugendlichen hatten „Schutzgeld" von ihm erpresst, dessen Zahlung er verweigerte.*

Rechtsgrundlage des Jugendstrafrechts ist das Jugendgerichtsgesetz (JGG). Es gilt zurzeit in der Fassung der Bekanntmachung vom 11. Dezember 1974, zuletzt geändert durch das Gesetz vom 26. Juni 2013.

Das Jugendstrafrecht ist ein Sonderstrafrecht für junge Täter. Es bezieht sich auf jene Straftäter, die sich zum Zeitpunkt ihrer Tat im Übergangsstadium zwischen Kindheit und Erwachsenenalter befinden (14 bis 18 Jahre, evtl. bis 21 Jahre). Es handelt sich um materielles Strafrecht. Seine Rechtsfolgen haben die Begehung einer Straftat im Sinne des StGB zur Voraussetzung. Es ergeben sich jedoch gegenüber dem Erwachsenenstrafrecht einige Besonderheiten, die im JGG geregelt sind. Diese kann man mit den Begriffen **Täterstrafrecht** und **Erziehungsstrafrecht** kennzeichnen.

Täterstrafrecht
Die strafrechtliche Reaktion wird nicht in erster Linie durch die Tat, sondern durch die Persönlichkeit des Täters bestimmt.

> **Aufgabe**
>
> *Beurteilen Sie die obigen beiden Fallsituationen unter der Sicht des Begriffs „Täterstrafrecht".*

Erziehungsstrafrecht
Die Strafe im Sinne des Strafrechts steht im JGG nicht im Mittelpunkt. Sie wird durch Erziehungsmaßregeln und Zuchtmittel ersetzt. Wird in einem Jugendstrafverfahren als Ergebnis eine Strafe verhängt, dann ist sie auf eine erzieherische Resozialisierung ausgerichtet.

Strafe und Erziehung stehen im Jugendstrafrecht in einem ständigen **Spannungsverhältnis**. Es kann weder durch den Gesetzgeber noch durch den Richter vollkommen aufgehoben werden. Diese Tatsache spiegelt sich auch in der vielfach geübten Kritik am JGG wider. Bei aller Kritik darf man die Entwicklungssituation von Kindern und Jugendlichen auf der einen und die gesellschaftlichen Verhältnisse auf der anderen Seite nicht außer Acht lassen. Der junge

Mensch befindet sich in einer Phase der allmählichen Entwicklung seiner Verstandes- und Willenskräfte. Biologisch wird dieser Vorgang durch die Pubertät (Geschlechtsreifung) ausgelöst. Soziologisch gesehen, besteht in dieser Übergangsphase die Notwendigkeit, sich an die neue Rolle des Erwachsenen anzupassen (vgl. Schelsky, 1957, S. 30).

Die **Pubertät** kann nicht nur als ein körperlicher Reifungsvorgang angesehen werden. Während dieser Zeit kommen häufig noch Krisensituationen hinsichtlich der seelischen Entwicklung hinzu. Kennzeichnend für diese Zeit sind u. a. ein Erlebnishunger, der in keinem Verhältnis zu den Möglichkeiten einer legalen Befriedigung steht:
- Überschuss an körperlichen Kräften, der zur Betätigung drängt;
- übersteigerte Ich-Betonung;
- Trotzeinstellung und „Revoltestimmung" gegenüber jeglicher Autorität;
- aber auch Unsicherheit und leichte Verführbarkeit;
- Übermut und Unüberlegtheit gegenüber den Folgen des eigenen Tuns.

Hinzu kommt, dass das gesellschaftliche Umfeld durch seine Konsumorientiertheit den jungen Menschen in diesem Alter oft eine Scheinwelt präsentiert. Durch aggressive Werbemethoden scheint es nahezu keine Grenzen für die Befriedigung der materiellen Bedürfnisse zu geben. Schon längst sind die Jugendlichen in diesem Alter ein nicht zu unterschätzendes Marktsegment für die Produktangebote der Unternehmen. Aber auch zerrüttete Familienstrukturen, Erziehungsmängel, schlechtes Beispiel von Eltern, Einflüsse der sonstigen Medienlandschaft, politischer Radikalismus in jeder Form, Konsum von legalen und illegalen Drogen sind u. a. nicht zu unterschätzende Einflussgrößen im Rahmen der Kriminalität von Jugendlichen. Zudem gelingt es der Gesellschaft auch heute noch nicht allen Jugendlichen durch einen Ausbildungsplatz eine berufliche Perspektive zu geben.

Die oben beschriebenen Situationen spiegeln sich in den Motivationen der jugendlichen Straftäter in unterschiedlicher Art und Weise wider. Es ergeben sich daraus für die strafrechtliche Behandlung dieser Jugendlichen und Heranwachsenden einige wichtige Konsequenzen. Ihre Schuldfähigkeit kann durch pubertätsbedingte Störungen des seelischen Gleichgewichts gemindert oder ausgeschlossen sein. Deshalb ist die Frage zu stellen, ob eine reine Bestrafung im Sinne des allgemeingültigen Strafrechts sinnvoll und gerechtfertigt erscheint. Reines Abstrafen würde die Situation sicher nicht bessern, sondern eher noch verschärfen. Zu beachten ist dabei auch noch die Tatsache, dass der Mensch im jugendlichen Alter eine größere Formbarkeit besitzt, sodass auf ihn positiv eingewirkt werden kann, als in späteren Lebensjahren. Erst im Alter zwischen 25 und 30 Jahren gelangt die charakterliche Entwicklung zu einem gewissen Abschluss.

Alle genannten Gesichtspunkte müssen bei jeder kritischen Sicht auf die Situation des Alltags im Jugendstrafrecht unbedingt stärker beachtet werden. Zwar bewegen sich die Straftaten von Jugendlichen häufig im Bereich der Kleinkriminalität. Jedoch ist nicht jede Jugendstraftat nur als pubertäre Entgleisung oder ungünstiger Umwelteinflüsse anzusehen. Bei Jugendlichen können sie auch Frühsymptom einer tieferen Persönlichkeitsstörung sein. Dies trifft häufig auf Wiederholungstäter zu und auf besonders schwere von Jugendlichen verübte Straftaten (z. B. schwerer Raub, Erpressung, Tötungsdelikte). Allerdings bedarf es in solchen Fällen der Bereitstellung von verschiedenen Reaktionsmitteln, die sich nicht allein auf die tatvergeltenden Strafen beschränken dürfen. Dazu gehören u. a. sich ständig weiterentwickelnde sozialpädagogische Angebote, die ein hohes Maß an Flexibilität benötigen.

Aufgaben

1. Erläutern Sie Wesen und Aufgaben des Jugendstrafrechts.

2. Verdeutlichen Sie die Notwendigkeit einer differenzierten Sichtweise auf den Jugendlichen Straftäter anhand der obigen Fallsituationen. Verdeutlichen Sie dabei das Spannungsverhältnis von Strafe und Erziehung im Jugendstrafrecht.

3. Welche Konsequenzen ergeben sich aus der Charakterisierung des Jugendstrafrechts als Täterstrafrecht für Jugendliche mit Verhaltensstörungen bzw. anderen psychischen Auffälligkeiten?

19.2 Praktische Umsetzung

19.2.1 Die Schuldunfähigkeit von Kindern

> §19 StGB
> „ Schuldunfähig ist, wer bei Begehung der Tat noch nicht vierzehn Jahre alt ist."

Aufgrund dieser Regelung können Kinder unter 14 Jahren strafrechtlich nicht zur Verantwortung gezogen werden. Diese Regelung wurde in jüngster Zeit im Zusammenhang mit besonders auffälligen Straftaten von Kindern sehr kontrovers diskutiert. Es ging dabei u. a. um eine Herabsetzung des Schuldunfähigkeitsalters auf 12 Jahre. Bislang fand sich dazu jedoch noch keine politische Mehrheit.

Welche Eingriffsmöglichkeiten bei Straftaten von Kindern gibt es? Über strafbare Handlungen von Kindern informieren zunächst die Staatsanwaltschaft bzw. die Polizei das Jugendamt. Dieses setzt sich mit den Personensorgeberechtigten in Verbindung. Es erfolgt ein Aktenvermerk. Das Jugendamt bietet in solchen Situationen auch Hilfen für die Betroffenen an. Dabei geht es hauptsächlich um die Klärung der gesamten möglichen Ursachen für das unrechtmäßige Handeln der Kinder. Es werden die Situation der Familie, die Schulsituation und der Freundeskreis näher analysiert. Aufgrund des Ergebnisses können dann Hilfen zur Erziehung auf der Grundlage des SGB VIII angeboten werden. In jüngster Zeit kann dies auch eine Unterbringung in geschlossenen Heimeinrichtungen sein. Diese Maßnahme betrifft vorwiegend Intensivtäter im Kindes- bzw. auch im Jugendalter. Droht in solchen Fällen eine weitere kriminelle Entwicklung von Kindern bzw. eine Verwahrlosung, dann kann ein Eingreifen des Familiengerichts auf der Grundlage der §§ 1666 und 1666 a BGB erfolgen.

> **Aufgabe**
>
> *Arbeiten Sie die §§ 1666 und 1666a BGB sorgfältig durch. Informieren Sie sich über die genauen Voraussetzungen für das Einschreiten des Familiengerichts im Zusammenhang mit Straftaten von Kindern und erläutern Sie diese.*

19.2.2 Strafrechtliche Verantwortlichkeit von Jugendlichen

Das JGG regelt in § 1 den persönlichen und sachlichen Anwendungsbereich des Gesetzes:

> §1 JGG
> „(1) Dieses Gesetz gilt, wenn ein Jugendlicher oder ein Heranwachsender eine Verfehlung begeht, die nach den allgemeinen Vorschriften mit Strafe bedroht ist.
> (2) Jugendlicher ist, wer zurzeit der Tat vierzehn, aber noch nicht achtzehn, Heranwachsender, wer zur Zeit der Tat achtzehn, aber noch nicht einundzwanzig Jahre alt ist."

Absatz 1 des JGG stellt klar, dass unter Verfehlung eine Straftat im Sinne des allgemeinen Strafrechts verstanden wird. Der zweite Absatz definiert, für welchen Personenkreis das Gesetz anwendbar ist.

Einführung in das Jugendstrafrecht

Die Verantwortlichkeit von Jugendlichen ist in jedem strafrechtlich relevanten Fall zu prüfen. Die entsprechenden Kriterien sind in § 3 JGG festgeschrieben:

§ 3 JGG
„Ein Jugendlicher ist strafrechtlich verantwortlich, wenn er zur Zeit der Tat nach seiner sittlichen und geistigen Entwicklung reif genug ist, das Unrecht der Tat einzusehen und nach dieser Einsicht zu handeln. Zur Erziehung eines Jugendlichen, der mangels Reife strafrechtlich nicht verantwortlich ist, kann der Richter dieselben Maßnahmen anordnen wie das Familiengericht."

Die Verantwortlichkeit Jugendlicher für eine strafbare Handlung wird im JGG von ihrer jeweiligen **Einsichts- und Handlungsfähigkeit** zurzeit der Tat abhängig gemacht.

Definition	*Innerhalb der Einsichtsfähigkeit muss der Jugendliche erkennen können, dass sein Handeln mit dem friedlichen Zusammenleben der Menschen nicht vereinbar und deshalb eine Verfolgung nötig ist. Bei der Handlungsfähigkeit geht es darum, dass der Jugendliche charakterlich so reif ist, dass er seinen Erkenntnissen auch konkrete Handlungen folgen lassen kann.*

Im obigen ersten Fallbeispiel müssten einige Fragen hinsichtlich der Verantwortlichkeit des 14-jährigen Markus geklärt werden: In welchem Verhältnis steht Markus zu seinem gleichaltrigen Freund? Welchen Einfluss übt der Freund auf Markus aus? Konnte Markus aufgrund der Anonymität zwischen Täter und Opfer (Kaufhaus als Einrichtung) das begangene Unrecht überhaupt erkennen? Wie wurde Markus durch die Konsumanreize im Kaufhaus beeinflusst? Diese Fragen zeigen, dass die Feststellung der Verantwortlichkeit des Jugendlichen zum Tatzeitpunkt ein sehr komplexer Vorgang ist. Das JGG fordert, in jedem Einzelfall die strafrechtliche Verantwortlichkeit Jugendlicher zu prüfen und positiv festzustellen. In Zweifelsfällen wird man stets auf **Gutachten** von Sachverständigen zurückgreifen müssen. Um ein solches Gutachten zu erstellen, kann nach § 73 Absatz 1 JGG auch die Untersuchung in einer geeigneten Anstalt angeordnet werden. Vorher müssen dazu aber der Verteidiger und ein Sachverständiger gehört werden.

Kommt man während des Jugendstrafverfahrens zu der Überzeugung, dass der Jugendliche im Sinne des § 3 JGG weder einsichts- noch handlungsfähig war, dann hat er die Straftat mangels Schuld nicht begangen. Damit wäre für den Betroffenen Straflosigkeit die Folge.

Aufgaben	1. *Prüfen Sie unter Einbeziehung der oben gestellten Fragen, welche Argumente für bzw. gegen die Verantwortlichkeit von Markus im ersten Fallbeispiel sprechen.*
	2. *Wie beurteilen Sie die Verantwortlichkeit der Jugendlichen im Sinne des § 3 JGG im obigen zweiten Fallbeispiel? Begründen Sie Ihre Auffassung.*

19.2.3 Strafrechtliche Verantwortlichkeit bei Heranwachsenden

Das JGG dehnt in § 1 Absatz 1 den persönlichen Anwendungsbereich des Gesetzes auf die „Heranwachsenden" (von der Vollendung des 18. bis zur Vollendung des 21. Lebensjahres) aus. Dies bedeutet, dass bei Tätern im Alter zwischen 18 und 21 Jahren grundsätzlich der Jugendrichter zuständig ist.
Wie kommt der Gesetzgeber zu dieser Regelung? Im vorhergehenden Abschnitt haben wir uns sehr ausführlich mit den Auswirkungen der Pubertät auf ein mögliches strafbares Handeln bei Jugendlichen beschäftigt. Dieser biologische und seelische Reifungsprozess beginnt nicht ganz unvermittelt zu einem fest bestimmbaren Lebenszeitpunkt. Ebenso wenig wird dieser Prozess in einem bestimmten Lebensalter abgeschlossen. Die Entwicklung verläuft bei jedem Menschen sehr unterschiedlich. Pubertätsbedingtes Verhalten kann deshalb in unterschiedlicher Intensität

147

Kapitel F | Strafrechtliche Aspekte in der heilerziehungspflegerischen Arbeit

auch noch bis etwa zum 21. Lebensjahr und auch darüber hinaus auftreten. Aus diesen genannten Gründen hat das JGG 1953 den Kreis der Heranwachsenden in seinen Anwendungsbereich aufgenommen. In den nachfolgenden Ausführungen wollen wir diese Regelung genauer darstellen.

Hinsichtlich seiner **Strafmündigkeit** ist der Heranwachsende stets als voll strafmündig zu betrachten. Schuldunfähigkeit kann nur auf der Grundlage des allgemeinen Strafrechts (§ 20 StGB) festgestellt werden. Bezüglich der Rechtsfolgen für eine Straftat Heranwachsender regelt § 105 JGG allerdings das Folgende:

---

§ 105 JGG

„(1) Begeht ein Heranwachsender eine Verfehlung, die nach den allgemeinen Vorschriften mit Strafe bedroht ist, so wendet der Richter die für einen Jugendlichen geltenden Vorschriften der §§ 4 bis 8, 9 Nr. 1, §§ 10, 11 und 13 bis 32 entsprechend an, wenn
1. die Gesamtwürdigung der Persönlichkeit des Täters bei Berücksichtigung auch der Umweltbedingungen ergibt, dass er zur Zeit der Tat nach seiner sittlichen und geistigen Entwicklung noch einem Jugendlichen gleichstand, oder
2. es sich nach der Art, den Umständen oder den Beweggründen der Tat um eine Jugendverfehlung handelt.
(2) § 31 Abs. 2 Satz 1, Abs. 3 ist auch dann anzuwenden, wenn der Heranwachsende wegen eines Teils der Straftaten bereits rechtskräftig nach allgemeinem Strafrecht verurteilt worden ist.
(3) Das Höchstmaß der Jugendstrafe für Heranwachsende beträgt zehn Jahre. (...)"

Die Regelungen des § 105 JGG sind in der Gerichtspraxis nicht unumstritten. Ursprünglich war vom Gesetzgeber nämlich vorgesehen, dass die Anwendung von Jugendstrafrecht bei heranwachsenden Tätern die Ausnahme bleiben soll. In der Praxis ist es allerdings so, dass auf Heranwachsende viel häufiger Jugendstrafrecht als Erwachsenenstrafrecht angewendet wird (etwa 80 %). Denn schon die Formulierung in § 105 Absatz 1 JGG ist recht unklar. Man kann im Alltag nicht von „den" Jugendlichen oder „den" Heranwachsenden sprechen. Beide Altersgruppen existieren nicht als ein feststehender Persönlichkeitstyp, sodass Vergleichsmaßstäbe nicht eindeutig gefunden werden können. Für die Anwendung des Jugendstrafrechts ist somit eine Einzelfallentscheidung zu treffen, ob dieses seinen Zweck noch erfüllen kann oder nicht mehr. Die **„Deutsche Vereinigung für Jugendpsychiatrie"** hat auf einer Arbeitstagung am 24. und 25. April 1954 versucht, einige **Kriterien** für die Anwendung des § 105 JGG zu entwickeln. Sie sind als „Marburger Richtlinien" in die juristische Literatur eingegangen und werden als Entscheidungsgrundlage herangezogen. Jugendtypische Züge nach dieser Richtlinie lassen sich inhaltlich u. a. wie folgt darstellen:
1. spielerische Einstellung zur Arbeit,
2. ungenügende Ausformung der Persönlichkeit,
3. abenteuerliches Handeln,
4. Stimmungslabilität,
5. Leben im Augenblick,
6. Vorherrschen des Gefühls- und Trieblebens.

Dabei ist natürlich die entsprechende Gesamtentwicklung des Täters bei der Beurteilung zu berücksichtigen.

§ 105 Absatz 1 Nr. 2 JGG spricht von **Jugendverfehlung**. Auch dieser Begriff ist nicht eindeutig definierbar. In der Praxis geht man hier allein vom „Erscheinungsbild" der Tat aus. Die Tatschwere spielt dabei keine Rolle. Was wird als „typische Jugendverfehlung" angesehen? Dazu gehören beispielsweise:
1. Kaufhausdiebstähle,
2. Entwendung von einem Kraftfahrzeug zum vorübergehenden Gebrauch,
3. Beschädigungen von privatem und öffentlichem Eigentum (Fensterscheiben, Wartehäuschen, Straßenlaternen, Autospiegel usw.),
4. „Schwarzfahren",
5. Knacken von Automaten.

Einführung in das Jugendstrafrecht

Beispiel

Fallsituationen

1. Manuela ist 19 Jahre alt und in der Ausbildung. Ihr großer Traum ist ein eigenes Auto. Die Eltern sind jedoch der Ansicht, dass Manuela ein Auto und den Führerschein erst nach Abschluss ihrer Ausbildung finanzieren kann. Als Manuela neulich mit dem Auto ihrer Freundin auf einer öffentlichen Straße das Fahren „übte", wurde sie von der Polizei angehalten.

2. Horst ist 20 Jahre alt. Seiner alleinerziehenden Mutter und seinen Lehrern bereitete er stets erhebliche Schwierigkeiten. Mehrere Jahre verbrachte er in einem Heim. Auch dort fiel er immer wieder durch Diebstähle und aggressives Verhalten auf. Manchmal verließ er das Heim und schloss sich der „Treberszene" an. Mehrere Straftaten führten schließlich zur Verbüßung einer Jugendstrafe wegen Diebstahls und Körperverletzung. Jetzt hat sich Horst sogar an einem Überfall auf eine Sparkasse beteiligt. Er handelte im Rahmen einer kriminellen Vereinigung, als deren Anführer er gilt.

3. Der 19-jährige Ronny beging mit seinem 25-jährigen Bruder Florian einen nächtlichen Einbruch in ein Bistro. Dort entwendeten sie u. a. eine Musikanlage und Bargeld. Dabei wurden sie von einer Polizeistreife überrascht. Florian wurde bereits strafrechtlich zur Verantwortung gezogen. Er kommt außerdem immer wieder mit Drogen in Kontakt. Ronny beging allerdings erstmals eine strafbare Handlung. Er hatte zum Tatzeitpunkt 200 Euro Schulden bei seinem Stiefvater, mit dem es immer wieder Differenzen gibt.

Aufgabe

Bewerten Sie die obigen Fallsituationen unter der Sicht des § 105 JGG. Begründen Sie Ihre Meinung.

Wird auf Heranwachsende Erwachsenenstrafrecht angewendet, dann bleiben die Jugendgerichte trotzdem zuständig. Bezüglich der zu erwartenden Folgen müssen aber einige Besonderheiten beachtet werden. Dazu sagt § 106 JGG:

> § 106 JGG
> „(1) Ist wegen der Straftat eines Heranwachsenden das allgemeine Strafrecht anzuwenden, so kann das Gericht an Stelle von lebenslanger Freiheitsstrafe auf eine Freiheitsstrafe von zehn bis zu fünfzehn Jahren erkennen.
> (2) Das Gericht kann anordnen, dass der Verlust der Fähigkeit, öffentliche Ämter zu bekleiden und Rechte aus öffentlichen Wahlen zu erlangen (§ 45 Abs. 1 des Strafgesetzbuches), nicht eintritt.

Absatz 1 stellt eine Möglichkeit dar, bei Kapitalverbrechen dem Heranwachsenden eine **Strafmilderung** zu ermöglichen, die nach dem Erwachsenenstrafrecht nicht gegeben wäre. Es geht dabei um eine Ermessensentscheidung des Gerichts, in der die vorhandene Entwicklungsfähigkeit des Täters beachtet wird. Vergeltungsabsichten der Allgemeinheit dürfen bei der Entscheidung keine Rolle spielen. Absatz 2 ermöglicht dem Gericht entsprechend der Täterpersönlichkeit vom allgemeinen Strafrecht abzuweichen. Dieses sieht in § 45 Absatz 1 StGB vor, dass Straftäter, die zu einer Freiheitsstrafe von mindestens einem Jahr verurteilt werden, für fünf Jahre keine öffentlichen Ämter ausüben dürfen und auch kein Recht haben, sich öffentlichen Wahlen zu stellen.

19.2.4 Folgen einer Jugendstraftat

Wie bereits in Abschnitt 19.1 dargestellt, spielt der Erziehungsgedanke im Jugendstrafrecht eine entscheidende Rolle. Im Erwachsenenstrafrecht steht der Sühnegedanke in Verbindung mit der Bestrafung im Vordergrund. Ein Absehen von Strafe ist hier nur in einem ganz begrenzten Rahmen möglich (siehe § 60 StGB). Im JGG soll Strafe ausschließlich bei schwerer Schuld bzw. bei nachweislich schädlichen Neigungen des Täters herangezogen werden.

§ 5 JGG gibt einen Überblick über mögliche Sanktionen im Jugendstrafrecht:

> § 5 JGG
> „(1) Aus Anlass der Straftat eines Jugendlichen können Erziehungsmaßregeln angeordnet werden.
> (2) Die Straftat eines Jugendlichen wird mit Zuchtmitteln oder mit Jugendstrafe geahndet, wenn Erziehungsmaßregeln nicht ausreichen.
> (3) Von Zuchtmitteln und Jugendstrafe wird abgesehen, wenn die Unterbringung in einem psychiatrischen Krankenhaus oder einer Entziehungsanstalt die Ahndung durch den Richter entbehrlich macht."

In dieser Regelung wird den Erziehungsmaßregeln gegenüber den Zuchtmitteln und der Jugendstrafe Vorrang eingeräumt.

19.2.4.1 Erziehungsmaßregeln

Diese Sanktionsart des JGG ist in den §§ 9 bis 12 JGG geregelt. In § 9 JGG heißt es dazu:

> § 9 JGG
> „Erziehungsmaßregeln sind
> 1. die Erteilung von Weisungen,
> 2. die Anordnung, Hilfe zur Erziehung im Sinne des § 12 in Anspruch zu nehmen."

Erziehungsmaßregeln haben nicht die Aufgabe, die Straftat eines Jugendlichen zu ahnden. Vielmehr sollen durch die Tat erkennbar gewordenen Erziehungsmängel beseitigt werden. Erziehungsmaßregeln dürfen allerdings nur dann angeordnet werden, wenn eine Straftat vorliegt.
Voraussetzung für die Verhängung einer Erziehungsmaßregelung sind die **Erziehungswilligkeit** und die **Erziehungsfähigkeit**. Widersetzt sich der Jugendliche der erzieherischen Einflussnahme, liegt also keine Erziehungswilligkeit vor, so darf eine solche Maßregelung nicht angeordnet werden. Liegt hingegen die Bereitschaft zur Einflussnahme vor, muss auch die Erziehungsfähigkeit gegeben sein. Das heißt, dass die bisherige Entwicklung des Jugendlichen eine erzieherische Einflussnahme als möglich erscheinen lässt.

Bei Markus im ersten Fallbeispiel auf Seite 144 hätte Erziehung Sinn, da er erstmalig auffiel und seine Motive im Zusammenhang mit der Entwicklung, in der er sich befindet, gesehen werden müssen.
Im Falle von Frank und Christoph im zweiten Fallbeispiel auf Seite 144 wären Erziehungsmaßregeln jedoch auszuschließen. Bei ihnen ist zumindest die Erziehungsfähigkeit schon erheblich infrage zu stellen.

Der § 10 JGG bestimmt Weisungen im Sinne des § 9 Nr. 1 JGG näher:

> § 10 JGG
> „(1) Weisungen sind Gebote und Verbote, welche die Lebensführung des Jugendlichen regeln und dadurch seine Erziehung fördern und sichern sollen. Dabei dürfen an die Lebensführung des Jugendlichen keine unzumutbaren Anforderungen gestellt werden. Der Richter kann dem Jugendlichen insbesondere auferlegen,
> 1. Weisungen zu befolgen, die sich auf den Aufenthaltsort beziehen,
> 2. bei einer Familie oder in einem Heim zu wohnen,
> 3. eine Ausbildungs- oder Arbeitsstelle anzunehmen,
> 4. Arbeitsleistungen zu erbringen,
> 5. sich der Betreuung und Aufsicht einer bestimmten Person (Betreuungshelfer) zu unterstellen,

6. an einem sozialen Trainingskurs teilzunehmen,
7. sich zu bemühen, einen Ausgleich mit dem Verletzten zu erreichen (Täter-Opfer-Ausgleich),
8. den Verkehr mit bestimmten Personen oder den Besuch von Gast- oder Vergnügungsstätten zu unterlassen oder
9. an einem Verkehrsunterricht teilzunehmen.
(2) Der Richter kann dem Jugendlichen auch mit Zustimmung des Erziehungsberechtigten und des gesetzlichen Vertreters auferlegen, sich einer heilerzieherischen Behandlung durch einen Sachverständigen oder einer Entziehungskur zu unterziehen. Hat der Jugendliche das sechzehnte Lebensjahr vollendet, so soll dies nur mit seinem Einverständnis geschehen."

Aus Absatz 1 Satz 3 ergibt sich, dass der Weisungskatalog nicht abgeschlossen ist. Weisungen sollen immer auf die Täterpersönlichkeit abgestimmt sein, d.h., der Täter muss genau wissen, was er zu tun oder zu unterlassen hat. Wird die Weisung durch das Verschulden des Täters nicht befolgt, droht nach §11 Absatz 3 JGG Jugendarrest (siehe unten „Zuchtmittel"). Jugendarrest ist das schärfste Mittel bei Zuwiderhandlungen gegen Weisungen. Er ist nur dann anzuordnen, wenn auch eine wirkliche Schuld beim Betroffenen liegt. Dazu muss der Jugendliche vom Richter gehört werden.

§12 JGG regelt, dass auch „Hilfe zur Erziehung" als Maßregel im Sinne des §9 JGG verhängt werden kann:

§12 JGG
„Der Richter kann dem Jugendlichen nach Anhörung des Jugendamts auch auferlegen unter den im Achten Buch Sozialgesetzbuch genannten Voraussetzungen Hilfe zur Erziehung
1. in Form der Erziehungsbeistandschaft im Sinne des §30 des achten Buches Sozialgesetzbuch oder
2. in einer Einrichtung über Tag und Nacht oder in einer sonstigen betreuten Wohnform im Sinne des §34 des Achten Buches Sozialgesetzbuch
in Anspruch zu nehmen."

Das SGB VIII regelt in §8 Absatz 1 die prinzipielle Beteiligung der Jugendlichen an allen Maßnahmen, die sie betreffen. Lediglich die Hilfe zur Erziehung kann auch zwangsweise, d. h. ohne Zustimmung des Jugendlichen, ausgesprochen werden. Die Anhörung des Jugendamtes soll in solchen Fällen dazu beitragen, den erzieherischen Erfolg einer solchen Maßregel sicherzustellen.

Aufgabe

Weisen Sie nach, dass sich in den Erziehungsmaßregeln des JGG die Prinzipien eines „Täter- bzw. Erziehungsstrafrechts" widerspiegeln. Welche Probleme sehen Sie in diesem Zusammenhang bei der Umsetzung von Erziehungsmaßregeln?

19.2.4.2 Zuchtmittel

Zuchtmittel infolge einer Jugendstraftat stehen zwischen den Erziehungsmaßnahmen und der echten Kriminalstrafe. Sie kommen zur **Anwendung**, wenn Erziehungsmaßregeln zur Ahndung einer Straftat nicht ausreichen. Wichtig ist jedoch, dass der Jugendliche mithilfe des Zuchtmittels zur Einsicht gelangt, dass sein Handeln Unrecht war und deshalb Sanktionen notwendig sind.

Geregelt sind sie in den §§ 13 bis 16 JGG. § 13 nennt die Arten der Zuchtmittel und bestimmt Prinzipien für deren Anwendung:

§ 13 JGG
„(1) Der Richter ahndet die Straftat mit Zuchtmitteln, wenn Jugendstrafe nicht geboten ist, dem Jugendlichen aber eindringlich zum Bewusstsein gebracht werden muss, dass er für das von ihm begangene Unrecht einzustehen hat.
(2) Zuchtmittel sind
1. die Verwarnung,
2. die Erteilung von Auflagen,
3. der Jugendarrest.
(3) Zuchtmittel haben nicht die Rechtswirkungen einer Strafe.

Die einzelnen Zuchtmittel sind demnach die Verwarnung, die Erteilung von Auflagen sowie der Jugendarrest. Nach § 14 JGG soll dem Jugendlichen durch die **Verwarnung** „[...] das Unrecht der Tat eindringlich vorgehalten werden." Sie erfolgt stets per Urteil und ist eine förmliche Zurechtweisung. Ihr erzieherischer Zweck liegt darin, dass auf die Schwere der Schuld hingewiesen wird und im Wiederholungsfall Sanktionen angedroht werden. Die Verwarnung soll „unter die Haut gehen". Der § 15 JGG bestimmt **Auflagen** als eine weitere Form der Zuchtmittel. Absatz 1 nennt die Arten, die einen abgeschlossenen Katalog bilden:

§ 15 Abs. 1 JGG
„(1) Der Richter kann dem Jugendlichen auferlegen,
1. nach Kräften den durch die Tat verursachten Schaden wiedergutzumachen,
2. sich persönlich bei dem Verletzten zu entschuldigen,
3. Arbeitsleistungen zu erbringen oder
4. einen Geldbetrag zugunsten einer gemeinnützigen Einrichtung zu zahlen.
Dabei dürfen an den Jugendlichen keine unzumutbaren Anforderungen gestellt werden."

Besonderen erzieherischen Wert hat bei diesem Zuchtmittel die Schadenswiedergutmachung, weil der Täter durch Arbeitsleistungen, die er zum Beispiel für den Geschädigten erbringt, den von ihm angerichteten Schaden besser begreifen kann. Die Entschuldigung beim Verletzten soll nach Möglichkeit in Anwesenheit des Richters nach der Hauptverhandlung erfolgen. Sie hat sicher nur dann erzieherische Wirkung, wenn der Täter zur Entschuldigung bereit und fähig ist. Auch das Opfer muss die Entschuldigung als ernst zu nehmende Handlung im Sinne von Aussöhnung betrachten. Das Auferlegen von Geldbußen ist hingegen nicht unproblematisch. Sie darf nicht dazu führen, dass die im Jugendstrafrecht vorgesehene Unzulässigkeit der Geldstrafe nicht umgangen wird. Die Zahlung eines Geldbetrages als Sanktion bedarf deshalb einer genauen Prüfung. Das JGG bestimmt also in § 15 Absatz 2 die genauen Voraussetzungen für die Anwendung dieses Zuchtmittels:

§ 15 Abs. 2 JGG
„(2) Der Richter soll die Zahlung eines Geldbetrages nur anordnen, wenn
1. der Jugendliche eine leichte Verfehlung begangen hat und anzunehmen ist, dass er den Geldbetrag aus Mitteln zahlt, über die er selbstständig verfügen darf, oder
2. dem Jugendlichen der Gewinn, den er aus der Tat erlangt, oder das Entgelt, das er für sie erhalten hat, entzogen werden soll."

Würden zum Beispiel die Eltern des Täters die Geldbuße zahlen, wäre das aus der Sicht des Täters oftmals keine angemessene Ahndung der Tat. Er soll den finanziellen Verlust schon spüren, was jedoch nur der Fall ist, wenn er die Geldbuße aus seinen persönlichen Mitteln (Taschengeld, Ausbildungsvergütung, BAföG usw.) zahlt. Hat der Jugendliche aus der Tat einen Gewinn erlangt oder ein Entgelt erhalten, soll dieses Geld zur Wiedergutmachung des Schadens verwendet werden.

Einführung in das Jugendstrafrecht

Bei Verhängung einer Geldbuße werden die Höhe, die Zahlungsmodalitäten und auch die gemeinnützige Einrichtung, zu deren Gunsten die Zahlung erfolgen soll, bestimmt.

In § 16 JGG wird der **Jugendarrest** als weiteres Zuchtmittel definiert:

> § 16 JGG
> „(1) Der Jugendarrest ist Freizeitarrest, Kurzzeitarrest oder Dauerarrest.
> (2) Der Freizeitarrest wird für die wöchentliche Freizeit des Jugendlichen verhängt und auf eine oder zwei Freizeiten bemessen.
> (3) Der Kurzarrest wird statt des Freizeitarrests verhängt, wenn der zusammenhängende Vollzug aus Gründen der Erziehung zweckmäßig erscheint und weder die Ausbildung noch die Arbeit des Jugendlichen beeinträchtigt werden. Dabei stehen zwei Tage Kurzarrest einer Freizeit gleich.
> (4) Der Dauerarrest beträgt mindestens eine Woche und höchstens vier Wochen. Er wird nach vollen Tagen oder Wochen bemessen."

Der Jugendarrest hat den Charakter von Freiheitsentzug und dient der Sühne. Er soll zur Ahndung von leichteren Verfehlungen herangezogen werden. Aber aufgrund seines Sühnezweckes darf er nach § 87 Absatz 1 JGG nicht zur Bewährung ausgesetzt werden. Seine Verhängung ist aber nicht unproblematisch, weil damit eher eine Schockwirkung als eine erzieherische Wirkung erreicht wird. Bevor also der Jugendarrest als Zuchtmittel angewendet wird, sind zwei Fragen zu beantworten: Ist der Arrest zur Ahndung der Tat und als Erziehungsmittel für den Täter notwendig? Reicht der Arrest aus oder wäre Jugendstrafe angebrachter? Allerdings besteht bei dieser Fragestellung die Gefahr, dass Jugendliche zu Arrest verurteilt werden, die im Jugendstrafvollzug besser aufgehoben wären.

Die Durchführung von **Freizeitarrest** ist in der Praxis schwer durchführbar. Als wöchentliche Freizeit wird dabei die Zeit nach Beendigung der Arbeit am Ende der Woche bis zum Beginn der Arbeit in der nächsten Woche verstanden. Durch damit im Alltag verbundene, zum Teil längere Anfahrtswege zur Jugendarrestanstalt käme es zum Einsperren für kurze zeitliche Abschnitte, die wenig sinnvoll wären. Deshalb ist eine „Umrechnung" von Freizeitarrest in Kurzarrest vorgesehen (1 Freizeitarrest = 2 Tage Kurzarrest). **Kurzarrest** soll durch den zusammenhängenden Vollzug ein erzieherische Wirkung haben. Oft wird er in Verbindung mit dem Freizeitarrest angewendet.
Dauerarrest ist hingegen das härteste Zuchtmittel. Hierbei muss immer bedacht werden, dass mit der längeren Dauer des Arrests nicht automatisch eine höhere Wirksamkeit verbunden sein muss. Wenn der Täter gegenüber dem Arrest abstumpft, wird auch die Wirksamkeit abgeschwächt. Diese hängt nicht allein von der Dauer, sondern vor allem von seiner Ausgestaltung ab.
Vollzogen wird der Jugendarrest in Jugendarrestanstalten der Landesjustizverwaltungen bzw. in Freizeitarresträumen. Verantwortlich als Vollzugsleiter ist der Jugendrichter am Vollzugsort (§ 90 Absatz 2 Satz 2 JGG). Gemäß Jugendarrestvollzugsordnung gehören zum Dauerarrest soziale Einzelfallhilfe, Gruppenarbeit und Unterricht. Bei Freizeit- und Kurzarrest bis zu zwei Tagen soll nach Möglichkeit eine Aussprache mit dem Vollzugsleiter erfolgen. Alle Maßnahmen im Rahmen des Vollzugs sollen dazu beitragen, dass ein „Abbrummen" der Zeit vermieden wird.
Die Unterbringung erfolgt tagsüber in der Gruppe, nachts einzeln.
In Einrichtungen des regulären Strafvollzugs (Jugend- oder Erwachsenenstrafanstalten) dürfen Arrestmaßnahmen nicht vollzogen werden.

Für den erzieherischen Erfolg des Jugendarrests ist es wichtig, dass er schnell vollzogen wird. Dazu regelt § 87 JGG das Folgende:

> § 87 Abs. 3, 4 JGG
> „(3) [...] Sind seit Eintritt der Rechtskraft sechs Monate verstrichen, sieht er (Anmerkung: der Vollstreckungsleiter) von der Vollstreckung ganz ab, wenn dies aus Gründen der Erziehung geboten ist. [...]
> (4) Die Vollstreckung des Jugendarrests ist unzulässig, wenn seit Eintritt der Rechtskraft ein Jahr verstrichen ist."

Kapitel F | Strafrechtliche Aspekte in der heilerziehungspflegerischen Arbeit

> **Aufgabe**
>
> *Wiederholte Verhängung von Jugendarrest wird vom Gesetz nicht ausgeschlossen, jedoch nur in Ausnahmefällen angewandt. Ist die Wiederholung von Jugendarrest überhaupt sinnvoll? Begründen Sie Ihre Meinung.*

19.2.4.3 Jugendstrafe

Bei Frank und Christoph aus dem zweiten Fallbeispiel auf Seite 144 sind Erziehungsmaßregeln bzw. Zuchtmittel sicher nicht mehr ausreichend. Sie haben bereits Erfahrungen mit dem Jugendstrafrecht gesammelt, trotzdem aber wieder strafbare Handlungen begangen. Die Verhängung von Jugendstrafe wäre nach § 17 JGG sicher nicht unmöglich.

> § 17 JGG
> „(1) Die Jugendstrafe ist Freiheitsentzug in einer für ihren Vollzug vorgesehenen Einrichtung.
> (2) Der Richter verhängt Jugendstrafe, wenn wegen der schädlichen Neigungen des Jugendlichen, die in der Tat hervorgetreten sind, Erziehungsmaßregeln oder Zuchtmittel zur Erziehung nicht ausreichen oder wenn wegen der Schwere der Schuld Strafe erforderlich ist."

Jugendstrafe wird in einer speziellen Jugendstrafanstalt vollzogen. Sie ist allerdings vor allem Erziehungsstrafe und kann deshalb in einer Strafanstalt für Erwachsene nicht vollzogen werden.

Unter **schädlichen Neigungen** gemäß § 17 JGG sind schwerwiegende Anlage- bzw. Erziehungsmängel zu verstehen. Der Abbau solcher Mängel erfordert immer einen längeren Strafvollzug. Bei Frank und Christoph aus unserem Beispiel müsste das Vorliegen solcher Mängel sicher sehr ernsthaft geprüft werden. Denn bei Kapitalverbrechen geht es ohne Jugendstrafe nicht.

In § 18 JGG ist die **Dauer** von Jugendstrafe bestimmt:

> § 18 JGG
> „(1) Das Mindestmaß der Jugendstrafe beträgt sechs Monate, das Höchstmaß fünf Jahre. Handelt es sich bei der Tat um ein Verbrechen, für das nach dem allgemeinen Strafrecht eine Höchststrafe von mehr als zehn Jahren Freiheitsstrafe angedroht ist, so ist das Höchstmaß zehn Jahre. Die Strafrahmen des allgemeinen Strafrechts gelten nicht.
> (2) Die Jugendstrafe ist so zu bemessen, dass die erforderliche erzieherische Einwirkung möglich ist."

Die Mindestdauer von sechs Monaten zeigt, dass der Gesetzgeber davon ausgeht, dass eine wirksame erzieherische Einflussnahme in einem kürzeren Zeitraum nicht gegeben scheint. Die tatsächliche Dauer der Jugendstrafe hängt davon ab, wie lange auf den Jugendlichen voraussichtlich erzieherisch Einfluss genommen werden muss.

In der Regel wird **Untersuchungshaft** auf die Dauer der Jugendstrafe angerechnet. Nach § 52a JGG kann der Richter aber auch von der Anrechnung der Untersuchungshaft absehen, wenn dies aus erzieherischen Gründen gerechtfertigt ist. Von der Anrechnung der Untersuchungshaft ist zum Beispiel abzusehen, wenn die so verkürzte Jugendstrafe die erzieherische Einflussnahme nicht mehr gewährleisten kann.

Im Vergleich zum Erwachsenenstrafrecht darf Jugendstrafrecht nicht härter ausfallen. Alle Kriterien der Strafzumessung aus dem Erwachsenenstrafrecht, wie beispielsweise Versuch, Beihilfe, verminderte Schuldfähigkeit usw. werden im Jugendstrafrecht ebenfalls angewendet.

19.2.5 Das Jugendgerichtsverfahren

19.2.5.1 Verfahrensgrundsätze

Wie bereits mehrfach zum Ausdruck gebracht, stellt das Jugendstrafrecht die erzieherische Sozialisierung in den Mittelpunkt seines Wirkens. Damit verbunden sind auch Konsequenzen für den Ablauf eines Jugendstrafverfahrens. Es weist gegenüber dem Erwachsenenstrafrecht einige Besonderheiten auf. Sie sind in den §§ 33 bis 81 JGG geregelt.

Ausschluss der Öffentlichkeit
Einen wichtigen Verfahrensgrundsatz legt § 48 Absatz 1 JGG fest:

> § 48 Abs. 1 JGG
> „(1) Die Verhandlung vor dem erkennenden Gericht einschließlich der Verkündung der Entscheidung ist nicht öffentlich."

Einige Jugendliche können durch die Anwesenheit mehrerer unbekannter Personen den Eindruck bekommen, dass sie durch ihre Tat im Mittelpunkt des allgemeinen Interesses stehen. Andere würden durch die Teilnahme einer großen Öffentlichkeit eingeschüchtert, sodass wichtige Einzelheiten vielleicht nicht zur Sprache kämen. Absatz 2 des § 48 JGG bestimmt daher den Personenkreis näher, der an der Verhandlung teilnehmen darf.

> § 48 Abs. 2 JGG
> „(2) Neben den am Verfahren Beteiligten ist dem Verletzten, seinem Erziehungsberechtigten und seinem gesetzlichen Vertreter und, falls der Angeklagte der Aufsicht und Leitung eines Bewährungshelfers oder der Betreuung und Aufsicht eines Betreuungshelfers untersteht oder für ihn ein Erziehungsbeistand bestellt ist, dem Helfer und dem Erziehungsbeistand die Anwesenheit gestattet. Das gleiche gilt in den Fällen, in denen dem Jugendlichen Hilfe zur Erziehung in einem Heim oder einer vergleichbaren Einrichtung gewährt wird, für den Leiter der Einrichtung. Andere Personen kann der Vorsitzende aus besonderen Gründen, namentlich zu Ausbildungszwecken, zulassen."

Personen, die zu **Ausbildungszwecken** teilnehmen dürfen, sind hauptsächlich Auszubildende in den Bereichen Justiz, Polizei und Sozialarbeit. Die Teilnahme von Schulklassen würde dem Prinzip der Nichtöffentlichkeit aus erzieherischen Gründen widersprechen. Lässt der Vorsitzende zur Hauptverhandlung aber die **Presse** zu, dann muss er auch dafür Sorge tragen, dass Name und eventuelles Bildmaterial nicht veröffentlicht werden.

Absatz 2 ermöglicht auch **Heilerziehungspflegern und -pflegerinnen** die Teilnahme an der Hauptverhandlung. Leiter von Einrichtungen werden direkt benannt. Auch die Teilnahme der verantwortlichen Betreuungsperson ist möglich, weil seine Anwesenheit eine wichtige moralische Unterstützung darstellen kann. Außerdem können sich aus der Verhandlung wichtige Erkenntnisse für die weitere erzieherische Arbeit ergeben.

Absatz 3 des § 48 JGG regelt **Ausnahmen** vom Ausschluss der Öffentlichkeit:

> § 48 Abs. 3 JGG
> „(3) Sind in dem Verfahren auch Heranwachsende oder Erwachsene angeklagt, so ist die Verhandlung öffentlich. Die Öffentlichkeit kann ausgeschlossen werden, wenn dies im Interesse der Erziehung jugendlicher Angeklagter geboten ist."

Der vorsitzende Richter muss das Für und Wider eines möglichen Ausschlusses der Öffentlichkeit aus erzieherischen Gründen genau abwägen. Dies erfordert psychologisches Einfühlungsvermögen.

Kapitel F | Strafrechtliche Aspekte in der heilerziehungspflegerischen Arbeit

Aufgabe: *Beurteilen Sie das Prinzip der Nichtöffentlichkeit von Hauptverhandlungen in Jugendstrafverfahren unter erzieherischen Gesichtspunkten.*

Jugendgerichtshilfe

Einen weiteren wichtigen Verfahrensgrundsatz bei Jugendstrafverfahren stellt die Instanz der Jugendgerichtshilfe dar. In § 38 Absatz 1 JGG heißt es:

> § 38 Abs. 1 JGG
> „(1) Die Jugendgerichtshilfe wird von den Jugendämtern im Zusammenwirken mit den Vereinigungen für Jugendhilfe ausgeübt."

An dieser Stelle sei nochmals auf den Zusammenhang mit § 52 Absatz 1 SGB VIII hingewiesen:

> § 52 Abs. 1 SGB VIII
> „(1) Das Jugendamt hat nach Maßgabe der §§ 38 und 50 Abs. 3 Satz 2 des Jugendgerichtsgesetzes im Verfahren nach dem Jugendgerichtsgesetz mitzuwirken."

Die Jugendgerichtshilfe wird sowohl im Vorverfahren (vgl. Abschnitt 19.4.2) als auch im Hauptverfahren (vgl. Abschnitt 19.4.3) tätig. Ihre Aufgaben sind im Absatz 2 des § 38 JGG festgelegt:

> § 38 Abs. 2 JGG
> „(2) Die Vertreter der Jugendgerichtshilfe bringen die erzieherischen, sozialen und fürsorgerischen Gesichtspunkte im Verfahren vor den Jugendgerichten zur Geltung. Sie unterstützen zu diesem Zweck die beteiligten Behörden durch Erforschung der Persönlichkeit, der Entwicklung und der Umwelt des Beschuldigten und äußern sich zu den Maßnahmen, die zu ergreifen sind. In Haftsachen berichten sie beschleunigt über das Ergebnis ihrer Nachforschungen. In die Hauptverhandlung soll der Vertreter der Jugendgerichtshilfe entsandt werden, der die Nachforschungen angestellt hat. Soweit nicht ein Bewährungshelfer dazu berufen ist, wachen sie darüber, dass der Jugendliche Weisungen und Auflagen nachkommt. Erhebliche Zuwiderhandlungen teilen sie dem Richter mit. Im Falle der Unterstellung nach § 10 Abs. 1 Satz 3 Nr. 5 üben sie die Betreuung und Aufsicht aus, wenn der Richter nicht eine andere Person damit betraut. Während der Bewährungszeit arbeiten sie eng mit dem Bewährungshelfer zusammen. Während des Vollzugs bleiben sie mit dem Jugendlichen in Verbindung und nehmen sich seiner Wiedereingliederung in die Gemeinschaft an."

Die Jugendgerichtshilfe ist demnach kein Organ der Strafverfolgung. Dadurch befindet sie sich aber ständig im Spannungsfeld zwischen Unterstützung der Behörden und Betreuung des Betroffenen. Ihr Tätigwerden ist besonders zur Feststellung des Reifegrades vom Täter und somit zur Beurteilung der strafrechtlichen Verantwortlichkeit nach § 3 JGG von ungeheurer Wichtigkeit. In Verfahren gegen Heranwachsende kann die Stellungnahme der Jugendgerichtshilfe wesentlich zur Entscheidungsfindung bezüglich der Anwendung von Erwachsenen- bzw. Jugendstrafrecht beitragen.
Die Jugendgerichtshilfe ist berechtigt, an der Hauptverhandlung teilzunehmen. Nach § 50 Absatz 2 Satz 3 JGG ist dem Vertreter der Jugendgerichtshilfe auf Verlangen auch das Wort zu erteilen. Schon vor der Verhandlung muss die Jugendgerichtshilfe einen Bericht zu erzieherischen, sozialen und fürsorgerischen Gesichtspunkten vorlegen. Auch ein Sanktionsvorschlag sollte enthalten sein. Straftaten aus der Kindheit dürfen jedoch nicht mitgeteilt werden. Schwer-

Einführung in das Jugendstrafrecht

punkt der Tätigkeit des Jugendgerichtshelfers bildet dabei die unmittelbare Betreuung der Betroffenen, wie sie in den Sätzen 5 bis 8 Absatz 2 § 38 JGG beschrieben wird.

Zuständig für die Jugendgerichtshilfe sind die **Jugendämter** in Verbindung mit den Trägern der freien Jugendhilfe. Die in diesem Bereich tätigen hauptamtlichen Kräfte sind in der Praxis nicht selten völlig überlastet. Schon die Umsetzung der Bestimmung in § 38 Absatz 2 Satz 4 (Teilnahme an der Hauptverhandlung) stellt im sozialpädagogischen Alltag ein Problem dar. Häufig werden Jugendgerichtshelfer erst sehr kurzfristig vor dem Gerichtstermin in die Lage versetzt, ihre Tätigkeit aufzunehmen. In solchen Fällen gerät die Hilfe zur eiligen Routinehandlung im Jugendstrafverfahren und die eigentliche Zielstellung im sozialpädagogischen Sinne geht verloren.

Der Jugendgerichtshelfer hat mit verhafteten Beschuldigten das gleiche Kontaktrecht wie ein Verteidiger (vgl. § 93 Absatz 3 JGG). Er hat jedoch kein Recht auf Akteneinsicht und leider auch kein Zeugnisverweigerungsrecht.

19.2.5.2 Das Vorverfahren

Die Ermittlungen im Vorverfahren leitet der **Jugendstaatsanwalt**. Er hat die Aufgabe, die Tat aufzuklären und Ermittlungen zur Persönlichkeit des Täters anzustellen. Die Ermittlungen sollen unverzüglich nach Eröffnung des Verfahrens beginnen und werden in erster Linie von der Jugendgerichtshilfe durchgeführt. Aus diesem Grunde muss das Jugendamt umgehend vom Staatsanwalt über die Einleitung eines Verfahrens gegen einen Jugendlichen oder Heranwachsenden informiert werden, wenn das Jugendamt nicht schon zuvor von der Polizei informiert wurde.
Im Vorverfahren ermittelt die Jugendgerichtshilfe durch die Befragung von Erziehungsberechtigten, gesetzlichen Vertretern, Lehrern, Ausbildern, Heilerziehungspflegern oder Erziehern. Sozialpädagogische Fachkräfte, die vom Jugendgerichtshelfer befragt werden, sollten sich gründlich auf das Gespräch vorbereiten. Um Objektivität zu sichern, sollten dabei möglichst alle wichtigen Personen, die mit dem Jugendlichen zu tun haben, ihre Meinung einbringen.
§ 43 JGG bestimmt den **Umfang** der Ermittlungen des Vorverfahrens wie folgt:

> § 43 JGG
> „(1) Nach Einleitung des Verfahrens sollen so bald wie möglich die Lebens- und Familienverhältnisse, der Werdegang, das bisherige Verhalten des Beschuldigten und alle übrigen Umstände ermittelt werden, die zur Beurteilung seiner seelischen, geistigen und charakterlichen Eigenart dienen können. Der Erziehungsberechtigte und der gesetzliche Vertreter, die Schule und der Ausbildende sollen, soweit wie möglich, gehört werden. Die Anhörung der Schule oder des Ausbildenden unterbleibt, wenn der Jugendliche davon unerwünschte Nachteile, namentlich den Verlust seines Ausbildungs- oder Arbeitsplatzes, zu besorgen hätte. § 38 Abs. 3 ist zu beachten.
> (2) Soweit erforderlich, ist eine Untersuchung des Beschuldigten, namentlich zur Feststellung seines Entwicklungsstandes oder anderer für das Verfahren wesentlicher Eigenschaften, herbeizuführen. Nach Möglichkeit soll ein zur Untersuchung von Jugendlichen befähigter Sachverständiger mit der Durchführung der Anordnung beauftragt werden."

Sachverständige werden zur Untersuchung immer dann hinzugezogen, wenn die Vermutung besteht, dass der Täter geistes- oder gemütskrank ist. Auch Auffälligkeiten seelischer, geistiger oder körperlicher Art können Anlass zur Untersuchung sein. Untersuchungen durch Sachverständige sollen immer zur richtigen Beurteilung des geistigen und sittlichen Reifegrades des Täters beitragen. Zur Durchführung einer Untersuchung kann Anstaltsunterbringung bis zu 6 Wochen, zum Beispiel in der jugendpsychiatrischen Abteilung einer Nervenklinik, angeordnet werden. Näheres dazu ist in § 73 JGG geregelt.

Das Vorverfahren wird durch den Jugendstaatsanwalt mit Anklageerhebung oder Einstellung des Verfahrens beendet. Das Verfahren kann zum Beispiel **eingestellt** werden, wenn der jugendliche Täter nicht die erforderliche Reife besitzt. Auch wenn der Jugendstaatsanwalt zu der Auffassung kommt, dass es sich bei der Tat um ein Vergehen handelt, die Schuld des Täters gering ist und kein öffentliches Interesse an der Verfolgung besteht, kann das Verfahren ohne Einbeziehung des Richters eingestellt werden. Die Entscheidung des Jugendstaatsanwalts zur Beendigung des Vorverfah-

157

rens kann auch auf den Arbeitsergebnissen der Jugendgerichtshilfe basieren, die gemäß §52 Absatz 2 SGB VIII am Verfahren beteiligt sind. Die Jugendgerichtshilfe kann zum Beispiel gemeinsam mit dem jugendlichen Straftäter erzieherische Maßnahmen ergreifen, sodass das Verfahren eingestellt werden kann. Möglich sind alle Hilfen zur Erziehung gemäß SGB VIII. §45 Absatz 2 JGG räumt dabei auch den Täter-Opfer-Ausgleich (vgl. Abschnitt 19.3.3) als weitere erzieherische Maßnahme, die zur Einstellung des Verfahrens führen kann, ein.

> §45 Abs. 2 JGG
> „(2) Der Staatsanwalt sieht von der Verfolgung ab, wenn eine erzieherische Maßnahme bereits durchgeführt oder eingeleitet ist und er weder eine Beteiligung des Richters nach Abs. 3 noch die Erhebung der Anklage für erforderliche hält. Einer erzieherischen Maßnahme steht das Bemühen gleich, einen Ausgleich mit dem Verletzten zu erreichen."

Das Absehen von der Strafverfolgung im Vorfeld einer förmlichen jugendrichterlichen Verurteilung wird als **Diversion** (Umlenkung, Ablenkung) bezeichnet. Sinn dieses Vorgangs ist es, dass gerichtliche Sanktionen durch andere soziale Kontrollmechanismen ersetzt werden können (Hilfe zur Erziehung).

Aufgabe

Beurteilen Sie für die Fallsituation 1 auf Seite 144 die Möglichkeiten zur eventuellen Einstellung des Verfahrens durch den Jugendstaatsanwalt. Beachten Sie die diesbezüglichen Bestimmungen des JGG.

Wird das Verfahren nicht eingestellt, dann erhebt der Staatsanwalt **Anklage**. Dazu fasst er die wesentlichen Ermittlungsergebnisse in der Anklageschrift zusammen. Gemäß §46 JGG soll die Anklageschrift keine Hinweise auf eine mangelhafte Erziehung des Jugendlichen, zum Beispiel durch die Eltern, enthalten. Bei Straftaten gegen die sexuelle Selbstbestimmung gehören keine Einzelheiten in die Anklageschrift.

19.2.5.3 Das Hauptverfahren

Grundlage für die Eröffnung des Hauptverfahrens bildet die Anklageschrift des Jugendstaatsanwalts. Sie wird vom zuständigen Richter einer eingehenden Prüfung unterzogen. Kommt er zu der Überzeugung, dass der Angeklagte der Tat hinreichend verdächtig und im Sinne des §3 JGG strafrechtlich verantwortlich ist, eröffnet er das Hauptverfahren. Dieses ist rechtlich in den §§47 bis 54 JGG geregelt.

§47 JGG enthält eine Regelung, die die **Einstellung des Verfahrens** auch noch nach der Anklageerhebung durch den zuständigen Richter ermöglicht. Dies ist eine Besonderheit des Jugendstrafrechts. Die Einstellung des Verfahrens kann zum Beispiel erfolgen, wenn eine erzieherische Maßnahme im Sinne §45 Absatz 2 JGG durchgeführt oder zumindest eingeleitet wurde. Die Jugendgerichtshilfe kann aber auch unter Mitarbeit des jugendlichen Täters auf die Einstellung des Verfahrens hinwirken. Der Richter kann das Verfahren nach Anklageerhebung auch dann einstellen, wenn er die Entscheidung durch ein Urteil für entbehrlich hält. Der Einstellung des Verfahrens durch den zuständigen Richter muss allerdings der Staatsanwalt immer zustimmen. Der Einstellungsbeschluss ist schließlich unanfechtbar.

Für die Tätigkeit der **Heilerziehungspflegerinnen und Heilerziehungspfleger** kann §50 Abs. 2 Satz 1 JGG wichtig sein:

> §50 Abs. 1 S. 1 JGG
> „(2) Der Vorsitzende soll auch die Ladung des Erziehungsberechtigten und des gesetzlichen Vertreters anordnen."

Durch sachdienliche Darstellungen zur Person des Jugendlichen, zu seiner bisherigen Entwicklung oder zu seinem Verhalten nach der Straftat können Heilerziehungspfleger und -pflegerinnen wesentlich zur **Entscheidungsfindung** während der Hauptverhandlung beitragen. Auch pädagogisch-psychologische Aspekte zur Entstehung der Straftat können von Erzieherinnen und Erziehern eingebracht werden.

Wird der Angeklagte in der Hauptverhandlung für schuldig befunden, spricht der Richter das **Urteil**. Der Urteilsverkündung liegt § 54 JGG zugrunde:

> § 54 JGG
> „(1) Wird der Angeklagte schuldig gesprochen, so wird in den Urteilsgründen auch ausgeführt, welche Umstände für seine Bestrafung, für die angeordneten Maßnahmen, für die Überlassung ihrer Auswahl und Anordnung an den Familien- oder Vormundschaftsrichter oder für das Absehen von Zuchtmitteln und Strafe bestimmend waren. Dabei soll namentlich die seelische, geistige und körperliche Eigenart des Angeklagten berücksichtigt werden.
> (2) Die Urteilsgründe werden dem Angeklagten nicht mitgeteilt, soweit davon Nachteile für die Erziehung zu befürchten sind."

Entscheidungen im Jugendstrafverfahren erfolgen immer unter der Berücksichtigung der Persönlichkeit des Jugendlichen. Das muss sich auch in der Urteilsbegründung widerspiegeln. Außerdem ist das Urteil eine wichtige Grundlage für die Erziehungsarbeit im Vollzug. Denn bereits die Urteilsverkündung besitzt in einigen Fällen erzieherische Bedeutung. Deshalb sollte das Urteil so begründet werden, dass der jugendliche Täter es auch versteht.
Die Urteilsverkündung schließt eine **Rechtsmittelbelehrung** ein. Diese beinhaltet die Belehrung über die rechtlichen Möglichkeiten, das Urteil anzufechten.

19.3 Anregungen und Materialien

Aufgaben

1. Erläutern Sie das Jugendstrafrecht als Täterstrafrecht und Erziehungsstrafrecht.

2. Beschreiben Sie, wie sich der Erziehungsgedanke in den möglichen Folgen einer Jugendstraftat widerspiegelt.

3. Verdeutlichen Sie an einem Beispiel aus dem Berufsalltag von Heilerziehungspflegerinnen und Heilerziehungspflegern mögliche Berührungspunkte mit einem Jugendstrafverfahren.

4. Erklären Sie die Aufgaben des Jugendstaatsanwalts während des gesamten Verlaufs eines Jugendstrafverfahrens.

Materialien
Im BuchPlusWeb-Material befindet sich im Abschnitt F eine vertiefende Kurzdarstellung zu den Aufgaben und der Arbeitsweise der Jugendgerichtshilfe.

G Heilerziehungspfleger/-innen als Arbeitnehmer

- *Welche Inhalte hat das Arbeitsrecht?*
- *Wie entsteht ein Arbeitsvertrag und was sollte er beinhalten?*
- *Welche Möglichkeiten für die Beendigung eines Arbeitsverhältnisses gibt es?*
- *Worin besteht das Wesen von Mutterschutz und Elternzeit?*

20 Das Arbeitsrecht

20.1 Theoretische Zusammenhänge

Heilerziehungspflegerinnen, Heilerziehungspfleger und Angehörige anderer sozialpädagogischer bzw. heilpädagogischer Berufe üben ihre Tätigkeiten überwiegend als Arbeitnehmer aus.

Definition

Arbeitnehmer sind Personen, die in einem Arbeitsverhältnis stehen und vom Arbeitgeber abhängige, weisungsgebundene Arbeit leisten.

Definition

Arbeitgeber ist jede natürliche oder juristische Person, die mindestens eine andere Person in einem Arbeitsverhältnis beschäftigt.

Als Arbeitnehmer stehen heilerziehungspflegerische Fachkräfte in einem Vertragsverhältnis zum jeweiligen Arbeitgeber. Die weitaus größere Abhängigkeit des Arbeitnehmers in einem solchen Verhältnis zeigt sich u. a. darin, dass er nur aufgrund der unternehmerischen Tätigkeit des Arbeitgebers seine Arbeitstätigkeit und damit seine wirtschaftliche Existenz sichern kann. Daraus ergibt sich der Grundzweck des Arbeitsrechts:

Merke

Zweck des Arbeitsrechts ist der Schutz der Arbeitnehmer gegen Nachteile und Gefährdungen, die mit seiner unselbstständigen Stellung verbunden sind.

Die nachfolgende Übersicht stellt die Hauptbereiche des Arbeitnehmerschutzes innerhalb des Arbeitsrechts dar:

Hauptbereiche des Schutzes

Arbeitszeitschutz	Gesundheitsschutz	Entgeltschutz	Kündigungsschutz
u. a. Arbeitszeitgesetz	u. a. Gewerbeordnung	u. a. Entgeltfortzahlungsgesetz, Bundesurlaubsgesetz	u. a. Kündigungsschutzgesetz

Insgesamt gehört das Arbeitsrecht sowohl dem Zivilrecht als auch dem öffentlichen Recht an. Zivilrecht in sofern, als dass die individuellen Vertragsbedingungen zwischen Arbeitgeber und Arbeitnehmer sich im jeweiligen Arbeitsvertrag widerspiegeln, sich also mit zwei Personen beschäftigen. Öffentliches Recht deshalb, weil der Staat durch zwingendes Recht beispielsweise Fragen des Arbeitsschutzes überwacht.

Kapitel G | Heilerziehungspfleger/-innen als Arbeitnehmer

Das Arbeitsrecht gliedert sich in **zwei Hauptgebiete**: individuelles Arbeitsrecht und kollektives Arbeitsrecht.

Zum **individuellen Arbeitsrecht** gehören alle Fragen des Arbeitsvertragsrechts und der Arbeitsschutz. Hier steht der einzelne Arbeitnehmer im Mittelpunkt der Regelungen. Das **kollektive Arbeitsrecht** umfasst beispielsweise das Recht der Gewerkschaften und der Arbeitgeberverbände auf betrieblicher und vor allem überbetrieblicher Ebene. Es dient nicht nur allein dem Schutz des Arbeitnehmers, sondern auch einer sinnvollen und im Spannungsfeld der unterschiedlichen Interessen ausgewogenen Regelung des Arbeitslebens für alle Beteiligten. Außerdem umfasst es auch das Tarifrecht, das Betriebsverfassungsrecht und das Arbeitskampfrecht.

Die **Rechtsgrundlagen** des Arbeitsrechts sind sehr umfangreich. Nachfolgend einige der wichtigsten für die Bundesrepublik Deutschland:

Wichtige Rechtsgrundlagen des Arbeitsrechts

Grundgesetz	▪ Artikel 12 garantiert die Freiheit der Berufswahl ▪ Artikel 3 verbietet Ungleichbehandlung von Mann und Frau am Arbeitsplatz ▪ Artikel 9 Absatz 3 garantiert das Recht der Arbeitnehmer, sich in Gewerkschaften zusammenzuschließen
sonstige Gesetze	▪ z. B. Kündigungsschutzgesetz, Bundesurlaubsgesetz ▪ BGB: §§ 611 ff. Bestimmungen über den Dienstvertrag
Rechtsverordnungen	z. B. Wahlordnung zum Betriebsverfassungsgesetz
Tarifverträge	▪ Vereinbarungen zwischen Arbeitgebern und Arbeitnehmern ▪ z. B. Bundesangestelltentarifvertrag (BAT)
Betriebs- und Dienstvereinbarungen	werden von Betriebs- bzw. Personalräten in den Betrieben mit dem Arbeitgeber ausgehandelt und vereinbart
Arbeitsverträge	begründen das einzelne Arbeitsverhältnis zwischen Arbeitgeber und Arbeitnehmer

Die obigen Rechtsquellen stehen in einer Rangfolge, die durch den Aufbau der Übersicht wiedergegeben wird. Arbeitsverträge, die beispielsweise den Bestimmungen eines Gesetzes widersprechen, sind entweder insgesamt oder hinsichtlich einzelner Regelungen von Anfang an unwirksam. Entsprechend dem **Günstigkeitsprinzip** sind Abweichungen von übergeordneten Rechtsquellen zugunsten der Arbeitnehmer hingegen möglich.

> **Aufgabe**
>
> *Erklären Sie anhand eines selbstgewählten Beispiels aus dem Arbeitsalltag heilerziehungspfleger-ischer Fachkräfte die Notwendigkeit des Schutzes von Arbeitnehmern.*

20.2 Praktische Umsetzung

20.2.1 Der Arbeitsvertrag

Beispiel

Fallsituation 1

Julia hat vor einiger Zeit ihre Ausbildung zur Heilerziehungspflegerin erfolgreich abgeschlossen. Bei der Arbeitssuche hatte sie bisher keinen Erfolg. Sie bewarb sich u.a. in einer Ferienanlage als Animateurin. Nun wird sie zu einem Einstellungsgespräch eingeladen. Am Ende des Gesprächs wird mündlich vereinbart, dass Julia am 1. Juni ihre Tätigkeit aufnehmen soll. Julia soll an diesem Tag um 7.00 Uhr in der Ferienanlage zum Dienst erscheinen. Durch Zufall erhält sie die Möglichkeit, ab 15. Mai als Schwangerschaftsvertretung für 2 Jahre in einer Wohneinrichtung für psychisch kranke Kinder und Jugendliche zu arbeiten. Diese Tätigkeit sagt ihr mehr zu und sie nimmt ihre Arbeit zum 15. Mai auf, nachdem ein schriftlicher Arbeitsvertrag abgeschlossen wurde. Am 1. Juni erscheint sie nicht in der Ferienanlage. Diese verlangt jetzt von ihr die Erstattung von Ausgaben für eine Stellenanzeige und die Beschaffung einer Ersatzkraft.

Fallsituation 2

In einer integrativ arbeitenden Kindertagesstätte ist eine Reinigungskraft erkrankt. Die Leiterin verlangt von der Gruppenleiterin, sie solle sich am Putzen der Einrichtung beteiligen (Gruppenraum). Diese lehnt ab und verweist auf ihren Arbeitsvertrag, in dem von solchen Dienstobliegenheiten nichts steht.

Beide Fallsituationen beziehen sich auf die wichtigste Rechtsgrundlage des individuellen Arbeitsrechts. Es ist der **Arbeitsvertrag**, der das Rechtsverhältnis zwischen dem einzelnen Arbeitnehmer und seinem Arbeitgeber konkret regelt. Jeder Arbeitsvertrag ist gleichzeitig ein Dienstvertrag. Dazu heißt es in §611 BGB:

§611 BGB
„(1) Durch den Dienstvertrag wird derjenige, welcher Dienste zusagt, zur Leistung der versprochenen Dienste, der andere Teil zur Gewährung der vereinbarten Vergütung verpflichtet.
(2) Gegenstand des Dienstvertrages können Dienste jeder Art sein."

Hauptmerkmal des Arbeitsvertrages als einer Unterform des Dienstvertrages ist die Leistung von unselbstständigen Diensten durch den Arbeitnehmer. Dies bedeutet, dass seine zu erbringenden Leistungen weisungsgebunden sind. Die Gruppenleiterin in der 2. Fallsituation erhält eine Weisung von ihrer Vorgesetzten, der sie grundsätzlich folgen muss, sofern diese vom Arbeitsvertrag gedeckt ist.

Für jeden Arbeitsvertrag gilt das Prinzip der Vertragsfreiheit. Das bedeutet, dass Arbeitnehmer und Arbeitgeber als Vertragsparteien den Inhalt des Vertrages frei vereinbaren können. Die Vertragsfreiheit wird jedoch zum Schutze des Arbeitnehmers durch gesetzliche und tarifrechtliche Regelungen eingeschränkt. Die folgenden gesetzlichen Regelungen haben auf die Ausgestaltung von Arbeitsverträgen wesentlichen Einfluss:

Gesetz	Wesentlicher Inhalt
Arbeitszeitordnung	▪ zulässige tägliche Arbeitszeit ▪ Ruhepausen und Ruhezeiten
Kündigungsschutzgesetz	soll sozial nicht gerechtfertigte Kündigungen verhindern
Bundesurlaubsgesetz	sichert jedem Arbeitnehmer bezahlten Mindesturlaub
Mutterschutzgesetz	schützt werdende Mütter gesundheitlich und finanziell

Gesetz	Wesentlicher Inhalt
Bundeselterngeld- und Elternzeitgesetz	fördert die Betreuung und Erziehung des Kindes in der ersten Lebensphase
Arbeitsplatzschutzgesetz	sichert die Arbeitsplätze freiwillig Wehrdienstleistender
Lohnfortzahlungsgesetz	sichert die Entlohnung bei Krankheit

Aus dem Arbeitsvertrag als zweiseitigem Rechtsgeschäft ergeben sich für beide Vertragsparteien entsprechende **Rechte und Pflichten**. Für alle Arbeitsverträge gelten die nachfolgenden Hauptpflichten der Vertragsparteien:

Hauptpflichten aus dem Arbeitsvertrag

Arbeitgeber	Arbeitnehmer
Zahlung der Vergütung ■ erfolgt nach erbrachter Leistung ■ verschiedene Formen der Entlohnung möglich: z. B. monatlich, leistungsbezogen ■ Zahlungspflicht bleibt bestehen, wenn Arbeitgeber mit der Annahme der Arbeitsleistung in Verzug gerät (z. B. Arbeitsleistung ist wegen organisatorischer oder technischer Mängel nicht möglich)	Erbringen der Arbeitsleistung ■ Arbeitnehmer muss vertraglich vereinbarte Arbeitsleistung erbringen ■ Weisungen konkretisieren vereinbarte Arbeitsleistung und müssen befolgt werden ■ Befreiung von der Arbeitspflicht ist für Urlaub, Mutterschutzfristen und Krankheit vorgesehen

Die Hauptpflichten des Arbeitsvertrages werden durch weitere **Nebenpflichten** der Vertragsparteien ergänzt:

Nebenpflichten des Arbeitnehmers

■ Sorgfaltspflicht
Diese Pflicht verlangt, dass der Arbeitnehmer sein nachgewiesenes Wissen und Können (erworbene fachliche Qualifizierungen) gewissenhaft und verantwortungsvoll im Berufsalltag zur Anwendung bringt. Dazu gehören im heilerzieherischen Bereich beispielsweise das förderdiagnostisch durchdachte und zielgerichtete Handeln im Interesse der betreuten Menschen mit Behinderung. Die verantwortungsvolle Wahrnehmung der Aufsichtspflicht gehört ebenso dazu wie die Verpflichtung zur Teamarbeit.

■ Treuepflicht
In diesen Bereich gehört u. a. die Schweigepflicht (vgl. Abschnitt 17.2). Sie erstreckt sich auf alle Informationen über die Familienverhältnisse der Betreuten, deren Gesundheitszustand, charakteristische Besonderheiten usw. Die Pflicht zur Verschwiegenheit bezieht sich auch auf das Geschäftsgebaren des Trägers, die dort tätigen Personen und ihre Qualifizierung oder auf das Verhalten Vorgesetzter.
Wichtiger Bestandteil der Treuepflicht ist aber auch der sorgsame Umgang mit den Arbeitsmitteln, die der Arbeitgeber zur Verfügung gestellt hat. Beschädigungen müssen dem Arbeitgeber unverzüglich gemeldet werden.
Besondere Bedeutung hat die Treuepflicht für Heilerziehungspflegerinnen und Heilerziehungspfleger in kirchlichen Einrichtungen. Sie dürfen durch ihr Verhalten den Grundsätzen ihrer Kirche nicht zuwiderhandeln. Zum Beispiel kann der Kirchenaustritt ein Kündigungsgrund sein.

Nebenpflichten des Arbeitgebers

■ Beschäftigungspflicht
Diese Pflicht verlangt, dass der Arbeitnehmer mit der vereinbarten Arbeitszeit zu beschäftigen ist. Zur Beschäftigungspflicht gehört zudem auch das Recht des Arbeitnehmers auf Beschäftigung mit der vereinbarten Art der Arbeit. Dies bedeutet für unsere 2. Fallsituation, dass Reinigungsarbeiten, wenn sie nicht im Vertrag vereinbart wurden, grundsätzlich nicht zu den Arbeitspflichten einer Erzieherin gehören. In einer solchen Situation wie der

oben beschriebenen, ist eine kurzzeitige Übernahme solcher Arbeiten allerdings zumutbar. Die Gruppenleiterin muss deshalb der Weisung Folge leisten. Kurzzeitig bedeutet etwa einen Zeitraum zwischen zwei bis vier Wochen.

- Fürsorgepflicht
  Jeder Arbeitgeber ist verpflichtet, Gesundheit und Leben des Arbeitnehmers zu schützen. Dazu gehört die Einhaltung des Arbeitsschutzes. Auch die Einhaltung der Arbeitszeitordnung ist von Bedeutung. In der Regel muss dem Arbeitnehmer nach Beendigung der täglichen Arbeitszeit eine Ruhezeit von mindestens elf Stunden gewährt werden. Zur Fürsorgepflicht ist auch das regelmäßige Abführen der Beiträge zur Sozialversicherung zu zählen.

- Zeugnispflicht
  Bei der Beendigung des Arbeitsverhältnisses hat der Arbeitnehmer Anspruch auf die Erstellung eines Arbeitszeugnisses. § 630 BGB regelt:

---

§ 630 BGB
„Bei der Beendigung eines dauernden Dienstverhältnisses kann der Verpflichtete von dem anderen Teil ein schriftliches Zeugnis über das Dienstverhältnis und dessen Dauer fordern. Das Zeugnis ist auf Verlangen auf die Leistungen und die Führung im Dienst zu erstrecken. Die Erteilung des Zeugnisses in elektronischer Form ist ausgeschlossen."

Sollte der Arbeitnehmer verlangen, dass im Zeugnis Aussagen über seine Leistungen im zurückliegenden Arbeitsverhältnis enthalten sind, dann handelt es sich um ein qualifiziertes Arbeitszeugnis. Ansonsten spricht man von einem einfachen Zeugnis.

Kehren wir jetzt zu unserer 1. Fallsituation zurück. Es berührt die Frage nach der **Form** eines Arbeitsvertrages. Grundsätzlich bedarf dieser keiner Schriftform. Rechtsgültig kann er auch mündlich abgeschlossen werden. Julia hat in unserem Fall folglich mit der Ferienanlage einen Arbeitsvertrag abgeschlossen. Durch ihr Nichterscheinen zum vereinbarten Arbeitsbeginn hat sie ihre Pflicht zur Erbringung der Arbeitsleistung verletzt. Die Schadenersatzforderungen der Ferienanlage sind somit berechtigt.

Die Schriftform des Arbeitsvertrages ist allerdings empfehlenswert. Spätere Meinungsverschiedenheiten können dadurch von Anfang an vermieden werden. Der Gesetzgeber hat deshalb seit dem 20. Juli 1995 im Nachweisgesetz festgelegt, dass jeder Arbeitgeber dem Arbeitnehmer binnen eines Monats nach dem vereinbarten Beginn des Arbeitsverhältnisses eine unterschriebene Niederschrift mit den wesentlichen Arbeitsbedingungen aushändigen muss, soweit nicht von Anfang an ein schriftlicher Arbeitsvertrag abgeschlossen wurde.

Hauptinhalte des Arbeitsvertrages sollten folgende Punkte sein:
- Höhe der Vergütung,
- Art der Arbeit,
- Arbeitszeit,
- Urlaubsanspruch,
- Kündigungsfrist,
- soziale Leistungen (Urlaubsgeld, Weihnachtsgeld usw.),
- Beginn und Ende des Arbeitsverhältnisses,
- Dauer der Probezeit (maximal 6 Monate).

Neben den Festlegungen im Arbeitsvertrag über die Art der Arbeit ist eine ausführliche **Stellenbeschreibung** von großem Nutzen. Anhand dieser können sich beide Vertragsparteien relativ genau orientieren. Pflichterfüllung und Pflichtverletzung sind damit leichter nachvollziehbar.

Für die Tätigkeit von heilerziehungspflegerischen Fachkräften spielt der **Tarifvertrag für den öffentlichen Dienst** (TVöD) eine wichtige Rolle. Freie Träger wenden den TVöD meist entsprechend an oder orientieren sich an seinen

Kapitel G | Heilerziehungspfleger/-innen als Arbeitnehmer

Richtlinien. So basieren die Arbeitsvertragsrichtlinien (AVR) beispielsweise des Diakonischen Werkes und des Deutschen Caritasverbandes darauf. Diese Regelungen orientieren sich aber auch am TVöD.

Aufgaben

1. *Formulieren Sie eine mögliche Stellenbeschreibung (stichpunktartig) für eine Heilerziehungspflegerin bzw. einen Heilerziehungspfleger im Gruppendienst in einem Wohnheim für Erwachsene mit geistiger Behinderung.*

2. *Entwickeln Sie allgemeine Kriterien für ein qualifiziertes Arbeitszeugnis einer Heilerziehungspflegerin, die als Wohngruppenleiterin in einem Wohnheim (wie in Aufgabe 1 beschrieben) tätig war.*

20.2.2   Beendigung von Arbeitsverhältnissen

Beispiel

Fallsituation 1
Robert ist 29 Jahre alt und arbeitet seit drei Jahren in einer Wohnstätte für erwachsene Menschen mit geistiger Behinderung als Heilerziehungspfleger. Er ist kinderlos und nicht verheiratet. Der Träger der Einrichtung, die Gemeinde, kündigte ihm das Arbeitsverhältnis am 30. März zum 30. April. Die Kündigung wird aus betrieblichen Gründen (Personalabbau) ausgesprochen. Ist die Kündigung rechtens?

Fallsituation 2
Heilerziehungspflegerin Aisha arbeitet seit zwei Monaten bei einem Familienergänzenden Dienst eines freien Trägers (DRK). Ihr Mann, der länger arbeitslos war, hat jetzt Arbeit in einem über 400 km entfernten Ort bekommen. Wohnraum kann dort auch kurzfristig vermittelt werden.
Sie kündigte jetzt ihr Arbeitsverhältnis mit einer Frist von drei Wochen. Ist die Kündigung möglich?

Fallsituation 3
Heilerziehungspflegerin Ksenia weiß, dass sie in ihrer integrativen Kindertagesstätte in allernächster Zeit nur noch zu 60 % beschäftigt werden kann. Sie hat kurzfristig (innerhalb der nächsten 2 Wochen) die Möglichkeit, eine unbefristete Vollanstellung in einer Einrichtung eines anderen Trägers zu bekommen. Kann sie beim bisherigen Arbeitgeber kurzfristig kündigen?

Alle drei Fälle spiegeln mögliche Situationen zur Beendigung von Arbeitsverhältnissen wider. Prinzipiell enden Arbeitsverhältnisse durch **Zeitablauf**, **Kündigung** oder **Aufhebungsvertrag**.

Zum Zeitablauf regelt § 620 BGB:

> § 620 Abs. 1 BGB
> „(1) Das Dienstverhältnis endigt mit dem Ablauf der Zeit, für die es eingegangen ist.“

Ein solches Arbeitsverhältnis war von Anfang an durch entsprechende Regelungen im Arbeitsvertrag befristet. Es endet automatisch mit dem Zeitablauf, wenn keine Verlängerung vereinbart wurde.

Die Beendigung des Arbeitsverhältnisses durch Kündigung kann als **ordentliche** oder als **außerordentliche Kündigung** erfolgen. Eine ordentliche Kündigung liegt immer dann vor, wenn sie unter Einhaltung der in § 622 BGB bestimmten Fristen erfolgt. Außerdem müssen dabei auch die Bestimmungen des Kündigungsschutzgesetzes beachtet werden. § 622 Absatz 1 BGB legt dafür fest:

> **§ 622 Abs. 1 BGB**
> „(1) Das Arbeitsverhältnis eines Arbeiters oder eines Angestellten (Arbeitnehmers) kann mit einer Frist von vier Wochen zum Fünfzehnten oder zum Ende eines Kalendermonats gekündigt werden."

Nach dieser Regelung wäre die Kündigung in der Fallsituation 2 nicht haltbar. Zu prüfen wäre jetzt, welche Probezeit im Arbeitsvertrag vereinbart worden ist. Dazu sagt § 622 Absatz 3 BGB:

> **§ 622 Abs. 3 BGB**
> „(3) Während einer vereinbarten Probezeit, längstens für die Dauer von sechs Monaten, kann das Arbeitsverhältnis mit einer Frist von zwei Wochen gekündigt werden."

Beträgt also die Probezeit mehr als zwei Monate, was eigentlich üblich ist, dann kann Ksenia ohne Angabe von Gründen den Arbeitsvertrag kündigen. Dies kann in der Probezeit ebenso der Arbeitgeber.
Für die Kündigung in Fall 1 müssen weitere rechtliche Aspekte herangezogen werden. Zunächst ist festzustellen, dass auch hier eine ordentliche Kündigung erfolgen soll. § 622 Absatz 2 BGB muss zurate gezogen werden:

> **§ 622 Abs. 2 BGB**
> „(2) Für die Kündigung durch den Arbeitgeber beträgt die Kündigungsfrist, wenn das Arbeitsverhältnis in dem Betrieb oder Unternehmen
> 1. zwei Jahre bestanden hat, einen Monat zum Ende eines Kalendermonats,
> 2. fünf Jahre bestanden hat, zwei Monate zum Ende eines Kalendermonats,
> 3. acht Jahre bestanden hat, drei Monate zum Ende eines Kalendermonats,
> 4. zehn Jahre bestanden hat, vier Monate zum Ende eines Kalendermonats,
> 5. zwölf Jahre bestanden hat, fünf Monate zum Ende eines Kalendermonats,
> 6. 15 Jahre bestanden hat, sechs Monate zum Ende eines Kalendermonats,
> 7. 20 Jahre bestanden hat, sieben Monate zum Ende eines Kalendermonats.
> Bei der Berechnung der Beschäftigungsdauer werden Zeiten, die vor der Vollendung des 25. Lebensjahres des Arbeitnehmers liegen, nicht berücksichtigt."

Die Kündigungsfrist für Arbeitgeber verlängert sich nach dieser Vorschrift entsprechend der Zugehörigkeit zum Betrieb bzw. Unternehmen. Für unseren Fall 1 bedeutet dies, dass der Arbeitgeber spätestens am 31. März die Kündigung gegenüber Robert hätte aussprechen müssen, damit sie zum 30. April wirksam wird. Dies ist erfolgt, da dem Erzieher am 30. März gekündigt wurde. Aus der Sicht der einzuhaltenden Kündigungsfrist ist die ausgesprochene Beendigung des Arbeitsverhältnisses rechtens. Wir müssen aber jetzt noch prüfen, ob im Rahmen des Kündigungsschutzgesetzes eine solche ordentliche Kündigung durch den Arbeitgeber wie im Fallbeispiel möglich ist.
Betrachten wir dazu § 1 Kündigungsschutzgesetzes (KSchG):

> **§ 1 KSchG**
> „(1) Die Kündigung des Arbeitsverhältnisses gegenüber einem Arbeitnehmer, dessen Arbeitsverhältnis in demselben Betrieb oder Unternehmen ohne Unterbrechung länger als sechs Monate bestanden hat, ist rechtsunwirksam, wenn sie sozial ungerechtfertigt ist.
> (2) Sozial ungerechtfertigt ist die Kündigung, wenn sie nicht durch Gründe, die in der Person oder dem Verhalten des Arbeitnehmers liegen, oder durch dringende betriebliche Erfordernisse, die eine Weiterbeschäftigung des Arbeitnehmers in diesem Betrieb entgegenstehen, bedingt ist. [...]"

Ordentliche Kündigungen durch den Arbeitgeber müssen laut KSchG stets begründet werden. Arbeitnehmer hingegen müssen ihre ordentlich ausgesprochene Kündigung nicht begründen. Der Gesetzgeber nennt dabei im Gesetz drei mögliche Gründe für eine ordentliche Kündigung. Wir wollen diese in einer Übersicht zusammenfassen:

Kapitel G | Heilerziehungspfleger/-innen als Arbeitnehmer

Gründe in der Person	Gründe im Verhalten	Dringende betriebliche Belange
u.a. ■ mangelnde fachliche Eignung ■ längere Krankheit, wenn dadurch der Betriebsablauf stark beeinträchtigt wird	■ häufiges Zuspätkommen ■ Alkoholgenuss am Arbeitsplatz ■ Störung des Betriebsfriedens	■ Rationalisierung ■ Auftragsmangel ■ Stilllegung des Betriebs

In unserem Fall sprechen dringende betriebliche Belange für die Kündigung. Der Arbeitgeber hat aber auch noch zu prüfen, ob eine Weiterbeschäftigung in einer anderen Einrichtung, die sich in seiner Trägerschaft befindet, möglich ist. Ähnlich muss auch ein Betrieb des privaten Rechts vorgehen. Für die Gemeinde als öffentlicher Arbeitgeber kommt noch ein weiterer Gesichtspunkt zur Überprüfung hinzu. Es muss geprüft werden, ob die Kündigung in diesem Falle der Richtlinie zur personellen Auswahl bei Kündigung entspricht. Da Robert erst drei Jahre tätig war und kinderlos ist, scheint die Beendigung seines Arbeitsverhältnisses durch eine ordentliche Kündigung seitens des Arbeitgebers gerechtfertigt zu sein.

Die **außerordentliche Kündigung** ist der Form nach eine fristlose Kündigung ohne Einhaltung der gesetzlichen Kündigungsfrist. Sie ist nach § 626 Absatz 1 BGB nur aus wichtigen Gründen möglich. Diese müssen demnach so schwerwiegend sein, dass es dem Kündigenden nicht zumutbar ist, das Arbeitsverhältnis bis zum Ablauf der Frist einer ordentlichen Kündigung aufrechtzuerhalten. Gründe können aus der Sicht von Arbeitgeber und Arbeitnehmer u. a. sein:
■ Diebstahl am Arbeitsplatz, sexuelle Belästigung am Arbeitsplatz, Mobbing, Verletzung der Schweigepflicht.

Beachtet werden müssen bei der fristlosen Kündigung auch die Bestimmungen des § 626 Absatz 2:

> § 626 Abs. 2 BGB
> „(2) Die Kündigung kann nur innerhalb von zwei Wochen erfolgen. Die Frist beginnt mit dem Zeitpunkt, in dem der Kündigungsberechtigte von den für die Kündigung maßgebenden Tatsachen Kenntnis erlangt. Der Kündigende muss dem anderen Teil auf Verlangen den Kündigungsgrund unverzüglich schriftlich mitteilen."

Prinzipiell gilt für jede Art der Kündigung die **Schriftform** (§ 623 BGB).

Bleibt noch die letzte Möglichkeit für die Beendigung eines Arbeitsverhältnisses zu erläutern, der **Aufhebungsvertrag**. Er kommt im gegenseitigen Einvernehmen zwischen Arbeitgeber und Arbeitnehmer zustande. Beide erklären in einem Vertrag die Beendigung des Arbeitsverhältnisses zu einem bestimmten Zeitpunkt. Dieser kann außerhalb der Kündigungsfristen liegen. In unserem dritten Fall kann die betroffene Erzieherin um einen solchen Vertrag nachsuchen. Er käme auch im zweiten Fall in Betracht, wenn die Kündigung innerhalb der vereinbarten Probezeit nicht möglich wäre und auch die Einhaltung der Kündigungsfrist nach § 622 Absatz 1 BGB unmöglich erscheint.

Aufgaben

1. *Erstellen Sie eine Übersicht zu den Möglichkeiten der Beendigung von Arbeitsverhältnissen.*

2. *Beschreiben Sie drei mögliche Gründe für eine außerordentliche Kündigung gegenüber einem Heilerziehungspfleger oder einer Heilerziehungspflegerin in einer rehabilitativen Wohneinrichtung für Suchtgefährdete.*

3. *Ordentliche Kündigungen müssen bei vorliegenden dringenden betrieblichen Erfordernissen stets sozial gerechtfertigt sein. Dies führt auch dazu, dass jüngeren heilerziehungspflegerischen Fachkräften eher gekündigt wird. Wie beurteilen Sie diese Tatsache?*

20.2.3 Mutterschutz und Elternzeit

Innerhalb des Arbeitsrechts gibt es Gesetzlichkeiten, die bestimmte Arbeitnehmergruppen schützen sollen. Dazu zählen Frauen in Zeiten der Schwangerschaft bzw. unmittelbar nach der Entbindung. Das Gesetz lautet mit seinem vollständigen Titel **„Gesetz zum Schutze der erwerbstätigen Mutter (Mutterschutzgesetz – MuSchG)"**.

> **Beispiel**
>
> *Fallsituation*
>
> Frau X. arbeitet als Heilerziehungspflegerin in einer Heimeinrichtung für Kinder und Jugendliche mit Behinderung. Die Einrichtung leistet Hilfe zur Erziehung im Sinne des SGB VIII. Frau X. arbeitet im Schichtdienst, der auch nächtliche Dienste beinhaltet. Sie ist im dritten Monat schwanger. Gemeinsam mit ihrem Ehemann überlegt sie, wie sich ihre berufliche Tätigkeit während und nach der Entbindung gestalten könnte.

Zunächst einmal gilt in diesem Falle das im MuSchG festgelegte Beschäftigungsverbot.

> §3 Abs. 2 MuSchG
> „(2) Werdende Mütter dürfen in den letzten sechs Wochen vor der Entbindung nicht beschäftigt werden, es sei denn, dass sie sich zur Arbeitsleistung ausdrücklich bereit erklären; die Erklärung kann jederzeit widerrufen werden."
>
> §6 Abs. 1 MuSchG
> „(1) Mütter dürfen bis zum Ablauf von acht Wochen, bei Früh- und Mehrlingsgeburten bis zum Ablauf von zwölf Wochen nach der Entbindung nicht beschäftigt werden. Bei Frühgeburten und sonstigen vorzeitigen Entbindungen verlängern sich die Fristen nach Satz 1 zusätzlich um den Zeitraum der Schutzfrist nach § 3 Abs. 2, der nicht in Anspruch genommen werden konnte. Beim Tod ihres Kindes kann die Mutter auf ihr ausdrückliches Verlangen ausnahmsweise schon vor Ablauf dieser Fristen, aber noch nicht in den ersten zwei Wochen nach der Entbindung, wieder beschäftigt werden, wenn nach ärztlichem Zeugnis nichts dagegen spricht. Sie kann ihre Erklärung jederzeit widerrufen."

Aus dieser Vorschrift ergibt sich für Frau X. bei normalem Verlauf der Schwangerschaft und Geburt eine Mutterschutzfrist von insgesamt 14 Wochen. In dieser Zeit ist sie von ihrer Arbeit freigestellt und hat Anspruch auf Mutterschaftsgeld welches gesetzlich Versicherte bei ihrer Krankenkasse beantragen können.

Frau X. muss nach § 5 Absatz 1 MuSchG ihrem Arbeitgeber unmittelbar nach Bekanntwerden ihrer Schwangerschaft diese mitteilen. Im Einzelnen lautet die Bestimmung:

> §5 Abs. 1 MuSchG
> „(1) Werdende Mütter sollen dem Arbeitgeber ihre Schwangerschaft und den mutmaßlichen Tag der Entbindung mitteilen, sobald ihnen ihr Zustand bekannt ist. Auf Verlangen des Arbeitgebers sollen sie das Zeugnis eines Arztes oder einer Hebamme vorlegen. Der Arbeitgeber hat die Aufsichtsbehörde unverzüglich von der Mitteilung der werdenden Mutter zu benachrichtigen. Er darf die Mitteilung der werdenden Mutter Dritten nicht unbefugt bekannt geben."

Kapitel G | Heilerziehungspfleger/-innen als Arbeitnehmer

Für den Arbeitgeber hat die Schwangerschaft von Frau X. weitere wichtige Konsequenzen. Die werdende Mutter darf jetzt nicht mehr zu Nachtdiensten herangezogen werden. Auch die Beschäftigung an Sonn- und Feiertagen ist nach § 8 Absatz 1 MuSchG untersagt:

> § 8 Abs. 1 MuSchG
> „(1) Werdende und stillende Mütter dürfen nicht mit Mehrarbeit, nicht in der Nacht zwischen 20 und 6 Uhr und nicht an Sonn- und Feiertagen beschäftigt werden."

Weiterhin unterliegt Frau X. nach § 9 MuSchG einem Kündigungsverbot während der gesamten Schwangerschaft einschließlich bis zum Ablauf von vier Monaten nach der Geburt.

Für die Gestaltung des Familienlebens nach der Geburt des Kindes ist für Familie X. das **„Bundeselterngeld- und Elternzeitgesetz"** (BEEG) von Bedeutung. Dieses ersetzt seit dem 1. Januar 2007 das bisherige „Bundeserziehungsgeldgesetz". Nach dem neuen BEEG haben Eltern nach der Geburt eines Kindes Anspruch auf Elterngeld. § 2 Absatz 1 des Gesetzes sagt dazu aus:

> § 2 Abs. 1 BEEG
> „(1) Elterngeld wird in Höhe von 67 Prozent des Einkommens aus Erwerbstätigkeit vor der Geburt des Kindes gewährt. Es wird bis zu einem Höchstbetrag von 1 800 Euro monatlich für volle Monate gezahlt, in denen die berechtigte Person kein Einkommen aus Erwerbstätigkeit hat. Das Einkommen aus Erwerbstätigkeit errechnet sich nach Maßgabe der §§ 2c bis 2f aus der um die Abzüge für Steuern und Sozialabgaben verminderten Summe der positiven Einkünfte aus
> 1. nichtselbständiger Arbeit nach § 2 Absatz 1 Satz 1 Nummer 4 des Einkommensteuergesetzes sowie
> 2. Land- und Forstwirtschaft, Gewerbebetrieb und selbständiger Arbeit nach § 2 Absatz 1 Satz 1 Nummer 1 bis 3 des Einkommensteuergesetzes, die im Inland zu versteuern sind und die die berechtigte Person durchschnittlich monatlich im Bemessungszeitraum nach § 2b oder in Monaten der Bezugszeit nach § 2 Absatz 3 hat."

Anspruchsberechtigte für das Elterngeld sind die jeweilige Mutter oder der jeweilige Vater des Kindes. Weitere wichtige Bedingungen sind, dass Mutter oder Vater nicht mehr als 30 Stunden in der Woche erwerbstätig sind und mit ihrem Kind in einem Haushalt leben. Mütter und Väter können den Bezug des Elterngeldes auch untereinander aufteilen (Partnermonate). Dann beträgt die maximale Bezugsdauer des Elterngeldes 14 Monate. Nimmt nur ein Elternteil das Elterngeld wahr, dann beträgt die Bezugszeit maximal 12 Monate.

Das BEEG regelt auch die Inanspruchnahme von **Elternzeit**. Der Anspruch darauf besteht bis zur Vollendung des dritten Lebensjahres des Kindes. Auch diese Zeit kann unter den Eltern aufgeteilt werden. Wichtig dabei ist, dass Elternzeit für eine Länge von bis zu 12 Monaten auch bis zur Vollendung des achten Lebensjahres genommen werden kann. Dazu bedarf es allerdings auch der Genehmigung durch den jeweiligen Arbeitgeber.

Mit den seit dem 1. Januar 2007 gültigen Neuerungen versucht der Gesetzgeber die Vereinbarkeit von Elternschaft und Beruf weiter zu verbessern.

> **Aufgabe**
> Erklären Sie die Bedeutung der Regelungen zum Mutterschutz aus der Sicht der Familien und aus der Sicht unserer weiteren gesellschaftlichen Entwicklung.

20.3 Anregungen und Materialien

Literaturhinweis
Nähere Informationen zum Elterngeld und zur Elternzeit enthält die Broschüre **„Elterngeld und Elternzeit"** des Bundesministeriums für Familie, Senioren, Frauen und Jugend. Sie kann dort kostenlos bestellt werden. Sie ist auch unter der Internetadresse **www.bmfsfj.de** abrufbar.

Materialien
1. Übungsaufgaben im BuchPlusWeb-Material – Abschnitt F
2. Fächerübergreifende Lernsituation im BuchPlusWeb-Material – Abschnitt H

Bildquellenverzeichnis

Bildungsverlag EINS, Köln: S. 11 (Christian Schlüter), S. 30, S. 57, S. 59 (Nadine Dilly), S. 74 (Christian Schlüter), S. 93, S. 96 (Nadine Dilly), S. 97, S. 108, S. 119, S. 160 (Christian Schlüter)

Verlag C.H.BECK oHG, München: S. 27.1 (DHM Berlin), S. 27.2 (Beck-Texte im dtv)

dpa Picture-Alliance GmbH, Frankfurt: S. 22 (Uli Deck)

Fotolia Deutschland GmbH, Berlin:.com: S. 9 (Franz Pfluegl), S. 10 (Andreas Meyer), S. 14 (iceteastock), S. 17 (Marcito), S. 24 (Kzenon), S. 36 (Monkey Business), S. 42 (Haramis Kalfer), S. 45 (travnikovstudio), S. 62 (dianamcluckie), S. 63 (Eduard Kraft), S. 63 (st-fotograf), S. 65 (WavebrakMediaMicro), S. 90 (Gentil Francois), S. 95 (DIMITRI MARUTA), S. 100 (Africa Studio), S. 103 (denys_kuvaiev), S. 110 (© www.pelzinger.de), S. 126 (B.Piereck), S. 133 (GaToR-GFX), S. 142 (Ramona Heim), S. 145 (mma23), S. 169 (Vladimir Melnik), S. 170 (Felix Mizioznikov)

Literaturverzeichnis

Antor, Georg (Hrsg.): Handlexikon der Behindertenpädagogik. Schlüsselbegriffe aus Theorie und Praxis, Stuttgart, Kohlhammer Verlag, 2006.

Beck, Ulrich: Schöne neue Arbeitswelt. Vision: Weltbürgerschaft, aktualisierte Neuausgabe 2007, Frankfurt, Suhrkamp, 2007.

Berufsverband Heilerziehungspflege in Deutschland e. V.: Berufsverband für Heilerziehung Information 1/01", 2001.

Bundesarbeitsgemeinschaft der Freien Wohlfahrtspflege e.V.: Gesamtstatistik 2012, Berlin, 2013.

Bundesarbeitsgemeinschaft der überörtlichen Träger der Sozialhilfe: Empfehlungen – Beschreibung der Wohnformen für Behinderte und sachliche Zuständigkeiten, Karlsruhe, 1987.

Bundesministerium für Arbeit und Soziales: Umsetzung und Akzeptanz des persönlichen Budgets-Endbericht, Berlin, 2012.

Davids, Sabine/Storm, Helga: Wohngruppen für Behinderte. Betreute Wohngruppen für körperlich und geistig Behinderte, 2. Auflage, Bonn, Reha Verlag, 1995.

Forster, Rudolf/Schönwiese, Volker: Behindertenalltag. Wie man behindert wird, in: Geisteswissenschaftliche Studien, Band 11, Wien, 1976.

Foucault, Michel: Die Geburt der Klinik. Eine Archäologie des ärztlichen Blicks, in: Krader, Lawrence: Ethnologie und Anthropologie bei Marx, hrsg. von Wolf Lepenies, Henning Ritter, Frankfurt/Wien, Ullstein Verlag, 1976.

Kobi, Emil E.: Grundfragen der Heilpädagogik. Eine Einführung in heilpädagogisches Denken, 5. Auflage, Bern/Stuttgart/Wien, Haupt Verlag, 1993.

Neue Juristische Wochenschrift, Heft 99, München, C.H. Beck Verlag, 1982.

Neue Juristische Wochenschrift, Heft 37, München, C.H. Beck Verlag, 1998.

Schelsky, Helmut: Die skeptische Generation. Eine Soziologie der deutschen Jugend, 2. Auflage, Düsseldorf, Diederichs Verlag, 1957

Steiger, Paul: Es geht doch ohne Psychopharmaka. Mehr Lebensqualität für Menschen mit herausforderndem Verhalten, in: Geistige Behinderung, hrsg. von Bundesvereinigung Lebenshilfe für Menschen mit geistiger Behinderung e. V., Heft 4, 2003.

Thesing, Theodor: Heilerziehungspflege. Ein Lehrbuch zur Berufskunde, 5. Auflage, Freiburg, Lambertus Verlag, 2011.

Sachwortverzeichnis

A
Arbeitgeber 163
  Hauptpflichten 164
  Nebenpflichten 164
Arbeitnehmer 163
  Hauptpflichten 164
  Nebenpflichten 164
Arbeitsassistenz 14
Arbeitsgerichtsbarkeit 24
Arbeitsvertrag 163
Assistenz 11
Aufenthaltsbestimmungsrecht 56
Aufsichtspflicht 56
  Haftungsfragen 73
  Inhalt 71
  Kriterien 72

B
Begleitung 12
Behinderung 34
Beratung 12
Berufsbildungswerke 105
Berufsförderungswerke 106
betreutes Wohnen 117
Betreuung 12
  gesetzliche Betreuung 78
  Tagesbetreuung 72
Betreuungspflicht
  Inhalt 71
Betreuungsrecht 77
Betreuungsverfahren 78
  Inhalt 78
Betreuungsverfügung 80
Beziehungen gestalten 13
BGB 26
Bildung 12
Billigkeitshaftung 50
Bundesverfassungsgericht 22

D
Deliktsfähigkeit 48
  Stufen der 51
Demokratie 15
  repräsentative 15

E
Einsichtsfähigkeit 147
Erbfähigkeit 122
Erbfolge 123
  gesetzliche 123
  gewillkürte 125
Erziehen 11
Erziehungsmaßregeln 150
Erziehungsstrafrecht 144

F
Fahrlässigkeit 49
Familienentlastende Dienste 14
Familienrecht 53
Finanzgerichtsbarkeit 24
Förderkindergarten 99
Förderung 12
Früherkennung 91
Frühförderung 91

G
Geheimhaltungspflicht 130
Gerichtsbarkeit 21
  europäische 22
  freiwilligen 23
  ordentliche 23
Gerichtsvollzieher 25
Geschäftsfähigkeit 43
  beschränkte 45
  Stufen der 48
Gesetze 18
Gewaltenteilung 16
Grundgesetz 17

H
Handlungsfähigkeit 147
Heilen 11
Herausgabeanspruch 56

I
Inklusion 10
Integrationsamt 37
Integrationseinrichtungen 98

J
Jugendgerichtshilfe 156
Jugendstrafe 154

L
Länderverfassungen 18
Lebensweltgestaltung 12
Leistungen zur Teilhabe 35

N
Normalisierungsprinzip 108
Notar 25
Notwehr 139

O
Ordnungswidrigkeitsrecht 135

P
Person
  juristische 28
  natürliche 27
Personensorge 56
  tatsächliche 57

Pflege 11
Pflegefamilie 118
Pflegschaft 68

R
Recht 16
  Aufgaben 17
  objektives Recht 16
  öffentliches Recht 20
  subjektives Recht 16
Rechtsanwalt 25
Rechtsfähigkeit 27
  juristische Person 28
  natürliche Person 27
Rechtsgeschäft 44
Rechtspfleger 24
Rechtsquelle 17
Rechtsstaat 16
Rechtsverordnungen 19
Rehabilitationsträger 34
Richter 24

S
Satzungen 19
Servicestellen 36
Sozialgerichtsbarkeit 24
Staatsanwalt 25
StGB 135
Strafgerichtsbarkeit 23
Strafrecht 134
  formelles 135
  materielles 135
  Zweck 134
Straftat 136
  Verbrechen 137
  Vergehen 137
  Voraussetzung 136
Subsidiaritätsprinzip 31

T
Täterstrafrecht 144
Testament 125
Träger
  Freie 30
  Öffentliche 30
  Private 30

U
unerlaubte Handlung 49
Unterbringung 86

V
Verein
  eingetragene 29
Vermächtnis 128

Sachwortverzeichnis

Vermögenssorge 57
Verträge 19
Verwaltungsgerichtsbarkeit 24
Vormundschaft
   Arten 66

W
Werkstatt für Menschen mit Behinderung 107
   Arbeitsbereich 109
   Berufsbildungsbereich 108
   Eingangsverfahren 108
Wohlfahrtsverbände 30

Z
Zivilgerichtsbarkeit 23
Zivilrecht 20
Zuchtmittel 151

Abkürzungsverzeichnis

Abs.	Absatz
AVR	Arbeitsvertragsrichtlinien
BAT	Bundesangestelltentarifvertrag
BaföG	Bundesausbildungsförderungsgesetz
BBiG	Berufsbildungsgesetz
BEEG	Bundeselterngeld- und Elternzeitgesetz
BGB	Bürgerliches Gesetzbuch
EuGH	Europäischer Gerichtshof
FGG	Gesetz über die Angelegenheiten der freiwilligen Gerichtsbarkeit
GG	Grundgesetz
gGmbH	gemeinnützige Gesellschaft mit beschränkter Haftung
JGG	Jugendgerichtsgesetz
KJHG	Kinder-und Jugendhilfegesetz
KSchG	Kündigungsschutzgesetz
MuSchG	Mutterschutzgesetz
SGB	Sozialgesetzbuch
StGB	Strafgesetzbuch
StPO	Strafprozessordnung
WBVG	Wohn- und Betreuungsvertragsgesetz
WfbM	Werkstatt für behinderte Menschen
WMVO	Werkstättenmitwirkungsverordnung
WVO	Werkstättenverordnung